内なる他者のフォークロア

赤坂憲雄

内なる他者のフォークロア

岩波書店

はじめに

差別という問題はむずかしい。問題として立てられた瞬間から、身構えずにはいられないところがある。迂回しておいたほうが無難だ、傷つかずにすむ、とだれもが承知している。しかし、それにもかかわらず、なぜ人は人を差別するのかという問いは、圧倒的に魅惑的であり、黒い輝きに包まれている。それはたぶん、その問いを仲立ちとして、われわれが人間という存在のもっとも深みに横たわる秘め隠されたものに触れることになるからだ。だから、差別という問題を前にしたとき、だれもが厳粛になる。ときに繊細で、ときに猛々しい態度をもとめられる。そして、気がつくと、きっと曠野に素っ裸で震えながら立ち尽くしているのである。それはどこまでも孤独な問いだ。

思えば、はじまりの著書であった『異人論序説』以来、わたしはつねに、この差別という問題を抱えて行きつ戻りつしていたような気がする。ただ、差別とはなにか、といった真っすぐな問いからは、身を遠ざけてきたかもしれない。わたしにとって、異人論などはまさしく差別論そのものであったが、わたしの著書は不思議なほどに、そのように読まれることが稀《まれ》だった。とはいえ、この本をまとめるにあたり、一九九〇年代の半ば以降に発表した論考を並べてみると、ゆるやかに差別のフォークロアに繋がる論考の群れが浮かびあがってきた。それに、あたらしい原稿をいくつか書き下ろしで加えて、全体を構成している。タイトルは思いあぐねた末に、『内なる他者のフォークロア』とした。テーマの将来における広がりを見据えたうえで選んだ書名である。

まず、第一章は「差別のフォークロア」と題して、日本の民俗学がたくわえてきた膨大な知的遺産のなかから、差別論にかかわる仕事を掘り起こし、光を当てることをめざした。とりあえず試論のかたちで、柳田国男・折口信夫・赤松啓介・宮本常一・宮田登という五人の民俗学者を選んではいるが、その選択はむしろ恣意的なものというべきかもしれない。そのほかに、ただちに南方熊楠・岡正雄・中山太郎・喜田貞吉・堀一郎・五来重・高取正男・坪井洋文・瀬川清子・鶴見和子・谷川健一……といった人々が浮かぶ。差別という問題に真っ向から取り組んでこなかったと、つねに批判されてきた民俗学的な知の系譜のなかに、じつはほそぼそとではあれ、差別のフォークロアの萌芽が埋もれていることに気づいて、わたしは励まされた。

惜しむらくは、それぞれの研究があくまで断片的なものに留まり、開かれた問いかけにもなっていないがゆえに、対話が生まれず、交叉する場面がいたってすくない。たとえば、ホイドの職業を宗教的な交易として読み解こうとした柳田国男と、マレビト論の折口信夫とが真っすぐに対話をしていれば、どれほど豊饒な成果が得られたことか。赤松啓介と宮本常一の対談など、もし実現していたら、おそらく宮本が意外なほどに語ることのすくなかった差別のフォークロアの一端が開示されていたかもしれない。そして、宮田登という民俗学者の独特なスタンスの取り方に気づかされたことは、わたしにとって大きな収穫のひとつだった。宮田は柳田以来の日本民俗学を背負うために、孤独な戦いをしていたのだと思う。ともあれ、民俗学的な知の系譜を辿《たど》りなおす仕事が、さまざまな角度から必要とされている時代なのだろう。

第二章には、王とヒジリが交叉する場所に眼を凝らしている、ふたつの論考を並べてみた。柳田の毛坊主論と折口のマレビト論を起点として、差別にまつわる風景のなかにときおり姿を見せる王や天皇について、問いかけている。聖なる存在である天皇と、聖化と賤視のはざまに生きる毛坊主とが、その起源をひとしくするのかもしれない、という怖ろしい予感の前に、柳田は戦慄している。ひとたびパンドラの箱を開けて、すぐに閉じた。身を守るために口を噤《つぐ》んだのではなかったか。だからこそ、われわれは柳田の挫折を乗り越えて、その先へと歩を進めるべきなのではないか。堀一郎と五来重の再評価がもとめられているはずだが、かれらは疾《と》うに忘れられた学者なのかもしれない。

第三章では、菅江真澄の見た東北を手がかりとして、西日本で原型的につくられた被差別部落のイメージを相対化する試みをおこなっている。東北の中世には、どうやら穢れのイデオロギーを背景とした差別のシステムが存在しなかったらしい。沖縄にも被差別部落がなかったことは、折口が沖縄への旅のなかで発見していた。その理由として、経済的な後進性や分業の未熟さといったことが指摘されてきたが、わたしには了解しにくいことだった。そうではなく、縄文以来の種族＝文化的な背景の異質性ということが、ケガレと差別のシステムの形成にたいして影を落としているのではないか。たとえば、東北に色濃く残存する狩猟文化は、西日本のような皮革の処理や肉食にまつわるケガレの観念、そして差別のシステムを必要としない、あるいは許さない条件となっているのかもしれない。

真澄の日記や地誌から浮かびあがる、とりわけ芸能にしたがう人々、遊女やイタコといった女たちの姿は生き生きとして、魅力的である。真澄は「白太夫の子孫」というスティグマをたいせつに抱いて生きた。オシラサマの信仰やシラのつく地名にこだわり続けた。そこに浮き彫りになるシラという問題の系譜が、真澄から柳田へ、さらに宮田登へと連なっていることに、やがて気づかされる。民俗学はみずからの前史として、菅江真澄をはじめとする近世の知の潮流を復権させる必要がある。

第四章は、いくらか毛色が異なり、イザベラ・バードの『日本奥地紀行』をテクストとして、差別という問題にたいして、「日本」の外部からのまなざしを挿入することを思考実験のように試みている。西欧という名の圧倒的に巨大な異文化との遭遇が、日本的な差別のありようにたいして、いかなる変更を強いることになったか。差別をめぐる現場が、とりわけ宗教と無縁ではありえないことが、そこにむきだしになる。そして、〈内なる他者〉という視座がどうしても必要になる、と感じている。

終章は、〈内なる他者〉のフォークロアをめぐる断章として書き下ろした。ささやかな覚書きではあるが、やがてここから思索を開いてゆくことができるかもしれない、という予感だけはたしかにある。

ともあれ、異人論の第二楽章が幕をあけたようだ。

目　次

目　次

装丁＝桂川潤

注記

＊資料の引用にあたって

・原文に付されていたルビは適宜選択して引用文に採用しました。

・原文中に（　）等で付された補足について、不要と思われるものは一部省略してあります。

・第四章のイザベラ・バード『日本奥地紀行』については、引用に際し一部文章を整えた箇所があることを、お断りしておきます。

＊図版出典

・170・174・176・178・200・201ページ　秋田県立博物館所蔵（写本）・提供

・206ページ　『七十一番職人歌合』「新日本古典文学大系」六一（岩波書店、一九九三年）より

・235ページ　イザベラ・バード『日本奥地紀行』（平凡社東洋文庫、一九七三年）より

第一章　差別のフォークロア

Ⅰ　柳田国男　漂泊から定住へ

1　差別／ある切断から

たとえば、差別の民俗史は可能か、と問いかけてみる。民俗誌ではない、民俗史である。差別をめぐる歴史民俗学的な考察に仲立ちされながら、差別の社会史ではなく、民俗誌でもない、ほかならぬ差別の民俗史への可能性を問いかけることだ。民俗はすでに、つねに、深々と歴史に浸されている。古代・中世以来、常民のなかに変わらず承け継がれてきたもの、それだけが民俗なのか。そうではない、民俗はつねに歴史のなかにあって、変転の相を宿し、歴史はまた民俗に抱かれている。民俗史こそが構想されねばならない。

そして、民俗は避けがたく差別を孕《はら》んでいる。〈内なる他者〉にまつわる現象《できごと》と無縁ではありえない。差別にかかわる構造＝歴史が、民俗の見えにくい根っこの部分に絡みついている、と言い換えてもいい。差別または〈内なる他者〉のフォークロアはだから、民俗学にとってけっして周縁的なテーマではなく、むしろ核となるべきテーマのひとつである。しかし、柳田国男以後の民俗学が、この差別にまつわる民俗事象と真っ向から対峙することは、きわめて稀であった。

理由はいくつか考えられる。もっとも大きな理由はやはり、柳田国男その人の思想的な経歴が残した切断であろうか。晩年の回想である『故郷七十年』の拾遺のなかに、こんな柳田の呟きが書き留められてある、すなわち、「問題は可成り古いが、同時にまた新しくもある。近ごろも再び燃えさかつてゐるし、私自身もかつてこの問題の合理的な解決に心を注いだこともあるが、一旦よく考へてから止めてしまつたのであつた。私としてはもう今からまた手を出す気はないが、今のまんまぢやいけないと思ふ」と。あいまいな物言いが選ばれているが、被差別部落にかかわる問題について語られた一節である。明治・大正期の柳田は、たいへん精力的に差別にかかわるフォークロアや民俗史の掘り起こしに取り組んでいる。しかし、昭和期に入ってからは、そうした仕事の多くが周縁的な場所に沈められた。この切断がもたらした後遺症のなかに、いまも民俗学は喘いでいるのではないか。差別をめぐる民俗史の周縁化、あるいは無化ということが、柳田民俗学の成立と、柳田以後にあたえた影響について問う作業は、依然として中途半端に棄ておかれている。

柳田民俗学の初志はおそらく、文献実証主義に裏打ちされた既成の歴史学との対抗関係のなかで、文字以外の史料に拠りつつ、常民生活史を織りあげてゆくことにあった、そう、わたしは想像している。明治・大正期から昭和期にかけて、柳田のなかで常民概念は大きな揺らぎと振幅を見せ、一義的な像に収斂させることはむずかしい。常民とは何か、という問いの周辺において、さまざまな論争らしきものがくりかえし生起してきた。わたし自身にも、柳田の、ことに後期の常民概念にたいしては違和感があり、批判的な検証を重ねてもきた。しかし、常民の発見と、常民生活史の構想とが、ある意味では知の革命にもひとしい事件《できごと》であったことは、あらためて確認しておいたほうがいい。天皇・貴族・将軍などの固有名詞を冠された英雄や知識人から、名もなき常民のもとに、歴史の主体を移行させること、そこに「新たな歴史学」を標榜した柳田の初志が横たわっている。その「新たな歴史学」への初志に立ち返るところから、差別の民俗史を組み立ててゆく作業は始められなければならない。

明治・大正期の柳田が精魂傾けた差別の民俗史は、ひとつの個性的なまなざしによって彩られている。それは、差別をめぐるフォークロアを、漂泊と定住にかかわる歴史的な枠組みにおいて読み抜こうとする志向であった。中世には、職人の名で括られる、非農耕的な生業にしたがう多種多様な人々がいた。〈内なる他者〉といってもいい。柳田はかれらを、賤民や被差別民としてではなく、土地に拠らずに生きる漂泊の民の群れとして描いてみせた。その漂泊の民が境の民へ、さらに被差別の民へと変容を遂げてゆく、いや、変容を強いられてゆく、いわば漂泊／定住の歴史的なダイナミズムこそが、柳田にとって読みほどかれるべき最大のテーマであった。そこかしこに、〈内なる他者〉のフォークロアが多様なかたちで顕在化させられていた。

柳田の漂泊民論の系譜は、一九一一（明治四十四）年の「踊の今と昔」（『柳田国男全集』第二十四巻）や「「イタカ」及び「サンカ」」（同前）に始まった。一九一三（大正二）年から四年にかけての「巫女考」（同前）と「毛坊主考」（同前）を頂点として、その後はしだいにゆるやかな終熄へと向かった。一九二一（大正十）年の「俗聖沿革史」（同・第二十五巻）が、実質的な漂泊民論の幕引きとなる。これらの論考のなかには、巫女／毛坊主の歴史を解き明かすことに、「日本文明史」をほどく大いなる鍵を求める柳田がいた。そして、ヒジリと本願寺の由来をあきらかにすることを企図した「毛坊主考」は、柳田にとっては、まさに被差別部落の発生を辿る道行きでもあった。この作業は「俗聖沿革史」に引き継がれ、そこで唐突に幕を降ろした。それ以降、被差別部落にかかわる論考が公にされることはなかった。また、「巫女考」

「所謂特殊部落ノ種類」「毛坊主考」「俗聖沿革史」をはじめ、その周辺で書かれた論考群の多くは、ついに単行本のかたちで世に問われることもなかった。

この時期の柳田の志向の一端は、たとえば「南方氏の書簡について」の一節によく示されている。『郷土研究』という雑誌の編集方針をめぐって交わされた、南方との論争のなかで、柳田は次のように述べていた(以下、本書では断りのない場合を除き、傍点は引用者による)。

しかし、あの「巫女考」などはずいぶん農村生活誌の真只中であると思いますが如何ですか。これまで一向人の顧みなかったこと、また今日の田舎の生活に大きな影響を及ぼしていること、また最狭義の経済問題にも触れていることを考えますと、なお大いに奨励して見たいとも思いますが如何ですか。……ただ「平民はいかに生活するか」または「いかに生活し来たったか」を記述して世論の前提を確実にするものがこれまではなかった。それを『郷土研究』が遣るのです。たとい何々学の定義には合わずとも、たぶん後代これを定義にする新しい学問がこの日本に起こることになりましょう。(『柳田国男　南方熊楠　往復書簡集』)

『郷土研究』は農村生活誌を主眼とした雑誌である。それは、平民はいかに生活するか、いかに生活してきたかを記述することを目的とする。やがて、この農村生活誌が新しい学問として起こることを予見しつつ、柳田が「巫女考」をほかならぬ農村生活誌の真っただ中である、と語っていたことに関心をそそられる。後年、その新しい学問は、柳田自身の手で体系化され、民俗学と名づけられるだろう。その民俗学が排除することになる漂泊の民や被差別の民、その代表ともいうべき巫女や毛坊主が、ここでは主役を演じていたことになる。平民はいかに生活するか、生活してきたか、その、のちの常民に繋がる平民概念のなかに、巫女や毛坊主が含まれていたのである。一九三五(昭和十)年の『郷土生活の研究法』の、諸道・諸識や被差別部落を排斥した「普通の農民」=常民という定義とは、いかにも好対照をなすものではなかったか。

くりかえすが、常民生活史こそが柳田の初志であった。明治・大正期の常民生活史には含まれていた、いや、むしろ、その中核をなすと信じられていた巫女/毛坊主が、周縁部に追いやられていったのは、なぜか。かれらを常民概念の内側から排除することで、民俗の母胎である常民のムラのイメージは、いかなる変質をこうむることになったのか。巫女や毛坊主といった、漂泊の民・境の民・被差別の民すなわち〈内なる他者〉を視野の外に祀り棄てた常民生活史は、避けがたい結果として、内に閉ざされた牧歌的なムラの風景を招き寄せる。現在の事実としてのムラは、あいまいに捨象される。そうして、たぐり寄せられた常民のムラからは、もはや現実と拮抗する力も可能性も抜き取られている。

しかし、あえて断定的な物言いを選べば、常民とは差別/被差別のダイナミズムの結晶である。常民が常民として、そこにあるためには、常民にあらざるものを必要とする。常民は常民にあらざるもの、それゆえ〈内なる他者〉の排除のうえに、はじめて常民としての姿をあらわにする。常民こそが、だから差別の主体である。たとえば、土佐のある村はずれの橋の下に暮らす、盲目にして乞食の老人は、みずからの彼岸に「一人前」の百姓を遠景のように見据えていた。その、普通の百姓=常民は、家—村—世間と連なる幻想の繭に包まれた存在である。常民/常民にあらざるものが、そうして対をなし、一個の関係性として露出する現場こそが、常民のムラであった（本章Ⅳを参照のこと）。巫女／毛坊主のいる、常民のムラの風景が語られねばならない。差別の民俗史は、そこから最初のページを開かれるだろう。柳田の前期思想の打ち棄てられた昏《くら》がりに眼を凝らしながら、差別／被差別のダイナミズムを抱え込んだ常民生活史への道行きを、ゆるやかに辿りたいと思う。ここでは、柳田の漂泊民論が越えられなかった二つの難関《アポリア》、すなわち家筋と穢れにかかわる問題に、いくらかの光を当ててみることにする。

2　家筋／漂泊と定住のはざまに

一九一三（大正二）年の「所謂特殊部落ノ種類」は、柳田があらわに被差別部落について語った数少ない論考のひとつである。それだけに可能性と限界がともに覗けている、屈折に富んだ論考でもあった。柳田はそこで、被差別部落がインドのカースト制度のような、先天的な身分・階級制度ではないことを指摘している。それはいわば、非農耕的な生業にしたがう漂泊の民が定住へと移りゆく、歴史の結節点に分泌されることになった後天的な制度にすぎない、と考えられていた。その地点から、柳田の志向はひたすら、被差別部落を「特殊」と見なす観念やまなざしを検証しつつ、それを相対化し、やがては根底から突き崩すことへと差し向けられた。しかし、その柳田がついに、きちんと視野に繰り込むことができなかったものが、いくつかある。家筋をめぐる問題の周辺に、柳田の限界がとりわけ露呈している。

先天的な身分制度であることを否定しながら、柳田はいささか無造作に、漂泊の民の家筋について語りつづけた。たとえば、「踊の今と昔」には、被差別部落の前史としての「踊の家筋」が語られていた。

「毛坊主考」には「鬼と呼ばる、特定の家筋」が登場し、それを承けた「鬼の子孫」(一九一六年、『柳田国男全集』第二十五巻)の冒頭には、「吾邦には或特殊の家筋で鬼の後裔と称する者」がいた、とある。この時期の論考には、「風呂筋の者」(「風呂の起原」一九一五年、同前)、「正文と称する家筋」(「唱門師の話」一九一六年、同前)、「テ、が特別の家筋」(「テテと称する家筋」一九一七年、同前)といった表現が頻出する。特殊な家筋、または特定の家筋とは、いったい何か。この被差別部落の前史へと、確実に繋がってゆく漂泊民の家筋の問題について、柳田が思索を深めた形跡は、残念ながら、ない。

漂泊民が家筋を形成するのは、定住の以前／以後のいずれであったか。柳田自身はついに、それをあきらかに論じることはなかった。わたしは定住以後に顕在化してくる問題であった、と想像している。しかし、ここではむしろ、家筋の前史として、血の系統＝血筋の問題がいやおうなしに浮上してくることに、注意を促しておきたい。カースト的な身分制度であることを否定しながら、特殊な家筋について語った柳田は、その亀裂を孕んだ論理の結ぼれにはあくまで無自覚であった。ここでの柳田は、ほとんど致命的な限界を露呈していたのではなかったか。

昭和期に入ると、もはや漂泊民の家筋について語る柳田の姿は見られない。この血筋・家筋にまつわるスジの問題は、思いがけず、常民の祖先崇拝や稲作との連関のなかに、まるで方位を異にした展開を遂げることになる。祖先崇拝によって結ばれた常民の家筋が、さらに稲籾の管理と継承の側面から、いわば理念的に補強されてゆく場面は、たとえば、「稲の産屋」の以下の一節などに覗けているはずだ。

信越二国を流れる信濃川の水系では、翌年の種子に供すべき種籾をスヂと謂ひ、乃ち其スヂ俵を中心とした正月の色々の祭儀がある。遠く離れた肥前西彼杵の半島でも、稲の種実のみは特にスヂとよんで居る。この種神の信仰と、人間の血筋家筋の考へ方とは、多分は併行し、且つ互ひに助け合つて、この稲作民族の間にも成長して来たことは、所謂新嘗儀礼の民間の例からでも、証明し得られると私は信じて居る。（一九五三年、『柳田国男全集』第二十一巻『海上の道』）

翌年の種子に供される稲籾をスジ＝筋と呼ぶ地方がある。この稲籾に宿る稲魂の信仰と、血筋や家筋をめぐる観念とのあいだに併行関係を認めつつ、柳田はこのとき、稲作民族としての日本人＝常民の固有信仰の核心に迫ろうとしていた、と読めるだろうか。普通の百姓としての常民は、ここに種籾／血筋・家筋という、二重のスジ＝筋に差し貫かれる存在として姿をあらわす。祖先崇拝と稲作を基盤に据えた、それゆえに、内に向けて強固に閉ざされた常民の民俗学がそうして生まれてくる。

こうした祖先崇拝と稲作に、いわば神学的な支えを求めるスジ＝筋のフォークロアを前提とするとき、漂泊民の家筋にまつわる問題は、どのような意味を負荷として強いられることになったか。はっきりしているのは、スジ＝筋のフォークロアの内側にどれだけ眼を凝らしても、差別／被差別の見えにくい力学を喰い破る論理的な契機は見いだしがたい、ということだ。それは逆に、常民や民俗それ自体が差別の主体であることを、残酷なまでに浮き彫りにしているといっていい。

スジ＝筋の民俗こそが、差別と排除の論理の結晶である。漂泊の民から境の民へ、さらに被差別の民へと連なる一群の人々は、そのとき、二重の疎外を強いられることになる。祖先崇拝によって連続してゆく家筋の継承から、また、稲籾というスジ＝筋の管理から、くりかえし疎外されるのである。『先祖の話』も『海上の道』もともに、かれらを外部に祀り棄てたうえで紡がれる常民の子守り唄であったことが、そうして白日の下にさらされるのかもしれない。

あらためて、漂泊の民の家筋とはいったい何か。それは常民のスジ＝筋のフォークロアにとって、一枚の陰画なす光景である。スジ＝筋のフォークロアからあらかじめ排斥されているがゆえに、虚構としてのスジ＝筋をまとうことを強制された人々の群れが、そこに浮上してくる。常民／常民にあらざるものが、対をなして織りあげる関係の磁場のなかに、スジ＝筋のフォークロアは横たわっている。被差別部落の前史に見定められた特殊な家筋の群れ、「踊の家筋」「鬼と呼ばる、特定の家筋」「風呂筋の者」「正文と称する家筋」「テ、が特別の家筋」などは、常民が形作るスジ＝筋のフォークロアの外部としてのみ、その社会身分的なアイデンティティを附与されるだろう。祖先崇拝からの疎外、稲作農耕からの疎外、二重にスジ＝筋を持たないことにおいて、漂泊の民・境の民・被差別の民、すなわち〈内なる他者〉は陰画としての家筋を背負わされる。いわば、稲を作らぬ漂泊民の後裔たちは、もうひとつの特殊な家筋を見えない聖痕《スティグマ》として負わされたとき、それを社会的な回路として、近世的な被差別の民への変容を強いられたのではなかったか。

漂泊の民・境の民・被差別の民のなかには、内発的に家筋を形成してゆくべきスジ＝筋の論理は存在したか。仮に存在したとすれば、それはおそらく職掌それ自体が要請してくる、祖先崇拝や稲作に縛られたスジ＝筋のフォークロアとは異質な論理であったにちがいない。ここでわたしの頭に浮かぶのは、職人由緒書をめぐる問題である。

特殊な家筋の群れ、そこには確実に、漂泊の民の多くが携えあるいた職人由緒書が、たいへん微妙な影を落としている。天皇やその皇子・皇女らに連なる血筋や家筋ゆえに、諸国往来の自由や職掌にまつわる特権を代々にわたって認められてきたと主張する職人由緒書は、疑いもなく、かれらの集団的なアイデンティティを支えてくれる回路であった。しかし、それはいつしか、被差別の家筋を更新してゆく負の回路へと反転させられる。スジ＝筋のフォークロアに接ぎ木された貴種流離譚の衰弱は、差別／被差別のダイナミズムそのものを、惰性のごとくに拡大再生産してゆく結果をもたらしたはずだ（本書第二章を参照のこと）。こうして、特殊な家筋という幻想の共同性は、漂泊の民の内／外から分泌されたと考えられる。

常民から分離された集団を、自明に家筋として捉える視点こそが問題ではないか、数千年の昔に、いったい「家」はあったのか、そう、柳田にたいして批判の矢を放った乾武俊の所論（「被差別部落伝承文化論序説（三）」『部落解放研究』第七十五号）に、わたしは共感を覚える。『先祖の話』の柳田が信じたように、「家」という制度の歴史が民族史の黎明期にまで遡行できるとは思えない。スジ＝筋のフォークロアに浸された「家」制度は、中世後期の「村」の成立以降にかたちを成してきたものではなかったか。漂泊の民の後裔たちは、その「村」のはずれに居を占め、しだいに定住的な生活へと移行してゆく。かれらが身にまとった家筋は、ほかならぬ「村」と「家」が分泌した常民のスジ＝筋のフォークロアの陰画であった。それを自明に、特殊な家筋として捉えるまなざしこそが、すでに問いを窮屈な場所に追い込んでいるのではないか。

くりかえすが、常民とその民俗こそが差別の主体である。柳田が語ったスジ＝筋のフォークロアを、まず疑う必要があるだろう。そもそもそれは、どこまで歴史的にさかのぼることができるのか。非稲作的な世界、つまり雑穀農耕や狩猟・採集によって暮らす人々の世界にまで視野を広げたとき、どれほどの普遍性をもつのか。柳田がその民俗学の基礎に置いた常民・稲作・祖先崇拝が、それぞれに孕む排除の論理を見据えながら、スジ＝筋のフォークロアを越えるための方法を鍛えあげてゆかねばならない。それは柳田以後に生きる者らに課せられている仕事だ、とわたしは思う。

3　穢れ／宗教的な交易として

柳田の漂泊民論の系譜を辿ってゆくとき、あたかも通奏低音のように、あるテーマが底流していることに気付かされる。死者の葬送にかかわる穢れの問題である。柳田がそこに大きな意味を見いだしていたことは確実だが、それが真っ向から主題化された場面は、残念ながらいたって少ない。有泉貞夫はその論考「柳田国男考——祖先崇拝と差別」のなかで、以下のように述べている。すなわち、「ヒジリ↓毛坊主をとり上げた柳田のもう一つの意図は、毛坊主たちの活動を媒介とする念仏講などの営みによる日本人の死穢感覚からの脱却の進行に、差別感覚一般の消滅の道筋と可能性を追うことであったのかも知れない」と。たいへん刺戟的な理解であり、首肯されるところだ。柳田はそれでは、この穢れにかかわるヒジリや毛坊主の活動に関して、何を、どのように語っていたか。

たとえば、「毛坊主考」には次のように説かれている。

行倒れの取片付は各地の下級毛坊主の普通の職業であつた。戦闘殺戮《さつりく》が盛で人が亡霊《まうれい》の祟を怖れて居た時代には、鉦を打ち念仏をする者に其始末を依頼するのは便法であつたから、従つて非事吏が村里に歓迎せられた理由の一つは此であつたに違ないが、それがしたさに出てあるいたのではあるまい。

たしかに毛坊主の職掌の第一義ではなかったが、こうした亡霊の鎮めと死穢の浄めは、ムラに暮らす常民たちが毛坊主に託したたいせつな職務のひとつであった。近世的なヒジリの群れのなかから、柳田は多様な名称を背負った、信仰上の勤めとして死者の埋葬と鎮魂にしたがう人々の姿を掘り起こしてゆく。そうして「毛坊主考」から「俗聖沿革史」へと、柳田の思索は一定の深まりを見せることになった。しかし、柳田は結局、この作業を中途で放棄する。「俗聖沿革史」の中断をもって、二度と柳田がこのテーマと交叉する姿は見られないだろう。

遺体処理を中心とする死の儀礼が、死穢を超越する力と技をもつと信じられた人々に委ねられる。そこに、穢れ／浄めの仕事を専従的ににな う存在が登場し、死穢の処理をめぐる常民／毛坊主・ヒジリの分業関係が生じてくる。それがやがて、制度的にも固定され、社会＝文化的な意味での差別の構造の発生へと繋がってゆくのである。宮田登の『ケガレの民俗誌』は、そうした差別の発生的な文脈を押さえたうえで、穢れ／ケガレをめぐる民俗史を浮き彫りにしようと試みた一書であった。柳田以後のさまざまな成果が盛り込まれ、多くの示唆を与えられる（本章Ⅴを参照のこと）。

しかし、ここではあえて、柳田のかたわらに踏みとどまることにしたい。わたしの関心は、死穢の処理にかかわる常民／毛坊主・ヒジリの関係に絞り込まれる。常民のムラはなぜ、その成立の避けがたい契機として、みずからが分泌する死＝穢れを浄化するための文化装置を、たとえば毛坊主やヒジリのかたちで抱え込まざるをえなかったのか。その一点において、すでに常民生活史の構想が、常民にあらざるものを排除しては成り立ちえない領野であることは、自明の前提といっていい。常民／常民にあらざるものの交通の風景は、常民生活史の根幹に横たわるテーマなのである。けっして周縁的なテーマではない。

しかも、死穢をめぐって交錯する常民／毛坊主・ヒジリの関係は、たんなる差別／被差別の固定した水準では捉えることができない。こう言い換えてもいい。つまり、毛坊主やヒジリは被差別の民であるから、常民のいやがる死穢の処理を押しつけられたわけではない、ということだ。そこに横たわっていたはずの、ある固有の宗教的な回路を浮き彫りにすることなしには、死穢の浄化を「重職」として引き受けた、キヨメという名の中世的な非人のありようを了解することはできない。近世の身分制度のなかの、「非人」や「エタ」と称された被差別の民を範型とすることには、いくつもの留保が必要である。

さて、わたしは柳田の「所謂特殊部落ノ種類」という論考に、間接的ではあるが、手掛かりを求めたいと思う。柳田はそこで、たいへん興味深い乞食＝ホイト論を語っていたのである。ホイトにたいする思想は近世になって一変した、という。柳田によれば、ホイトは本来はあきらかにひとつの職業であり、禁厭の札を民家に配り、それと引き換えに米銭を乞い受けることが、その趣旨であった。いわば、ホイトの職業は「一種仕来リノ交易」であり、「所謂特殊部落ノ如キハ其全部ヲ包容シタリシカ」とされた。被差別部落の多様な現実を無視した、乱暴な議論であることは承知している。しかし、おそらく柳田の趣意は、ホイトのうえに凝縮されたかたちで現われてくる、乞う／乞われる関係の豊かな文化的位相に差し向けられていたはずだ。ホイトはたんなる物乞いで命を繋ぐ人ではない、その職掌は歴史をさかのぼれば、ある種の社会的な慣習のうえに成り立つ宗教的な交易であった、という。ホイトを物乞いと同義に結ぶまなざしを突き崩すことを通して、差別／被差別の関係のありようの自明性を疑うことが、ここでの柳田の目論見であったはずだ。

柳田はまた、その宗教的な交易の具体相を次のように説いてゆく。すなわち、「非人ノ職業ノ沿革ヲ明ニスルコトハ実ハ民間信仰史ノ任務」である、と。かれらの名称は、ハカセ・陰陽師・唱門師・シュク・サン所・院内・舞々・万歳など多種多様であるが、共通の特色が見られる。その任務としてもっとも一般的なのは、禁厭・祈禱・卜占である。疫癘《えきれい》や風雨・旱魃・イナゴの害を防ぎ、五穀の豊穣や牛馬の増殖を求める者のために、年ごとに村々の民に守り札を配り、慣例としていくらかの農産物をもらい受ける。これを札配りとか、配当と称している。祈禱の手段としては、いろいろの唱え詞を述べ、舞をなして、神を悦ばせる術をおこなった、という。これが柳田の語った交易の諸相である。「非人」の職業の沿革をあきらかにすることが、民間信仰史のたいせつな課題であることの意味は、そこに鮮やかに示されているはずだ。

差別／被差別の関係を自明の前提として語る方法が、周到に斥けられていることに注意を促しておきたい。柳田の眼前にあったのは、近世身分制度のなかの「非人」ではない。かれらが原像として抱え込んでいたはずの、いわば中世的な面影である。ムラの内／外にあって、質的に位相を異にする常民／常民にあらざるもののあいだの、宗教を仲立ちとした交易の風景といってもいい。ホイト＝乞食であれ、非人であれ、柳田が「一種仕来リノ交易」という意表を突いた視座のもとに、新しい言説の場所を開こうとしていたことは、やはり否定しがたい。

むろん、ここには死穢の処理にまつわる浄めと鎮魂のテーマは、いまだ姿をあらわしてはいない。しかし、あの「一種仕来リノ交易」は当然ながら、この死者の埋葬と死穢の浄化という場面にあっても、常民／常民にあらざるものを繋ぐ回路として存在したはずである。それはくりかえすが、被差別の民ゆえに押しつけられた職掌ではない。ムラの内に暮らす常民には背負いきれぬ、何らかの宗教的な力と技術をもってはじめて対応が可能な、重い職掌であったのだ。みずからの漂泊民論の核となるテーマとして、毛坊主やヒジリを選び、「毛坊主考」から「俗聖沿革史」へと歩を進めていった柳田は、そうしたことに十分すぎるほどに自覚的であった。

それにしても、巫女／毛坊主に狙いを定めたとき、柳田は疑いもなく、常民生活史の真っただ中に裸形をさらしていたにちがいない。常民とその民俗こそが差別の主体であることを、痛いほどに感受しながら、柳田は「巫女考」と「毛坊主考」を書き継いでゆき、ついにそれをみずからの手で葬り去ったのである。その挫折のプロセスを検証しておくことは、たしかに必要だ。しかし、いつまで柳田の挫折や転向を論難しつづけたところで、何ひとつあらたな地平は開かれてこない。常民生活史の主役は巫女や毛坊主である――、それが逆説ではなくあたりまえに受容されるとき、差別の民俗史へのささやかな道行きが始まるのではないか。柳田から柳田以後へと、何度でも、わたしたちは離脱や展開のための試みを重ねてゆかねばならない。

Ⅱ　折口信夫　はじめにマレビトありき

1　沖縄へ／特殊部落がなかった

沖縄はくりかえし、日本にとっての〈内なる他者〉として発見されてきた。とはいえ、その〈内なる他者〉としての肖像の描かれ方は、きわめて多様であった。そこにはたいてい、描き手が抱えこんだ欲望がそれと意識されることなく投影されており、だから、欲望のありように応じて多様な肖像が描かれることにもなった。

たとえば、折口信夫にとっての沖縄には、鮮やかに折口その人の欲望が刻まれている。むしろ、折口学の全体が特権的な場所のひとつとして、過剰に沖縄を欲していたにちがいない。一九二九年に刊行された『古代研究』の跋文「追ひ書き」のなかには、「私は、沖縄に二度渡つた。さうして、島の伝承に、実感を催されて、古代日本の姿を見出した喜びを、幾度か論文に書き綴つた」と見える。折口はまさしく、旅のなかで〈内なる他者〉としての沖縄に遭遇したのである。それは「古代日本の姿」を宿す〈内なる他者〉として登場してきた。「追ひ書き」の別の箇所には、「旅に居て、その地の民俗の刺戟に遭へば、書斎での知識の聯想が、実感化せられて来る」と、折口学の方法的な秘密が明かされたような言葉が見えるが、沖縄への旅はすでにあった「書斎での知識の聯想」、つまり「古代日本の姿」を「実感化」させたのである。しかも、やはり「追ひ書き」には、沖縄語／日本語のあいだの本質的な差異に触れて、「日琉分離の時代」はきわめて古いといい、「同族論」にたいしてひかえめな懐疑が表明されていた。〈内なる他者〉としての肖像が、折口その人においてすら、いかに多様でありえたかを確認しておくのもいい。

　折口信夫はその生涯において、三度、沖縄に渡っている。一九二一（大正十）年七月半ばから八月にかけて、折口ははじめて沖縄の島々を訪ねた。そのときの採集ノートの翻刻が、「沖縄採訪手帖」と題して、新版の『折口信夫全集』第十八巻（旧版では第十六巻）に収録されている。一九二三（大正十二）年には、二度目の沖縄採集旅行がおこなわれたが、そのときのノートは「沖縄採訪記」と題して同じ巻に収められている。わたしは以前から、「沖縄採訪手帖」のなかに、沖縄の被差別民といわれるニンブチャーやチョンダラーについての聞き書きの記録が見いだされることに、関心をそそられて来た。それはたぶん、〈内なる他者〉としての沖縄にとっては、どこか相貌を異にするものである。それゆえにか、それは採訪ノートの片隅に捨ておかれ、ついに折口自身によって主題化されることがなかった。

　「沖縄採訪手帖」には、二カ所にニンブチャーが登場する。ひとつは、ニンブチャーの本拠地である首里石嶺を訪ねた聞き書きである。その「にんぶちゃー——糸満」と題された一節は、採訪手帖のはじめの数ページ目にあって、いささか唐突に、こんなふうに始まる。

　琉球には特殊部落とてはない。唯、念仏者を特殊扱ひするだけで、皮屋も、屠児も嫌はない。真壁での話には、糸満のわさ（豚為《シ》の意、豚殺し）だつて、いやがらぬ。糸満を厭ふのは、利己式な点である。糸満には、漁師と百姓と豚《ワー》さとがあるが、別にどれも特殊扱ひはせぬ。

折口ははじめての沖縄の旅のなかで、おそらくは深い衝撃とともに、あることを確認したのである。「実感化」したといってもいい。沖縄には、「特殊部落」というものがないこと、「皮屋」も「屠児」も嫌わないこと、ただ例外として「念仏者」を特殊扱いすること、である。折口がその出自や生い立ちからして、たいへん生々しく差別にまつわる現実を体験し、知っていたことに注意を促しておきたい。「特殊部落」や「皮屋」「屠児」などについて、折口はとても具象的なイメージをもっていたのである。それがどうやら、沖縄には存在しないらしいと知ったときの衝撃は、どれほどのものであったか。

真壁村（現、沖縄県糸満市真壁）での聞き書きによれば、糸満には漁師・百姓・ワサという階層があるが、豚の屠畜にしたがうワサですら特殊扱いをせず、忌み嫌うことがない、という。その職掌としての実態はさだかではないが、「皮屋」や「屠児」に括られそうな人びとにたいする差別は見られなかったのである。被差別部落にかかわる三つのケガレ、すなわち死のケガレ／血のケガレ／肉や皮革のケガレのうちで、第三の肉や皮革のケガレへの忌避がなかった、ということだ。ただひとつの例外として「念仏者」、つまりニンブチャーが特殊な扱いを受けていた。第一の死のケガレに結びつくのか。ともあれ、折口は迷うこともなく、首里石嶺にニンブチャーを訪ねたにちがいない。

以前は、ニンブチャーの家が七、八軒あったそうだが、いまは三軒だけになった。家ごとにたいてい十四、五人はいたから、かなりの人数であった。ニンブチャーの勢頭の家には話せる者がいなかったので、別の家を訪ねて、聞き書きをおこなった。折口はそこで、ニンブチャーが葬式のほかに、チョンダラー（京太郎）として本島を廻ったことを知る。村には阿弥陀堂があって、その堂のなかにハコのような仏壇がある。チョンダラーはその阿弥陀様を納めた仏壇を首にかけて、巡業に出かけた。七人一組で、「寺」と呼ばれる「人形を踊らせる箱」を三つ携えていた。「京の小太郎が……」といって、三、四寸の人形を竹の手足で動かし舞わせた。そのほかに、馬を帯に差して舞わす万歳コシ、面をかぶって踊る面グワもあった。念仏は四つ知っており、島袋山という主人が唱えて聞かせた。いくらか地蔵和讃に似て、伊勢音頭調も交えている、と折口は感じた。採訪手帖には、「親のぐぶらん」「継親の念仏」の詞章が書き留められてある。

折口はこれ以降、折りに触れて、ニンブチャー／チョンダラーについての聞き書きをしたらしい。採訪手帖の後半、「村の死人　念仏者」という一節には、「死人があつた時は、其字又は村に居る念仏者《ニンブチヤア》をよんで来る。念仏者は賤民扱ひを受けて居る」と見える。ただし、近頃では、その数は少なくなった。真壁村のニンブチャーは全村に一人で、近隣の村々からも頼まれる。「今のは、元、役場の小使であつた。口すぎに困つて身を落としたが……」とあるから、賤民扱いを受けるとはいえ、あくまで職掌にまつわる差別であり、特定の家筋が強いられる差別といったものではない。また、「念仏者の本山ともいふべきは、首里石嶺である。念仏者勢頭《シイツ》といふ。此部下になると、もう普通民ではないのである」とも見える。長吏―非人・乞食の関係といったものを思わせるが、ニンブチャーがどれほどの差別を受けていたのかは、あきらかではない。

折口が訪ねてから、三年の時が流れて、宮良当壮《みやながまさもり》という沖縄出身の学者がほとんど偶然のように、人形芝居研究を仲立ちとして首里石嶺（アンニャ村）にチョンダラーを訪ねることになる。宮良はそこでの聞き書きを、のちに『沖縄の人形芝居』という本にまとめる。柳田国男が編んだ「炉辺叢書」の一冊であった。語り部の一人は、名をヤマー(山)といっていたとあり、おそらく折口が聞き書きした男とはからずも同一人物であった。

宮良はこのとき、チョンダラーがいかなる人びとであるのか、知らなかった。かれらは、普通一般の人からは遠ざかって、アンニャ村に住んでいるので、恐れてなかなかよその人に会うことはない、と聞かされる。それでも、床屋のあるじに案内されて、チョンダラーのもとに辿り着くのである。宮良によれば、いまでも、かれらはなお因襲的に周囲から、「多少交際を求められないやうな風が見えないではない」が、もはや一般農民と差別を立てて見るほどのこともなく、税金を納め・徴兵に行き・学校教育を受けている。したがって、「世間の所謂特殊部落扱ひには決してされてゐない」ことを、誤解を招きやすい事柄だから、特にあきらかにしておきたい、という。

ニンブチャー／チョンダラーについては、折口や宮良が訪ねた大正後期が聞き書きの可能な最後の時代となった。その後、池宮正治の『沖縄の遊行芸――チョンダラーとニンブチャー』(一九九〇年)や、田場由美雄の「沖縄のニンブチャー・チョンダラー」(一九九二年、赤坂憲雄編『漂泊する眼差し』所収)などの研究があるが、もはや大きな進展は望めそうにない。ともあれ、「チョンダラーの伝える由来譚は、彼らおよび彼らのもち伝える宗教芸能が、沖縄固有の民間芸能とは異なり、ある時期に外部からもたらされたものであることを物語っている」と、田場が指摘するように、チョンダラーは中世あたりに、ヤマトから渡ってきた念仏系の宗教芸能者の末裔であったと想像されている。折口自身が、たとえば「偶人信仰の民俗化並びに伝説化せる道」(『折口信夫全集』第三巻。以下、新版による)などで、そうした推測を語っていたことを、とりあえず言い添えておく。

さて、あらためて「沖縄採訪手帖」の一節に戻らねばならない。折口は書いていた、「琉球には特殊部落とてはない。唯、念仏者を特殊扱ひするだけで、皮屋も、屠児も嫌はない」と。沖縄にはたしかに、肉や皮革のケガレにまつわる差別が見いだされない。身分制度としての「特殊部落」が存在せず、「皮屋」や「屠児」といった職掌が差別的な扱いをこうむることもなかった、ということである。くりかえすが、残念なことに、折口がこのテーマを沖縄を起点として深めてゆくことはなかった。

あえて問いかけてみたい。「特殊部落」「皮屋」「屠児」といった差別の制度そのものが、日本／沖縄において共有されていないことは、何を意味しているのか。それはすくなくとも、日本／沖縄が古代以来、「同族」的に育んできた文化の様式ではなかった。それはおそらく、中世における、ヤマトから沖縄への文化の移植であり、その意味では、被差別部落という制度それ自体が、日本文化／沖縄文化にひとしく通底する根源的な制度ではないことが示唆されているのかもしれない。

2　聖痕／はじまりの場所から

折口信夫の学の全体は、まさしく共同体の外部に排除されたホカヒビト・ウカレビト・マレビトらを核に据えたものであった。その思想的な源流のひとつが、ほかならぬ沖縄への旅であったことは、否定しようがない。しかし、そうした沖縄以前の、あるいはホカヒビトやマレビト以前の、折口のはじまりの場所は、意外なほどに曖昧模糊としている。本格的な探究がなされてこなかったのではないか。そこに眼を凝らしてみることには、それだけでも大きな意味があるにちがいない。

折口信夫という、どこか異形の輝きを宿した知性はいったい、どこから生まれてきたのか、どのような生い立ちを背負わされているのか。ここにも、〈内なる他者〉の影が射しているが、折口自身がひそかに描いてみせた自画像のなかに、そのいくつかを確認することができるかもしれない。

まず取り上げてみたいのは、折口にとって、はじめての小説である「口ぶえ」(『折口信夫全集』第二十七巻)という作品である。一九一四(大正三)年の三月から四月にかけて、『不二新聞』に連載されたが、前編だけで未完に終わっている。主人公は、百済中学三年生の漆間《うるま》安良《やすら》であり、この安良をめぐって、思春期の少年たちの尖った自意識が、鬱屈した同性愛的な葛藤のなかにぶつかり合い、交錯する姿が、独特の暗い香気を放ちながら描かれている。折口のなかに底流していた心象の原風景が、あらわに、じかに表出されているといっていい。これは折口その人のアイデンティティ探究の試みの所産であった。

折口はみずからの家族、ことに父にたいする違和感を強く抱いていたが、それとは裏腹に、祖父を敬愛していたらしい。この祖父は、「大和国高市郡飛鳥、古い国、古い里、そこに二千年の歴史を持つた、古い家」、すなわち大和の飛鳥坐《あすかにいます》神社の神職の家の出身であり、医者でもあった。「口ぶえ」という小説はあきらかに、その祖父を隠された焦点として展開される。ルーツ探しとしての大和への旅がおこなわれるが、それはすでに亡くなっている祖父の記憶を辿りなおす道行きでもあった。

祖父のまわりに、そこはかとなく差別の影が射していることは、おそらく偶然ではあるまい。明治十八年の夏には、コレラが流行した。医者であった祖父は、土地の人々のために夜の目も寝ないで奔走していたが、秋風が吹き出して病気の勢いが衰えてきた頃に、この病にとりつかれた。祖父が死んだことが聞こえると、近くのエタ村から、ぞろぞろと人が軒先へ来て、わあわあと泣いた。「先生さんが死にやはつたら、わしら見たいな者は、これから病気になつても誰も見てくれる人はない」と、大声上げて泣いた者もあったそうだ、という。祖父はエタ村の人びとに慕われる医者だったのである。大和への旅のなかでは、祖父の故郷の村に近く、その手前にエタ村がある。「村のわりには大きな寺の屋根を見ながら、石橋の上に立つと、やゝ広くなつた磧に、犬の皮が四五枚乾してあつた」（傍点は折口）という。

作品の、とりわけ祖父の周囲に、エタ村が姿を現わすのである。まるで、ひっそりと埋め込まれた記号のように、予兆のように。被差別部落の風景のかけらが、語られたそばから忘れられることを望んでいるようなさりげなさで、描かれている。そこにはたやすく、「被差別民に対するある種の親密感」や「共同体から疎外され虐げられた人々への共感」（西村亨編『折口信夫事典』「ほかひ・ほかひびと」の項）を見てとることができるはずだ。いや、むしろ、それ以上の、何か、濃密な気配をこそ認めるべきなのかもしれない。ほかに、祖父とはかかわりがないが、主人公の暮らす町をすこし離れた「屠牛場《バ》へ牛肉をうけとりに行く車が、遠雷をおもはせるやうに響いて来るかと思ふと、やがて恐しい地響を立てゝ、轟きすぎる」といった情景も描かれている。被差別部落はかぎりなく身近な現実だったのである。

主人公の安良は、「西行や芭蕉などいふ人の住んでゐた世界」への憧憬と、その行く手をさえぎる「淡紅色《トキ》の蛇」にたいして、いらいらと身悶えする。そして、ついには、もうひとりの少年とともに谷に身を投げるのである。その、ほんの手前で、「白衣姿の巡礼で、顔の紫色にうだ脹《バ》れた中年の男」（傍点は折口）が横切ってゆくのは、ハンセン病の巡礼ではなかったか。これもまた偶然とは思われない。被差別の聖痕《スティグマ》が、そこかしこに配されているのである。それはよじれながら、世捨て人への憧れに身悶えする少年の心象風景に繋がっていたにちがいない。

あるいは、はじめての民俗採訪記録である「三郷巷談」はどうだろうか。柳田が主宰していた雑誌『郷土研究』、また『土俗と伝説』に掲載されたものである。柳田との出会いという、折口学にとっては決定的な契機をなしたできごとが、ここに始まった。しかし、じつは「三郷巷談」と題された文章は複数あり、いくらか大袈裟にいってみれば、その一篇は数奇な運命を辿ったのである。初出誌にさかのぼれば、すくなくとも以下の五篇を確認することができる。

Ａ「三郷巷談」／『郷土研究』第一巻第十号「資料及報告」一九一三年十二月
Ｂ「三郷巷談」／『郷土研究』第二巻第一号「資料及報告」一九一四年三月
Ｃ「三郷巷談」／『郷土研究』第四巻第七号「報告」一九一六年十月
Ｄ「三郷巷談」／『土俗と伝説』第一巻第一号「報告」一九一八年八月（筆名・滕折武助）
Ｅ「三郷巷談（二）」／『土俗と伝説』第一巻第三号「報告」一九一八年十月（筆名・滕折武助）

まず、折口自身が編集した『古代研究　民俗学篇第二』（一九三〇年六月）に、「三郷巷談」と題して、Ｂ・Ｃ・Ｄ・Ｅの四篇が「一　もおずしやうじん」から「一五　らつぱを羨む子ども」まで、十五節に編み直したうえで収録された。これはそのままに、新旧版の『折口信夫全集』第三巻に収められている。折口の生地である大阪の木津やその周辺で拾われた、民俗の採訪記録である。習俗・伝説・民謡・名字・わらべ言葉などについて報告されている。そこに、いくつかの被差別部落にかかわる項目が含まれていることに、とりあえず注意を促しておきたい。

たとえば、「一　もおずしやうじん」には、泉北郡のある村の八幡宮にまつわる精進潔斎の習俗に触れて、それを怠ると「かつたい（癩病）」になるという信仰があり、その起源伝承のひとつとして、「此村はかつたいが非常に多かつたのを、八幡様が救つて下さつた。其時の誓ひによつて、正月三个日は精進潔斎をするのだといふ」と説かれている。また、「一〇　夙村」には、河内の夙《しゅく》村ではそれを取り巻く濠のような池がある、という。さらに、「一二　うしはきば」には、これは河内あたりに多い地名であるが、たいていは池の堤や小川の岸などで、人の行かぬ場所にあって、「わりあひに神聖な処」と考えられており、「死んだ牛の皮を剝ぐ場処の意」だ、という。そのあとに、「牛を剝ぎには穢多が来て、皮・肉などは貰うて帰るのださうである」と見える。

　ところで、「三郷巷談」には鬼子のように忌まれた一篇があった。折口がみずから編んだ『古代研究民俗学篇第二』には、『郷土研究』第一巻第十号の「資料及報告」欄に掲載された「三郷巷談」、すなわちAが収録されなかったのである。むろん、折口その人の選択であった。それが、旧版の『折口信夫全集』の編纂にあたって、第十五巻「民俗篇1」（一九六七年）に全文が収められた。その「あとがき」（折口博士記念古代研究所）には、これについて、「著者が『古代研究』を編輯した時、この一篇のみは故あって収録しなかった」と断り書きがなされている。それにたいして、新版の『折口信夫全集』では第十七巻（一九九六年）に収録されているが、その第三項以下は省略された。編纂にあたった折口信夫全集刊行会は、その「解題」のなかで、以下のように経緯を説明している。

> 本篇は、著者の民俗学に関する最初の論文である。柳田国男との出会いを示す記念すべき論文で、

「（大阪東区　折口信夫）」の投稿者名を、編者の柳田は「口を折って忍んでいる」意の変名だと思った、と後に回想している。内容は生地大阪の被差別部落に関する伝承を蒐集したものである。『郷土研究』の「紙上問答」欄では、当時このテーマをめぐっての応酬が活発になされていた。本篇は著者の生地大阪からの報告という性格が強い。なお著者所蔵の合本『郷土研究』の本篇欄外には、著者の書き入れがある。「三郷巷談」と題された論考には他に四種あって、いずれも「古代研究」民俗学篇２（本全集第三巻）に収められているが、本篇のみ収録されていない。本篇の本全集収録に当たっては、最初の二項目のみを収録し、以下の七項目は削除した。

たいへん的確な解説といっていい。まぎれもなく折口民俗学の先駆けをなす論考であった。それは投稿というかたちで、柳田の主宰する雑誌『郷土研究』に送られ、掲載された。その当時、この雑誌には、柳田の「巫女考」が連載され、「紙上問答」欄などで被差別部落にまつわるテーマが盛んに取り上げられていた。折口の「三郷巷談」（Ａ）という報告は、その渦中に生地・大阪から参加する意図があったにちがいない。その続編の「三郷巷談」（Ｂ）は、柳田の「毛坊主考」の連載が始まった『郷土研究』第二巻第一号に掲載されている。それにしても、折口所蔵の『郷土研究』の本篇欄外にあるという、折口自身の書き入れとは、いかなるものであったのか。残念ながら、想像をたくましくしてみることしかできない。みずから編んだ『古代研究　民俗学篇』に、「三郷巷談」（Ａ）を採録しなかった理由の一端が示唆されているのかもしれない。「夙村にかかわる報告が多過ぎたせいかと推測される」（『折口信夫事典』「三郷巷談」解題）といったあたりか。いずれであれ、旧版では、そうした折口の意向に反して、第十五巻に

「三郷巷談」(A)の全文を掲載するという選択がなされ、新版では、その意向になかば沿うかたちで、最初の二項目のみの収録という選択がなされたのではなかったか。わたし自身は、それが自選の著作集ではなく、没後の全集である以上は、やはりあくまで全文が掲載されるべきであったと思う。

とはいえ、削除された部分に、たとえば被差別部落史の研究にとって貴重な情報が含まれているかといえば、けっしてそうではない。むしろ、差別をこうむってきた人々にまつわる俗説にひとしい伝聞情報が、むきだしに投げ出されていることに、戸惑いを覚えさせられる。「ゑつたのこきわけ」「夙村の人間は、肋骨が一本足らぬと伝へてゐる」「夙は狡猾だといふ」、あるいは、「特殊部落のうち、穢多の繁殖力強いことは事実であるが、他の夙とか、山番《ヤマバン》・隠坊《ヲンバウ》とかいふ類は、だん〳〵衰へて行くやうだ」などと見える。また、具体的な地名情報も多く見られ、たしかにきわどい。度が過ぎて詳しい記述が含まれる。全集でなければ、あえて掲載を求めることはないかもしれない。

それにもかかわらず、折口信夫論としては、いたく関心をそそられるのである。こんな一節があった、――「大阪をはなれて神戸まで行くと、もうゑつたの花売りが来るが、大阪では、絶対にゑつたの出商売は下駄なほしにきまつてゐる。花売りは、夙がする」(傍点は折口)と。ここで、「折口といふ名字」と題された論考へと転じてゆくのがいい。同じ『土俗と伝説』誌上に掲載された、金田一京助の「金田一といふ姓」あたりに呼応して書かれたエッセイであったか。『古代研究　民俗学篇第二』では、「三郷巷談」のあとに続く論考である。その冒頭には、「折口といふ名字は、摂津国西成郡木津村の百姓の通り名とも、名字ともつかず、のびて来た称へである」といい、柳田からも訝しく思われたらしい、折口という名字のいわれが謎解きされてゆく。

木津村は今、大阪市南区(現在更に浪速区)木津となつた。所謂「木津や難波の橋の下」と謡はれた、鼬《イタチ》川といふ境川一つを隔てゝ、南区難波、即、元の難波村と続いてゐる。東は今宮、西は南《ミナン》町と言ふ、かの渡辺《ワタナベ》で通つた、えた村である。此二つの村との間には、十年前までは畑も見られたが、今は、両方から軒並びが延びて来て、地境を隠して了うた。南町は、関西鉄道の線路敷が高いどてを横へてゐなかつたら、今頃は、名実ともに、百年二百年毛嫌ひを増上させて来た部落と、見わけがつかなくなつたはずである。南町は、事実、木津西浜町・木津北島町並びに、木津勘助町・木津三島町の一部になつて、呼び名の上では、区別はなくなつてゐるのである。

折口の生地・木津は、被差別部落と隣接し、その境界がしだいにあいまいになりつつあることが語られている。はじめての小説「口ぶえ」に、近くのエタ村の人々から慕われる医者であった祖父が登場していたことを、想い起こしてみるのもいい。木津には七軒の旧家があって、折口もそのひとつであった。顕如上人の根来落ちのとき、汀にもやいした舟への降り口を案内したゆえに、上人から折口の名を賜り、家名にしたと伝えられてきた。その折口の本家は、血筋はすっかり切れているが、「はなやと言ふ通り名の家」であったという。子どもの頃には、このハナヤは鼻家や端屋の意だと聞かされていたらしい。

併し、或はたばたの折口が、何時の頃にか衰へて、唯泉寺・願泉寺・田傍地蔵の花を売つた様な事が、あるのかも知れぬ。唯、花屋といふ商売を、賤業と見なしてゐる徳川頃に、如何におちぶれても、仏の花を商うてゐる家を、旧家七軒の中に数へなかつたであらう。なる程、人馬講の名の様な活動を、此村の草分けの人々がした頃には、或は此木津が、本願寺附属の、童子村・神人村風の処だつたかも知れぬが、所謂賤種階級を数へることの整うて後の江戸末期に、此村の古い家が、情ない商売をしようとも思はれぬ。弁解ではないが、本家とも言ふべき家が、妙な屋号を持つたことについて、疑ひを起さぬ訣にはいかぬ。先年亡くなつた祖母も、百姓一まきの家としての、所謂はなやを知つてゐるばかりで、花を売つてゐたことは知らぬ、と言うてゐた。

ここであらためて、「三郷巷談」(A)の一節、「大阪をはなれて神戸まで行くと、もうゐつたの花売りが来るが、大阪では、絶対にゐつたの出商売は下駄なほしにきまつてゐる。花売りは、夙がする」――を呼び戻さねばならない。花売りはあきらかに被差別部落の仕事と見なされていたのである。ハナヤはいったい花屋なのか、端屋なのか。いや、端屋や鼻家であったとしても、そのハナをめぐる周縁のフォークロアが、どこかで差別の影に近接してゆく気配を拭うことはむずかしい。柳田はそれをくりかえし論じていたし、折口がそれを読んでいなかったはずはない(拙著『漂泊の精神史』を参照のこと)。ともあれ、ハナヤという折口本家の屋号を仲立ちとして、折口はみずからの出自にまつわる不透明な闇のなかへと、手探りに降りていった。揺らぎがあった。否定しても否定しても否定しきれない被差別のスティグマと戦っていたようにも感じられる。幻影にすぎなかったのか、なんらかの事実に繋がっていたのか、判断はつけがたい。

いずれであれ、折口信夫のはじまりの風景のなかには、濃密なる差別の影が見え隠れしている。はじめての小説「口ぶえ」（一九一四年三〜四月）には、被差別のメタファーがくりかえし登場していた。はじめての民俗採訪記「三郷巷談」（一九一三年十二月）には、生地・木津に近い被差別部落にまつわるフォークロアの断片が拾われていた。それをたんなる偶然と見なすことは、すくなくともわたしにはできない。折口はその出自からして、差別された人々のかたわらにいて、かれらとともに在ることを、生存の欠かしえぬ条件として抱え込んでいたのではなかったか。それはたぶん、折口信夫の学の核心にからみつく条件、もしくは存在理由のひとつであった。たとえば、そのホカヒビト論の基層に埋め込まれた原風景そのものとして、「口ぶえ」や「三郷巷談」は読み直されるべきなのかもしれない。

3　ホカヒビト／寿詞を携え歩いた人々

折口は『古代研究　国文学篇』（一九二九年）に収められた「国文学の発生（第二稿）」、その「巡遊伶人の生活」の章のはじまりに、以下のように説いている。

人の厭ふ業病をかつたいといふ事は、傍居《カタヰ》の意味なる乞食から出たとするのがまづ定論である。さすれば、三百年以来、おなじ病人を、ものよしと言ひ来つた理由も、訣《わか》る事である。ものよしなる賤業の者に、さうした患者が多かつたか、又は単に乞食病ひと言ふ位の卑しめを含ませたものとも思はれる。ものよしが、近代風の乞食者になるまでには、古い意味の乞食者即、浮浪祝言師――巡遊伶人――の過程を履《ふ》んで来て居る事が思はれる。千秋万歳《センズマンザイ》と言へば、しかつめらしいが、民間のものよしと替る所がなく、後々はものよしの一部の新呼称とまでなつて了うた。

> 奈良の地まはりに多い非人部落の一つなるものよしは、明らかにほかひを為事にした文献を持って居る。

かつてハンセン病の人々はカッタイとも、モノヨシとも称された。折口によれば、モノヨシ（物吉）とは古代のホカヒビト、すなわち、寿詞《よごと》を携え村々を歩いた巡遊伶人の末裔である。奈良近辺に多い「非人部落」のひとつであるモノヨシは、ホカヒビトとしての過去を伝える文献を所持している、という。とりわけ、『古代研究』の時代には、こうしたホカヒビトやマレビトが発生的に論じられるなかに、折口が体験的に熟知していた被差別部落にかかわる見聞が挿入されることが多かった。折口のホカヒビト論はあきらかに、「目前の出来事」や「現在の事実」としての被差別部落によって支えられ、生々しく受肉されていたのである。

最晩年にいたって、柳田との対談（一九四九年）のなかで、折口はホカヒビトの原像について、以下のように語っていた。

> 私の昔の考えでは、おなじマレビトといいましても、ああいうふうに琉球的なものばかりでなく、時をきめずにさすらいながら来るものがあったようですね。今はっきり覚えていませんが、中には、具体的にいうと、日本の村々でいう村八分みたいな刑罰によって、追放せられた者、そういう人たちも、漂浪して他の部落にはいって行く……。……旅をつづけて不可解な径路をたどって、この村へ来た。それがすでに神秘な感じを持たせるほかに、その出現の時期だとか、状態だとか服装だと

かいろいろな神聖観を促す条件がある。それよりも大きなことは、それがもたらす消極的な効果――災害の方面、そんなことが、ストレンジャアとしての資格を認めさせたものと思われます。この強力な障碍力が部落の内外にいる霊物のための脅威に転用せられるようになってくる――これを日本的に整理せられた民俗の上で見ると、ホカイビトの原形を思わしめている。他郷人を同時に、他界人と感じた部落居住者の心理というものを思うようになって行ったのだと記憶しています。
（「日本人の神と霊魂の観念そのほか」『民俗学について――第二柳田国男対談集』所収）

ここでは、マレビトやホカヒビトの原像として、じかに被差別の民が名指しされているわけではない。しかし、時をさだめずに村々を訪れる者たちのなかには、村八分などによってムラを追われた人々や、乞食、ごろつき、物狂いの人たちのほかに、夙やエタなどと呼ばれた被差別の民もまた含まれていたにちがいない。〈内なる他者〉のカタログがほしい。日本文化の約束事のなかでは、旅こそが乞食／神をときに一心同体のものと見なす弁証法的な仕掛けであった。それは〈内なる他者〉の正負にひき裂かれた姿であり、顕われであった。マレビトとはこの文化的な仕掛けを解き明かす、たいせつなキーワードにほかならない。そこでは、他郷からの流され人が同時に、他界からの神聖なる訪れ神として迎えられたのである。

たとえば、こうした折口のマレビト論と、柳田が「所謂特殊部落ノ種類」という論考のなかに示した、非人の職掌としての宗教的な「交易」といった視座とが結ばれるとき、差別の社会的な回路を照らし出す、あらたな方法が獲得されるのかもしれない（本章Ⅰを参照のこと）。柳田はそこで、ホイトの職業は

「一種仕来リノ交易」であると語っていた。マレビトの社会的な役割といってもいい。むろん、現実には、柳田の漂泊民論が折口のマレビト論と交叉することはなかった。亀裂は思いがけず深い。しかし、もはや、とうに柳田・折口以後は始まっているし、むしろ、深まりを見せるべき時期だ。だからこそ、そんな思考実験が試みられてもいい。新しい差別のフォークロアのために。

Ⅲ　赤松啓介　ムラという多様性

1　同郷／柳田民俗学への批判

赤松啓介は忘れられた民俗学者だった。一九〇九(明治四十二)年、つまり『遠野物語』が刊行される前年の生まれである。その名前が、たとえば「夜這い」という民俗語彙とともに広く知られるようになったのは、一九八〇年代はじめではなかったか。若い民俗学者たちが赤松の仕事を掘り起こし、その生ける姿をマス・メディアの渦中に投げ込んでみせた。そのとき、すくなくとも民俗学の周辺は大いに揺さぶられ、波風が立ったかと思う。赤松啓介はなにより、柳田国男とその民俗学、さらにはそれを継承する民俗学の現在《いま》にたいする厳しい批判者として登場してきたのである。七〇年代の、どこか牧歌的な、土俗からの叛乱そして革命へ、といった夢見がちな柳田国男ブームを嘲弄するかのように、「解放の民俗学」という名の赤い語録を手にして、この老いて軒昂たる民俗学者は、つかの間の復権を果たした。

しかも、赤松が武器として振りかざしたフォークロアのかけらは、あきらかに戦前という時間にこそ帰属していた。その戦前が屈折率をもたずに戦後へとじかに繋がっているところに、赤松民俗学の奇妙な孤立があり、よじれた魅力があった。赤松はなにしろ、非転向をつらぬいたマルクス主義者として、戦前から、いきなり一九八〇年代の知のステージに降り立ったのである。異形の力にみちた荒ぶる存在だった。ときに剽軽さも漂わせていた。赤松のあと、九〇年代には、植民地主義批判にからめた反・柳田国男ブームが起こったが、それはわたしの眼には、七〇年代の柳田国男ブームの裏返された続編のように映った。それから、さらに無為の時間がたくさん流れた。もはや、知のステージがどこにあるのかさえ、さだかにはわからない。だから、わたしはいま、あらためて反時代的に、赤松啓介のかたわらに立ち戻って、そのテクストの読み直しをしてみたいと感じている。

ここでは、『差別の民俗学』(一九九五年)を手がかりとする。はじまりに近く、赤松は書いている、——「私の生まれ在所は、播磨国加西郡下里村であり、いま兵庫県加西市になった。播磨というのは、畿内の山城、大和、河内、和泉などにくらべても差別観念の激しい地域であることが、後に調査にまわってわかる」と。ここでまず関心をそそられるのは、播磨国神崎郡の福崎町辻川の出身である柳田と同郷であったことだ。柳田は一八七五(明治八)年の生まれ。二人がじかに邂逅することはなかった。赤松が民俗学に眼を開かされたのは、喜田貞吉の影響である。同輩には宮本常一がいた。

同郷ゆえの辛らつなまなざしがあった。たとえば、赤松の記憶には、一八七一(明治四)年、解放令が出た直後、北条町の近くのK部落に大火があって、町の人々は「エタ村が焼けよる、もっと焼けろ」と大喜びして屋根のうえから見物していた、といった話が残っていた。しかし、「その頃、北条町にいたと思われる」柳田の回想『故郷七十年』には、それが見えない、という。柳田の生まれる四年前のできごとであったが、噂話として知っていた可能性はある。あるいは、柳田は生地に近いある芝居村を被差別部落と書いているが、それはまったくの誤解である、ともいう。同郷ゆえにこそ可能な指摘ではなかったか。そういえば、赤松は「都市なり村落共同体が背負ってきた長い生活の、いわば「体臭」といったものが、それほど簡単に抜けるわけがない」とも書いていた。郷土の「体臭」を熟知し、そのもっとも下層に潜行した民俗学徒のまなざしは、柳田にはさぞかし鬱陶しいものであったにちがいない。
　とりわけ『差別の民俗学』は、痛烈な柳田批判の書であった。柳田のまわりに、思想弾圧の厳しかった戦前から戦後にかけて、転向した左翼知識人たちが集まっていたことは、よく知られている。しかし、赤松はしたたかに非転向をつらぬいたがゆえにか、「柳田民俗学批判の原基」を手放すことはなかった。いかにも容赦なき批判であった。

　農民の階層を大雑把に分けると地主、自作農、自小作、小作農、日傭労務者ぐらいになるとして、私たちの基本的な認識は小作農、日傭農業労務者の立場から、日本の農業経済を批判するということになる。柳田などの「常民」というようなあやふやな立場からは、日本の農村の最大多数を占め、かつ基本的な階層を排除することになるのは必然であった。これが柳田民俗学批判の原基であり、かれらの民俗採取および方法論を信用できない所以でもある。（「村落社会の民俗と差別」第一節）

　柳田批判の焦点が、その「常民」という柳田語彙に絞り込まれていたのは、むろん偶然ではない。常民という言葉をめぐっては、つねに論争らしきものがくり返され、いまだに通説的な了解は生まれていない。そもそも、柳田自身がそれを、あきらかに概念規定することなく、時代ごとの揺らぎもあったから、混乱は避けがたいものではあった。しかも、それが柳田民俗学の根幹をなすキーワードであることは、否定すべくもない。

たとえば、一九三四（昭和九）年、東北地方は冷害・凶作に見舞われ、厳しいケガチ（飢饉）のなかで、娘の身売りなどが社会問題と化していた。柳田がついに、この東北の一九三四年の悲惨に一度として触れていないことを指摘したのは、谷川健一であったか。赤松はどうやら、その四年後に「東北地方農村調査」をおこなっている。赤松によれば、その当時をかえりみると、まったく暗澹たる社会情勢であった。失業者として都市を追われた人たちが妻子や家族を連れて、徒歩で、わずかの縁故をたよりに農村へ逃避するという情景が、いたるところの街道で見られた、という。苛酷な現実は東北ばかりではない、全国どこにでも転がっていたのである。

> 私たちが柳田民俗学のいう「常民」に限りなき憎悪をいだいたのは、これらの底辺の人たちが「常民」なのかという疑いである。柳田民俗学の確立過程における、「常民」範疇の定立は、まさに当時のこうした社会情況と無縁でないし、その反革命性格は明確であったというほかあるまい。私は、当時の社会情勢から遊離して、柳田の「常民」を単純に理解しようとする考え方には、とうてい賛成し難いものがある。（同前）

柳田の常民という発想の根源に、赤松はじつに鋭いまなざしを差し向けている。ひとつは、歴史のなかで「常」に「民」であった者たち、百姓、「近代にいう農民」である。そこに、赤松が「そのほかに浮浪する芸能者、技術者も含むとしても、基本となるのは百姓であろう」と書き添えていることに、奇妙な感慨を覚える。赤松はいったい、柳田が『郷土研究』という雑誌を舞台として、巫女や毛坊主、その他の差別された人々について書き継いでいた、しかし、ついにひとつとして単行本に収録することがなかった論考群を読んでいたのだろうか。ほかのところに、柳田は「ほとんど部落、部落差別について触れていない」とあった。示唆的ではある。明治・大正期には、まさしく「浮浪する芸能者、技術者」は常民のカテゴリーに包摂されていたはずだが、昭和に入ってからの常民からは、まったく排除されたのである。確認しておくことにしよう。

いまひとつ、この常民という発想の基底には、「貴」／「賤」の中間を占める「普通の、多数の「国民」」という観念があった、という。赤松はここで、「賤」を含むのであれば、「平民」のほかに必要がないと指摘しているが、これもまた、示唆に富んでいる。明治・大正期の柳田は、ほかならぬ、この「平民」という言葉を使うことが多かったのである。そして、むろん、そこには巫女や毛坊主も含まれていた。それにしても、赤松が常民の基層に、「貴」でもなく「賤」でもない「普通の、多数の「国民」」という観念を見いだしていたことは、いかにも卓見であった。こうして、常民とは「柳田の天才的な頭脳によって、わが社会情況の一断面として正確に拆出された社会階層」ではなかったか、という推測が導き出される。

赤松はきっぱりと、次のように述べている。

> こうして柳田が「常民」を発想した時代、その用語の成立した周辺の事情を解析すると、「常民」というのは農村の小作人、都市の労働者という階級的概念に対抗し、これを抹殺するのを目的とした、極めて政治的意図の強い用語として創出されたものであることがわかる。柳田の民俗学的理論

から必然的に導出されたものでなく、それから離れて彼の政治的理念から造出されたところに、その理解の困難さがあった。日本には資本家対労働者、地主対小作人という階級的対立はなく、あるのは「常民」だけであり、したがって階級闘争も、革命もありえないというのが彼の願望だろう。

（「村落社会の民俗と差別」第三節）

眼前のできごととしての階級対立をあいまいに視野から沈め、労働者や小作人といった階級的概念に対抗するかたちで、きわめて強い政治的な意図をもって、常民という言葉は創り出されたのだ、という。たとえば昭和九年の「採集手帖」の作成には、柳田自身もかかわったはずだが、そこに示された山村調査において調査すべき百項目のなかには、たしかに「地主」や「小作人」は含まれていない（『山村海村民俗の研究』）。赤松はいう、――しかし、戦前の農村で地主と小作を抜きにして、いかなる調査ができるのか、まことに奇想天外というほかない、と。辛らつなる批判の矢が射かけられた。若き日の柳田の農政学への初志が、まさに、なぜ農民は貧しいのか、という問い、それゆえに小作農問題でもあったことを想起しておくのもいい。

柳田民俗学の最大の欠陥は、差別や階層の存在を認めようとしないことだと、赤松はいう。いつの時代であろうと、差別や階層があるかぎり、差別される側と差別する側、貧しい者と富める者とが対峙してあるかぎり、ひとつのフォークロアが牧歌的に共有されることなど、ありえない。たとえば、初潮の民俗ひとつをとっても、「最高の地主階層の娘と、最低の子守り奉公の娘との間には天と地ほどの大差がある」といい、このフォークロアのもつ階層性を無視したり、差別性を否認して、漠然と「初潮の民俗」といったところで、その実態があきらかになるわけではない。論旨はきわめて明快である。ムラを社会的・政治的に支配している権力関係と無縁に、いかなるフォークロアも存在することはできない、と言い換えてもいい。

それにしても、だからこそ、「貴」でもなく「賤」でもない、中間層としての多数派の「国民」という観念が、常民の名のもとに創出されねばならなかったのではないか。それはたしかに、「柳田の天才的な頭脳によって、わが社会情況の一断面として正確に拆出された社会階層」であったにちがいない。国民国家としての日本が生成を遂げつつある時代だった。柳田はいわば正統的な保守主義者として、階級闘争や革命を望まなかった。あらゆる対立や争いを超えて、「国民」としての日本人を下方から受肉させねばならないと信じていた。常民という言葉が小作と地主、階級闘争、革命といったものを無化する働きをもっていたことは、おそらく否定しがたい。赤松の批判は的を外していなかったのである。

2　スジ／フォークロアの昏がりへ

ともあれ、柳田国男にして、性や差別のフォークロア、また底辺の民俗にはまなざしが届かなかった。柳田の系譜を受け継いだ民俗学者たちは、性・差別・犯罪という三つのテーマを周到に回避してきた。そこに日本の民俗学の階級性を見る、そう、赤松はいう。赤松が掲げてみせたのは、「解放の民俗学」という旗印であった。それは実践の民俗学であり、立身出世・金儲け・憐憫などとは無縁に、「あらゆる底辺、底層からの民俗の掘り上げ、掘り起こし、その人間性的価値の発見と、新しい論理、思考認識の道を開く」ことをめざすものだ、という。いつだって夢や理想は美しい。とはいえ、「柳田民俗学は、農民あるいは農村の上っ面をすくいとったが、私たちは農民および農村の底層の民俗を掘り起したのである」という、民俗学者・赤松啓介のささやかなる矜持そのものは、十分に敬意を表されるべきものだと、わたしは感じてきた。

疑いもなく、柳田であれ誰であれ、赤松啓介ほどに性や差別のフォークロアの昏がり深くに降り立ちえた民俗学者はいない。たとえば、『差別の民俗学』では、柳田の初期の仕事のなかに可能性の種子のように見いだされる、筋＝スジのフォークロアについて、たいへん細密な分析がおこなわれている。赤松はあきらかに、そこに差別の社会的構造を無化してゆくための手がかりを求めようとしていた。ところが、フィールドで得られた情報は、いたずらに理論の網の目に流し込むのではなく、あくまで実践的に、あるがままに提示されている。とはいえ、この人はけっして無邪気な採集者ではない。ときには、具体的なるもののフィールドに留まることによってこそ、民俗学が最大限に強くありうることを、戦略的に熟知していたのである。

ここでは、赤松の示したスジの民俗の輪郭を辿っておきたい。

播磨地方の「通常の村」、方言ではヂゲ(地下)やカチ(垣内)と呼ばれる村落共同体のなかにも、何段階かの身分的階層があり、ほかにもいろいろと「差別のスジ」がある、という。こうした村落の差別構造については、はじめの「人間差別の回想——スジを中心にして」の第一節に概略が示され、あらためて「村落社会の民俗と差別」の第九節「村落の差別構造」に詳しく論じられている。赤松にとって、まさしくスジの民俗こそが、差別のフォークロアを論じるためのもっとも核心をなすテーマであったことは疑いない。ここでは、「村落の差別構造」の節をもとにして、輪郭を示したい。ただし、『差別の民俗学』のはじまりのページに書き付けられてあった、「詳しくいえば村ごとに違うわけであるし、なお時代によって変化もしてくる。また差別の様態も一様でなく、それぞれに厳しいものから、形式的なものまでいろいろであった」という言葉は、肝に銘じられるべきだろう。スジの民俗はムラごとに多様なのである。

第一に、ムラの差別構造の基本になっているのは、身分制的なものの残留である、という。幕藩制社会にあって、どんなムラの役職に就いていたか。大庄屋や陣代などの高い役筋の家をマンドコロ（政所）といい、それに次ぐのが庄屋、組頭であった。百姓側の代表となったのが百姓総代であり、ほかは平百姓や平人などが、一人前と認められた、ムラのもっとも基本になる階層である。三反百姓とか水呑百姓というのは、平百姓のなかの最低部分であった。その下に、下人・下作人と呼ばれる、小作・日傭・出稼ぎなどで暮らす階層がいた。この下人のなかでも、地主や寺院などに下男として使われ、のちに小作人として半独立させてもらった家は、被官百姓・下郎百姓などと称され、下人層でも最低の家格とされた。ほかの地方から新しく移住してきた外来人・寄留人は、下人の最低の家格と同様に扱われた。これらの「役職型」の差別は、戒名のうえにはっきり刻印されていた。被差別部落の戒名は、こうした一般のムラの戒名差別の延長上にあった。

第二には、歴史的な発生による家格である。ムラを開発したり、最初に移住してきた家は、草分け・根生いといい、それを中心にして分家が発生し、ひとつのムラに発展した。草分けが本家とかオモヤと呼ばれ、庄屋などの役職に就く。分家のうちでも、そのムラに住むのは新宅、よそのムラに別れて住むのは出分れという。当主が次三男を連れて別居するのをインキョ（隠居）というが、それにも本隠居・中隠居・若隠居などがあった。さらに、親族の子どもを養って分地する別家があり、分家より格が下がった。本家が増えると、元の本家は総本家・総領家と呼ばれ、こうした同族の一群をイッケ・イットウ・カブウチと称した。これに下男・下女を加えて、同族団が編成され、祖先の共同祭祀によって繋がれることになる。盆の供養や葬式、またムラの会合や祭礼などでは、同族のなかに厳しい差別の秩序がつらぬかれた。

第三には、職業による差別である。ムラには屋号があった。同族団にかかわるものとしては、本家／ホンケ・オモヤ・イエモト、分家／ブンケ・ベッケ・シンタク・インキョ、下人筋／ヒカン・アルキなど。職業による屋号はたくさんある。サケヤ(酒屋)・ミリンヤ(味醂屋)・ハタヤ(機織業)などは、本家・庄屋筋に多い。カジヤ(鍛冶屋)・ホシカヤ(肥料商)・モメンヤ(木綿商)・アブラヤ(燃料商)などは平人筋、イシヤ(石工)・コンヤ(紺屋)・フロヤ(浴場業)・カミユイ(理髪業)などは下人筋であった。これら農村の屋号は家に固定していたから、職業が変わっても屋号は元のままで変わらない。

第四には、疾病型の差別。そのもっとも激しいのがカッタイ筋、ハンセン病を出した家にたいするものである。カッタイ筋となると、総本家や庄屋であっても縁組は忌避される。ときには被差別部落よりも強く忌まれることがあった。ほかに、ローガイ筋(結核)やキチガイ筋(精神病)がある。後者には、テンカン筋・キツネツキ筋(狐に憑かれた家筋)などがある。第五に、体質型の差別。アホ筋(精神薄弱)や、身体障害者を出した家が含まれる。ムラの内なる差別のまなざしは、まったく容赦がない。

第六には、信仰的な差別。俗信・禁忌・祭祀・祈禱・芸能などによる差別である。俗信がらみでは、憑き物筋がもっともよく知られるが、憑き物のなかで多いのは狐・蛇・狸・犬・狼などであり、これらを憑ける家筋が忌まれた。この憑き物信仰は、地域ごとにきわめて多様であった。憑き物筋は一般のムラで二、三戸から十戸くらいが多いが、ときには半分とか九割といったケースもあった。ある地方では、憑き物筋でない家のほうを「白米筋」という。おそらく憑き物筋の家のほうが多いムラなのである。広筋／狭筋に分かれて、「筋が違う」として通婚が嫌われる地方もあったようだ。

そのほか、祈禱型の差別としては、修験筋・行者筋・山伏筋などは、一般の家から敬遠され、結婚を忌避された。巫女筋、イナリ筋も同様である。これらの筋の家が集まって、山伏ムラや巫女ムラを作ることもあった。さらに、明治中期から発生したものに、アカスジがあった。犯罪者の家系が忌避されたのである。戸籍に赤字で犯罪歴が記載されたことから、戸籍を汚すと称して、一家一族の不名誉として嫌われた。国士型の犯罪、つまり自由民権運動から社会主義運動、治安維持法違犯などにかかわるケースもまた、忌避の対象になった。いわゆる破廉恥罪となると、完全なアカスジ・ケガレスジ・ヨゴレスジであり、近世から獄門スジ・泥棒スジ・盗人スジなどと呼ばれて、一族一門にまで累は及んだ。庚申の夜に性交すれば、盗人の子が生まれるといった俗信があった、という。スジはまさに民俗そのものであった。

赤松はここで、たいへん興味深い指摘をおこなっていた。

このスジという考え方が、更に高度化し、発展すると「ミチ」(道)になる。茶道、芸道、武道、歌道その他、われわれは強く伝統を維持するためにミチの意識を造形しようとした。そしてこうして成立したスジ、ミチを不変のものとして信仰するようである。たとえば万世一系、金甌無欠の皇統も、またスジであり、ミチの信仰であろう。反転して部落その他の賤民・雑民も、またミチであり、スジということになる。スジやミチを不可変因子として信仰する限り、われわれに解放はないわけだ。あらゆるものが「可変」であるという認識を確立することによって、天皇信仰も部落差別も否定することができるであろう。（「村落社会の民俗と差別」第九節）

中世には、さまざまな「職人」にくくられる人々が「道々の輩」と称され、それぞれに専門的な職能や技術を「芸能」として携えながら、遍歴をつねとする暮らしを送っていたことを想い起こしておくのもいい。おそらく、赤松はこのとき、網野善彦の非農業民論に呼応しようとしていたにちがいない。スジの観念の発展形としてのミチの信仰、茶道・武道・芸道その他。思えば、それらのミチの芸能が「貴」の頂点としての天皇家に繋がっているのは、偶然ではあるまい。万世一系の皇統も、被差別部落や賤民もスジであり、またミチであった。だからこそ、スジやミチが不変であるという幻想を超えてゆくことによってしか、天皇信仰も部落差別も根底から否定することはできない、そう、赤松は思索を巡らしていたのである。

3　多様性／破砕帯または中間のムラ

差別のフォークロアがきわめて多様であることは、何度でも確認しておかねばならない。播磨地方のフィールドの現実に根ざした赤松の認識には、まったく揺らぎがない。この地方では、普通のムラと、祈禱型や芸能型といった特殊な職能的なムラ、そして被差別部落、この三段階に普通には分けて考えられていた、という。とはいえ、祈禱や芸能によって差別される中間型のムラは、ときには被差別部落に含まれることもあった。同じ被差別部落でも、いくつかの段階に分ける地方もあって、それが中間型のムラとも複雑に混淆している場合があった。ひと筋縄ではいかない現実が横たわっていた。

赤松は『差別の民俗学』のなかで、くりかえし差別の多様性について論じていた。

（A）詳しいことは差し控えておくが、東播地方で被差別部落、あるいはそれに近いとされているものは、少なくとも三段階ぐらいになる。いわゆる被差別部落とされる典型的な例の他に、昔なら別火とかなんとか難しくいわれたものだが、それほど厳しく差別されないムラ、結婚のときには難しいが、そのほかでは差別されることのないムラぐらいの差等があった。その名称もいろいろで、播磨では差別の弱い側のものが、丹波や但馬ではかなり強いものになっているなど、とても他所者にわかることでない。差別の弱かったムラの例では、戦前はまだかなり強かったのに、いまはほとんどなくなっているのもある。またはっきりした被差別部落のなかに住んでいるにもかかわらず、差別されていない家もあった。とくに真宗の僧侶の家に散見され、結婚なども通常の村と行っている。ただし被差別部落の寺の僧侶は、その多数が被差別の出身であることにかわりはない。こうしてみると一口に差別だの、被差別部落だのといってみても、極めて複雑な入りくみをもち、その解明は個別史をぬきに語れぬ側面をもっている。（「人間差別の回想」第三節）

（B）だいたい賤民としての名称を列記すると、唱門、夙、番太、産所、鬼筋、隠亡、鉢屋、巫女筋、聖、茶筅、木地屋、垣之内、イヅナ、山窩、人形廻し、院内、山伏、陰陽師、遍路、ヘンド、ツウカルヒ、荒神盲、犬神持、オサキ狐、スイカズラ、トリツキ筋、牛蒡種、ササラ、ハイク、アルキ筋、インノコ、フゴ筋、テテ筋、ナマダンゴ筋、鉦打、ニシ者、ラク、非人、シャア、ハタ、エタ、サガリ、外道、八筋、口寄せ、稲荷下し、長吏、石屋、紺屋、箕造り、家根屋、大工、肝煎り、猿神、鋳物師など、いろいろとあり、その起源、歴史となると、まだわからないことが多いというほかなかろう。つまり一般の村と部落との中間に位置づけられる村にも、祈禱型、祭祀型、芸能型、工作型、行商型差別の特色をもつ型式があり、地方によっては部落と理解されているところもある。同じ部落でも、いくつかの段階に分ける地方もあって、それが中間型の村とも複雑に混淆しているのもあった。つまり差別といっても、地方によって様式も、内容も、名称もかなり大きな差があるので、その起源、歴史の解明ということになると、まだまだわからないことが多いというほかなかろう。(「村落社会の民俗と差別」第九節)

一般のムラ/特殊な職能的なムラ/被差別部落、という大きな三分類がとりあえず立てられるにせよ、その境界はまるで曖昧模糊としたものでしかなかった。(A)によれば、東播磨では、被差別部落とされるムラにも、典型的な被差別部落/昔は別火もあったが、それほど厳しくは差別されないムラ/結婚以外では差別されないムラ、といった区別が見られた。しかし、丹波や但馬の事情は異なり、戦後の変化も一様ではない。また、(B)によれば、中間に位置づけられる特殊な職能的ムラの場合にも、地方によっては被差別部落と見なされることがあり、その境界はけっして自明なものではない。

一般に想像されているように差別の境界は鮮明でなく、「一般」の村の内部にある差別の下限と、被差別部落の内部にある差別の上限とは、密接に連続している。（「人間差別の回想」第七節）

一般のムラの最底辺は、被差別部落の上層とも連続している、という。もはや、あの三分類すらあやふやに溶けてゆく。すでに触れたスジの民俗を思い返さねばならない。一般のムラもまた、思えば、じつに複雑にして多様な家筋のフォークロアによって分断され、がんじがらめに縛られていたのではなかったか。この内なるムラの差別構造は、閉鎖系をなして孤立しているわけではない。「賤」に向けての部落差別とも、「貴」に向けての天皇信仰とも密接にかかわり、それらが連動して、日本社会そのものを呪縛するスジと差別のフォークロアを形成していたのである。

地域社会の下層を這いずり回った民俗学者・赤松啓介にとっては、柳田が示した「常民とは普通の百姓である」といった牧歌的な物言いは、したたかに苛立ちを誘ったことだろう。常民という概念は、「柳田の民俗学的理論から必然的に導出されたものでなく、それから離れて彼の政治的理念から造出された」ものだ、そう、赤松は痛烈な批判を投げかけた。フィールドの現実はあくまで混沌として、多様であり、それを柳田が知らなかったはずはない。常民は均質な存在ではありえない。非常民もまた、あまりに多様な存在である。差別のフォークロアの多様性と、それを産み出してきた歴史＝文化の多様性こそが、きちんと視野に繰り込まれねばならない。

赤松は差別の基層に横たわるものへと、まなざしを差し向ける。たとえば、被差別部落／スラム街についての比較が試みられた箇所がある。赤松によれば、被差別部落には社会的な連帯意識が強固に維持されているのにたいして、スラム街はまったく連帯意識をもたず、ただ社会から逃亡した人々が集まっているにすぎない。ところが、そのスラムの住人たちが被差別部落にたいする差別意識をむきだしにし、それを誇りにしがみついている、といった姿が転がっている。そこにこそ、「差別意識の無意味さと、恐ろしさ」があり、「どうしても下に踏みつけておくものがないと、不安で生きていけない」という無残な心性が見いだされる。

「人の上に人を作らず」というのは上向きの人間がいうことで、しもじもの者は「人の下に人を作る」ために一生懸命に努力しているという構造はなんとも無惨なことではないか。少しでも表層へ浮上するためには、その下に踏み込んでおいて支えにする材料がなければならない。それをしなかったら、自身が踏み埋められて、他人の支えに使われる。被差別部落の歴史は、そのときどきの政治権力が利用したということは明確であり、最も利益を得たのは彼らにちがいないが、一般の村落共同体も、その上にあぐらをかいて利益を感じていたのもまちがいあるまい。（「人間差別の回想」第六節、傍点は赤松）

赤松には、社会の最下層に生きる人々を牧歌的に祀り上げる態度だけは、微塵も見られない。スラム街にも入り込んでいた民俗学者は、あまりに生々しく、「下層民衆」にまつわる現実を知っていたということか。問いは反転して、原始社会へと向かう。

人間における「差別」という精神構造（「共同幻想」といわれるもの）が、いつ頃から発生したのか、まだ明らかでないが、われわれが想像するより、はるかに古いものであろう。「男」と「女」との存在、すなわち性的相異が、すでに差別の本源（「対幻想」といわれるらしいが）であったということであれば、「差別」とは人間、あるいは人間社会の固有の病巣（共同幻想）ということになる。ともかく原始社会でも排他的な構造、社会的な機能があったであろうことは、呪術的遺物や絵画様残存遺跡で推察できるだろう。というのは階級社会以前にも「差別」はあったので、一部の社会学者たちが推理するような排他も、差別もないような理想郷でなかったことだけは明らかだろう。そうするとわれわれ人間、あるいは人間社会から排他や差別という精神構造（共同幻想）、社会機能を取り除くことは不可能で、ただある時代、ある社会段階では、それぞれに相応した手段、方法が発生し、発達し、その時代なり、その社会なりが崩壊するようになると排他や差別の機構、内容も変化し、次の新しい時代、あるいは社会に相応したものになると考えられる。つまり排他や差別というものも、一つの社会機能をもっており、それを再生産する構造がある限り、非連続の連続というような連鎖で、いつまでも残るものかもしれない。

ならば被差別の社会機構を変革しようとするような試みは、底抜けの柄杓で水を汲み出すような果てしない作業であろうか。私は、そうは考えていない。（「人間差別の回想」第二節）

いわゆる原始社会は、差別なきユートピアではなかった。差別を分泌する精神構造は、階級社会の成立する以前にも存在したのである。だとすれば、そうした差別の精神構造はひとつの社会的な機能をもって、それぞれの時代ごとに再生産されてきたのかもしれない。こうして、差別を無化し超えるための試行錯誤といったものは、底の抜けた柄杓で水を汲みだすような徒労にみちた仕事なのか、という問いへと到り着かざるをえない。むろん、赤松の答えは否である。とはいえ、問題の根はあまりに深い。

たとえば、被差別部落が経済的な環境や、物質的な条件を向上させ、通常の村と比べて劣らぬように改善されたとしても、部落差別がなくなることは期待できない、そう、赤松は断言する。すなわち、部落差別は「政治的、経済的、あるいは体制的、制度的なものとして発生し、維持されてきたと同時に、もっと社会構造の深部の機能として作動してきた」からである。それでは、その社会構造の深部に埋込まれた機能とは、いったい何か。『差別の民俗学』の赤松に、その答えを求めるのは酷というものだ。赤松には、フィールドからのささやかにすぎる応答を試みることしかできなかったし、それでいい。その応答は十分に誠実なものであり、わたしたちは多くの将来への示唆を受け取ることができる。

ひとこと、注釈的に触れておきたいテーマがある。差別にかかわる列島の東西比較を試みている箇所があり、関心をそそられて来た。これまでの通説的な了解として、被差別部落には、「都市ないし村落における集団としての定着(西型)」/「部落に少数の被差別の家がはりついている定着(東型)」というふたつのタイプがあり、西日本には被差別部落が多く、東日本には比較的少ないとされてきた。しかし、赤松はそのように断定することには、留保の姿勢を示す。西日本でも被差別部落の成り立ちは複雑であり、いわゆる「東型」のほうが多い、という。そして、東日本では名子・被官などが「西日本の部落的存在の代行をしていた」というのが通説であるが、「他所者である私の想像であるから、事実か否かは保証しない。土地の人たちには、もっと確実な資料についての知見があろう」という。そうした仮説的な了解は、たとえば原田伴彦らの研究のなかに見いだされる（本書第三章を参照のこと）が、ここでの赤松はいくらかひかえめに、それにたいして留保を表明したのではなかったか。あくまで赤松はフィールドに踏み留まることを選び、それゆえに、部落史研究の権威的な言説に異を唱えることを辞さなかったのである。

さて、『差別の民俗学』は以下のように結ばれている。

> ここで私の意見をまとめてみると、部落が徳川時代前期頃から制度的に確立過程をとったことは疑えないが、しかし起源発生的にみると、とても単源説、単一の起源説ではまとめ切れないものがある。したがって私は中世の多源説、つまりいくつもの発生源から賤民とされる人たち、その集団などが出現したのであるが、良賤との差別は固定的なものでもないし、移動や転住も比較的自由に行われたから、いつでも職業を変改できるし、賤民的身分からの脱出、良民への転換ができたものと思う。つまり部落としての、居住地ごとの身分的固定が行われたのは徳川前期からであるが、それまでは祈禱、祭祀、芸能、工作、行商など特殊技能者と、その集団は全国的に移動しつつ、農業を主とする定住民と接触し、生活圏の発展に貢献していたと思われる。徳川前期からの賤民的身分の固定と強化、自由な移動の弾圧と定住化が強行され、いわゆる部落が確立されるわけであるが、それは全国的に同一の基準で行われたのでなく、その地方の社会的情況と経済的発展の様相に応じて、いろいろの変差を生じていたのであろう。通常の村と部落として固定された村との間に、いくつも

の変差のある中間の村が発生したのは、いわば強力な二つの岩盤が双方から激突し、その間に細片に砕かれた破砕帯が発生している断層地形に似ているといえるのであった。（「村落社会の民俗と差別」第九節）

赤松の立場が鮮やかである。近世における政治的な起源説を含めて、単一の起源説が斥けられ、いくつもの発生源から賤民やその集団が出現したという「中世の多源説」が採用されている。中世には、祈禱・祭祀・芸能・工作・行商などにたずさわる特殊技能者とその集団は、移動をつねとして、農業を主とする定住民と接触していたが、近世前期になると、自由な移動が禁じられ、定住化が強制されるとともに、賤民身分への固定化が推し進められた。そこには地方ごとの社会・経済的な条件にしたがって、多様な展開が見いだされる。通常のムラ／被差別部落のあいだには、いくつもの中間的なムラが生まれたが、それはたとえば、「強力な二つの岩盤が双方から激突し、その間に細片に砕かれた破砕帯が発生している断層地形に似ている」という。このあたりは、とても魅力に富んでいる。

結びの一節である――

そうした多元的起源論から見ると、地殻変動で生じた断層的破砕帯、つまり中間型の村とされる部分に最も注目すべき素材があり、その解明が重要であると思う。したがって、一般の村の内部における差別も、この破砕地帯を通じて部落の内部の差別と連携しているし、一般の村と部落との差別とを連動していることも推察できる。部落差別の解消という命題は、この破砕帯の解明と復元を通じて、一般の村の内部の差別を告発し、解消させる運動と連帯し、差別否定の近代市民意識を育てるほかにないのではないかというのが私見である。（同前）

多元的な起源論に立つとき、中世から近世へのはざまに起こった地殻変動がもたらした「断層的破砕帯、つまり中間型の村」の解明こそが、もっとも重要である、という。この破砕帯を仲立ちとして、一般のムラの内なるスジや差別のフォークロアと、被差別部落の内なる差別の多様性とが繋がれている。それゆえに、部落差別の解消というテーマにとっても、この破砕帯としての中間的なムラの解明と復元が重要な鍵となる。一般のムラの内なる差別を手つかずに残存させておいて、被差別部落にまつわるスジや差別のフォークロアを無化する方途を探ることはできない。たとえば、差別戒名が被差別部落に閉じられた問題ではなく、一般のムラの内なるスジや差別を背景とした、もうひとつの戒名差別に連動していることを忘れてはならない。

やはり、この『差別の民俗学』は、たいせつな、未来に属する書物なのである。赤松啓介という民俗学者を、「夜這い」に緊縛してはならない。忘却してはならない。そこには、あまりに豊饒なる可能性の種子がいまだ、ひっそりと秘め隠されている。

Ⅳ　宮本常一　常民の誕生

1　橋の下／ある乞食の肖像から

差別のフォークロアについて、宮本常一が本格的に論じた場面はあったのか、と問いかけてみる。ただちに応答するのはむずかしい。断片的な言及であれば、思い浮かばぬわけではないが、その全体像となればいくらか途方に暮れる。むろん、宮田登が指摘していたように、「宮本常一は常民の文化は大切であるが、常民文化に強い刺戟を与えた非常民の部分を含めて研究すべきことを主張した」（『ケガレの民俗誌』）といっていい。そこにはたしかに、山の民や海の民、職人集団が含まれていたはずだ。しかし、被差別の民がそれ自体として探究される場面は、どれほどあったか。いずれ機会を改めて、包括的に網をかけてみたいと思う。ここでは、『忘れられた日本人』（一九六〇年）に収められた「土佐源氏」一篇をテクストに選ぶことにする。

むろん、それは、その名をよく知られた、土佐の檮原《ゆすはら》村の橋の下に暮らす盲目の乞食からの聞き書きを元にした、一篇のエッセイである。いまだ多くの人々が土地に縛られてあった時代、百姓になりそこなった一人の男がついに、乞食の境涯へと転がり落ちていった足跡が、聞き書きのなかに浮かびあがる。その足跡を辿りながら、常民／常民にあらざるものが対をなして分泌されてくる現場に、眼を凝らしてみたい。とりわけ、常民イメージの形成をめぐって、いくつかの側面から浮き彫りにすることをめざしたい。それはたぶん、民俗社会にとっての〈内なる他者〉とは何か――という、もうひとつのテーマにまっすぐに繋がっている。

それにしても、常民とは、つねに裏側から、あぶりだしの手法によって浮き彫りにされる陰画であることを確認しておくべきだろう。消去法によって、といってもいい。曖昧模糊とした、たえず概念の網の目をすり抜けながら、その格子の隙間に生成と消滅をくりかえす虚のイメージといったところか。たとえば、常民とは普通の百姓である、という柳田国男以来の凡庸にすぎる定義が存在する。ここでは、柳田の常民概念が時代ごとに見せる振幅と揺らぎについては、とりあえず捨象する。古典的な定義であるが、それはたぶん、柳田民俗学を前提とするかぎり、もっとも簡潔にして周到なものである。常民とは普通の百姓である、そう、呪文のごとくに唱えられた瞬間、常民は具象の匂いすら漂わせつつ、つかの間の生成を遂げる。だれもがそれぞれの経験と記憶の側から照らし返しながら、たやすく了解可能なものとして、常民を受容するのである。しかし、そうした定義がそのわかりやすさゆえに、ある特有のいかがわしさを内包していることもまた、あきらかなことだ。それは露わなイデオロギーの匂いを漂わせている。

そもそも、「普通の」とはなにか。常民、常《つね》の民、普通の人々、common people と繋がってゆくイメージの連鎖に、稲作農耕というより具体的な要素を附加してやれば、「普通の百姓」としての常民像が析出される。しかし、そこに姿を覗かせたものは、人々が暗黙のうちに通念として共有する「普通の百姓」のイメージを起点としながら、同時にまた、そこに収斂されてゆかざるをえない、どこまでも非決定性を孕んだ宙吊りの常民概念である。常民＝普通の百姓はこのとき、同義反復の罠に搦め捕られて癒着し、自閉する。しかも、それはただちに、「普通の」とは何か、「百姓」とは何かという、水準を異にする問いかけを呼び込んでしまう。そこで求められているのは、それらの問いを問いとして自覚せずに、あいまいに留保する態度である。「普通の百姓」を自明なるものとして受容する地点にのみ、この常民像はあやうく成立する。そして、わたしたちの時代には、「普通の百姓」の自明性の大半は壊れてしまった。もはや、百姓そのものが少数派にすぎない。

常民は「ごく普通の百姓」（『郷土生活の研究法』）である、という柳田的な了解にこだわる必要は、むしろんない。実際、柳田以後、常民に関してはさまざまな議論があり、さまざまな概念規定が語られてきた。しかし、民俗社会が根底から瓦解してゆく時代のなかで、それらのあらたに再構築される常民イメージが生き生きと起ちあがってくる可能性は、残念ながら認められない。常民が現在の事実という衣裳をまといつつ、かろうじて時代と拮抗しうる民俗社会の黄昏の季節に、おそらく、はじめて常民は常民として発見されたのである。常民はだから、柳田の時代においてすら、すでに歴史のなかの常民であったといってもいい。黄昏はさらに深まり、もはや常民が歴史と交叉する場所にしか見いだしがたいことは、だれの眼にもあきらかな現実となりつつある。

くりかえすが、常民は一枚の陰画である。常民にあらざるものの出現が、そのつど常民を裏側から照らしだし、くっきりとした輪郭を与えてくれる。むしろ常民とは、共同性の環から排斥される人々の存在によって、くりかえし浮上し再認され、あらたな生命《いのち》を吹き込まれる、それ自身は相対的な関係概念である。ここにおいて、常民は抽象概念か、それとも実体概念かといった、手垢まみれの議論は霧散する。関係性はそれ自体が、抽象であり、また実体でもあるからだ。

常民／常民にあらざるものは、つねに・すでに対をなす、一個の関係性の露出である。そこでは、常民は常民にあらざるものの否定態であり、剰余の寄せ集めである。常民は常民にあらざるものからの照り返しによってしか、常民としての同一性《アイデンティティ》を確認しえず、それゆえ、常民にあらざるものの無限の再生産を避けがたく必要としている。たとえば「普通の百姓」が、実体として眼前に転がっているわけではない。百姓と呼ばれる人々のなかには、無限の差異ばかりがあり、平均値的な百姓という像など結ばれようもない。俺は百姓だ、俺たちは百姓だといった自覚は、百姓にあらざるものとの遭遇から芽生える。あるいは、おまえは百姓だ、という外部からの規定としてやって来る。常民であること、それは日常意識のレヴェルではけっして顕在化しない、あくまで一枚の陰画としての関係に留まるのである。

それでは、常民／常民にあらざるものが対をなし、一個の関係性として露出する現場とは何か。あらゆる共同性は、その深部に想像的なるものを宿しながら、実体の仮象のもとに維持・更新されている。常民という共同性もまた、例外ではない。この常民という暗黙の共同性の内／外を分かつ境界領域こそが、ここでの現場である。そこに不断の生成と消滅をくりかえす現象《あらわれ》の風景に、仮りに名づけをするならば、常民にあらざるものの排除と同化、といったものになるだろうか。常民が常民として分泌される境界領域は、異質なるものが相互に交換＝交歓しあう境の市場であると同時に、おびただしい血が流される差別と排除の生々しい戦場《いくさば》でもある。

いささか、前置きが長くなった。「土佐源氏」について語らねばならない。

宮本常一が土佐の檮原村を訪ねたのは、一九四一(昭和十六)年のことである。村はずれの橋の下に小屋を掛け、その盲目の老人は妻と二人、ひっそりと暮らしていた。そのとき、老人はすでに八十歳を越えていたから、幕末の安政か万延の頃、一八六〇年前後の生まれということになる。しかし、「わしの子供の頃はまだ学校へいく事をあんまりやかましういわなかったでのう」と回想していることからは、いくらかの疑いが生じる。維新政府によって学制が公布されたのは、一八七二(明治五)年八月である。土佐の村々に学校ができた頃、老人は数えで十二、三歳になっていたはずだ。すでに学齢期を過ぎている。「みんな学校へいくようになってもわしは行かなんだ」という回想を信じれば、老人の年齢はまだ八十歳には届いていなかったかもしれない。

老人はおそらく、みずからの名前を宮本に告げることはなかった。宮本はだから、老人に「土佐源氏」なる称号にも似た名前を与えた。むろん、その女性遍歴を『源氏物語』の主人公と重ね合わせにしての命名である。橋の下の盲目の乞食から、古代の宮廷を舞台とした物語の華麗なる主人公・光源氏へと連想を飛ばしたあたりに、宮本の卓抜な文学的センスが感じられる。

老人が辿った人生を、ここで簡単に素描《スケッチ》しておきたい。——老人は未婚の娘であった母と、夜這いに来た男とのあいだに生まれた私生児であった。爺(祖父)と婆(祖母)とが隠居所に引き取って、育ててくれた。母はどこかへ嫁にゆき、そこで事故に遭って亡くなった。学校には通うことなく、子守りの少女たちと遊んで幼少期を過ごした。山仕事や百姓仕事の手伝いをすることもなかった。十五歳のときに、爺が亡くなり、伯父(母の兄)に言われて、馬喰《ばくろう》の家に奉公に出た。牛をあつかう馬喰である。親方について、牛を追ってあるく仕事を覚えた。二十歳のときに親方が死んだ。親方の得意先をもらって、馬喰として独り立ちした。

馬喰宿の後家のところを渡りあるきながら、やがて、ある後家の娘と結婚した。ある村で小さな納屋を借り、二人で世帯を張って、楮《こうぞ》を買いあつめる紙問屋の手先となったが、三年ほどして、官林の番をする役人の妻との恋をきっかけに、また馬喰にもどる。それから、女遍歴がはじまった。牛の世話が縁で、県会議員をする庄屋の奥方にも手を出した。そして、女漁りの末に眼が潰れ、行くあてもなく妻の元にもどり、二人で四国八十八カ所の旅に出た。五十歳の頃のことである。やがて檮原村に流れ着き、そこの旦那衆のひとりの世話で、村はずれの橋の下に小屋掛けして、妻と二人、村の百姓家からの施し物で命を繋ぐ乞食暮らしに入っていった。それから三十年後、ひとりの見知らぬ男が話を聞きたいと現われる……。むろん、それが宮本常一その人であった。

檮原は四国山地の南西の麓に位置を占める、山あいの村である。老人の八十年あまりの生涯は、土佐と伊予とが隣りあう山襞深い地方を舞台としていた。しかし、「土佐源氏」の記述を手掛かりとして、たとえば檮原村に生きた人々の暮らしや習俗・信仰といったものを、具体的に思い描こうとしてもほとんど不可能に近い。ここには、かぎられた断片的な村の風景しか語られていない。理由ははっきりしている。老人が村を対岸に眺めながら、村と村の隙間を縫うように生きることしかできなかった、いわば制外《アウトロー》の者であったからだ。ただし、この男は一代限りのアウトローであり、社会身分的に排除された被差別の民ではない。

老人は語る、わしは八十年何もしておらん、人を騙すことと、女《おなご》をかまうことで過ぎてしもうた、わしは女と牛のことよりほかには何にも知らん……、と。老人からの聞き書きは、その大半がまさに、馬喰として渡りあるいた日々と、そこで触れあった女たちとの交渉に尽きる。まったく特異な聞き書きである。「土佐源氏」は疑いもなく、民俗学者が残した数ある聞き書きの記録のなかで、何本かの指に入る傑作ではあるが、それがムラの彼岸からのまなざしに浸されたものであったことは、よく記憶されておいたほうがいい。それゆえにまた、この聞き書きを通して、いわば裏側から、百姓やムラの姿が固有の相貌をもって浮かびあがることもまた、興味深いところだ。

宮本は「あとがき」のなかに、この老人には昼の話も夜の話も区別がなかった、と書き留めている。たいへん示唆に富んだ言葉である。昼には労働や公のことがらを、そして、夜には性にまつわる私的な秘めごとを振り当てる、それがとりあえずのムラに生きる人々の時間分配の作法であったはずだ。それが、まるで男には無縁だった。人々が野良で働いている昼の時間に、しばしば男は夜の秘めごとを持ち込んでゆく。あきらかに、ここでの男はムラの秩序を侵犯するアウトローであった。

老人が交渉をもった数多い女たちの思い出のなかには、濃密に精神性を感じさせる特異な交わり＝恋が、ふたつほど含まれている。そのひとつが、官林の役人の妻との関係である。はじめて交わりを果たすことになった、ある秋の午後のことを、男は次のように回想している。

秋のいそがしい時でのう、小松の間から見える谷の田の方では、みな稲刈りにいそがしそうにしておる。そういうときにわしはよその嫁さんをぬすもうとしておる。何ともいえん気持じゃった。

男はこのとき、幾重にも秩序の侵犯者であった。村の百姓たちが稲刈りに忙しい、そのかたわらで、男は他人の妻を寝取ろうとしている。労働にいそしむべき昼の時間のなかに、夜の秘めごとを挿入する。

ムラの時間秩序をひそかに乱し、見えない裂け目を穿つ。他人の妻の体ばかりか、心までも盗もうという不遜な企てである。しかも、身分のはるかに高い壁を跨ぎ越えて、この企ては果たされるのである。命を賭けた跳躍と称しても、けっして大袈裟ではあるまい。仮にことが露見すれば、おそらく男には、死かそれに類する制裁が待ち受けていたはずだ。姦通罪を犯した女の側もまた、同様な制裁を免れることはできない。それゆえ、迷惑をかけることを怖れ、男は役人の妻の前から姿を消すことを選択する。秩序侵犯者の愉悦にみちた彼岸の恋は、そうして幕を閉じた。

昼／夜の区別がない、それが男の制外者としての存在証明のようなものだ。昼の秩序／夜の秩序を分かつ敷居を越えて、男は自在に往還する。男が演じているのは、もっぱら嫁盗みという、いわば家―ムラ―世間と連なる見えない秩序系にたいするゲリラ戦である。むろん、男自身にはそれがゲリラ戦であることなど、自覚のかけらもなかったにちがいない。欲望の促しのままに果たされた、悪意なき復讐劇と称してもいい。土佐源氏、この性の侵犯者はいかに誕生し、いかなる復讐の劇《ドラマ》を演じたのか。さらに、「土佐源氏」をテクストに腑分けを進めたい。

2　嫁盗み／性的アウトローの誕生

「土佐源氏」の時代、それは幕末・維新期から、明治・大正期を経て、昭和十年代へといたる、ムラが近代という時間によって根底からの変容を強いられてゆく時代である。ムラの解体はしだいに進行していったが、そこに暮らす人々の意識のなかでは、依然として、家や百姓や土地といった観念がもっとも大切なムラという名の共同幻想の核でありえた、そうした時代でもあった。老人が辿った人生を理解するためには、ムラの近代それ自体を光源として裏側に沈めておくことが、最低限の必要条件となるはずだ。

男の人生は夜這いからはじまった。ある娘の枕辺に、だれか男が夜這いをかける。娘は身籠もり、幾度かの中絶の試みにも失敗し、月足らずで男の子が生まれてくる。この時代にはありふれた、どこにでも転がっている光景であった。親が適当な相手を捜して、子を宿したまま嫁入りさせるなど、隠密に処理する方法はいくらでもあったはずだが、年老いた親や兄の力では果たせぬ事情があったのかもしれない。子どもはまっぽり子（私生児）として、隠居の祖父母に託される。父が誰であるかは知れず、母の顔も記憶にはない。こうして男はみずからの意志とは関わりなく、その人生の起点にあって、私生児という負のスティグマを背負わされた。

おそらく、男はたんに私生児であったばかりではなく、戸籍に登録されることもなかった存在である。家という制度からあらかじめ排斥された子どもだった、といってもいい。戸籍をもたぬ子どもには、学校に通うべき義務も権利も、はじめからない。ムラの子ども集団に組み込まれることもない。だから、口減らしに子守り奉公に出された少女らの仲間に入って、遊ぶことしかできない。他郷からの一時的な出稼ぎ者が多くを占める守り子の集団は、ムラの娘仲間から厳しく疎外されていた、という。学校に通う子どもらを遠く見やりながら、赤子を背負った守り子たちが宮の森や村はずれの河原に群れ、そこに父もなく母もない少年がひとり混じって遊んでいる、そんな構図を思い浮かべればいい。少年はそこで、幼いがゆえに過激な遊びを通して、はじめての性の洗礼を受けるのである。とはいえ、それ自体はとりたてて珍しいことではない。

私生児という第一のスティグマ。それはかつて、家という制度の外部を意味していた。家から疎外された者は避けがたく、同時に、ムラという秩序からの逸脱者となった。家長をいただく家を単位として、その成員たちを年齢や性別にもとづく小集団(仲間)に組み入れながら、さまざまな契約や結《ユイ》を紐帯として繋がれた共同性、それがとりあえずムラである。ムラは個の集合体ではなく、家と家とを結ぶ幻想の絆である。ムラに生きることはだから、家を背に負うことである。ムラの内に家(屋敷／世帯)を構えることのない人々が、ムラの正規の構成員として認められないのは、そのためである。私生児として生まれてきた男は、家からの疎外、ムラからの疎外という、いわば二重に負性を帯びた生存の条件を課せられていたことになる。

十五歳になれば、ムラでは大人である。ムラの周縁にあいまいに棄ておかれてきた少年ではあるが、さすがにこれ以上、祖父母の隠居所で無為な暮らしを続けるわけにはいかない。

伯父(母の兄)が、おまえももう大人になったんじゃ、爺も死んだことじゃし、百姓家へ奉公にいくか、うちの手伝いでもするとええが、爺があそばせて何にもできんなまくら者になってしもうたから、ばくろうの家へでも奉公に行けいうて、わしは家から三里ばかりはなれた在所のばくろうの家へ奉公にいった。(傍点は宮本)

この伯父の言葉は、たいへん示唆に富んだものである。生涯にわたって、男は彼岸ともいうべき場所から、百姓という存在をある種の憧憬とともに眺めつづけるが、ここでほかならぬ、その百姓の彼岸への道行きが選択されたのである。たとえ私生児に生まれても、ムラに残り、百姓となる可能性はすくなからずありえた。なぜ、男には百姓への途が許されなかったのか。爺が遊ばせて、「何にもできんなまくら者」にしてしまったからである。男は家の手伝いをすることもなく、山へ行け、田へ行けと言われることもなく育った。百姓の子として授けられるべき知識や技術、田畑の仕事に耐えてゆけるだけの肉体、そして、その土地で百姓として生きてゆくための心得や掟といったものを、何ひとつ学ばずに十五歳になった。責任のほとんどは男を育てた爺婆にあるとはいえ、これはたしかに致命的であった。「何にもできんなまくら者」には、とても百姓家の奉公など勤まらない。それゆえ、男は百姓仕事とは無縁な、馬喰という職を身につけるための奉公に出されたのである。

馬喰の世界も多様であり、一律のイメージで語ることはできない。男が関わったのは、たぶん馬喰の世界でも陽の当たらぬ周縁部である。牛の品評会などには出ることもない、山の奥ばかりを選んで牛を追ってゆく「小ばくろう」である。いわばそれは、一処不住の、馬喰宿から馬喰宿へと渡りあるく稼業であった。当然ながら、そうした馬喰仲間は「ムラの者」ではない、渡り筋に括られる人々である。

二十歳になり、男は馬喰として独立する。これという家もなかった。生まれ故郷も爺と婆が死んで、伯父だけとなり、帰ったところで雨や風を避ける家すらない。馬喰宿の後家の家から家へと、寝ぐら定めぬ暮らしを続けるほかにない。あちこちの後家に可愛がられて、日が暮れる。

わしらみたいに村の中にきまった家のないものは、若衆仲間にもはいれん。若衆仲間にはいっておらんと夜這いにもいけん。夜這いにいったことがわかりでもしようものなら、若衆に足腰たたんまで打ちすえられる。そりゃ厳重なもんじゃった。じゃからわしは子供の時に子守りらとよく××したことはあったが、大人になって娘とねた事はない。わしのねたのは大方後家じゃった。一人身の後家なら表だって誰も文句をいうものはない。

家／ムラという制度から二重に疎外された男には、むろん若衆仲間に入ることは許されない。ムラ内の娘らに夜這いをかける権利もまた、あらかじめ奪われている。夜這いの習俗には地域差が大きいようだが、「ムラの娘と後家は若衆の支配」などと語られてきた土地は多い。だから、仮に男がだれかムラの娘に夜這いをかけたことが知られれば、若衆仲間による厳しい制裁が加えられることになる。土佐源氏なる称号を冠された色事師ではあるが、娘たちとの性《セックス》に縛りをかける、この若衆仲間の力を背景とした禁忌の前には手も足も出せない。代わりに、男がもっぱら相手にしたのは、一人身の後家である。後家、つまり夫と死に別れた女たちとのセックスならば、若衆仲間の干渉もさほど厳しくはなかった、ということだ。

ムラにはそれぞれに、性と婚姻をめぐる秩序があり、それを支える掟があり、禁忌がある。大人になってから娘と寝たことはない、という男の言葉は、いくらかの衝撃を孕みつつ耳に響く。ムラの内に生きる者と、その外を渡りあるく者とのあいだにも、暗黙に結ばれた性の秩序が存在したのである。思えば、後家と呼ばれた女たちには、排除されつつ囲い込まれた性の匂いが濃密に漂う。それはあきらかに、性の秩序の周縁部にひそかに設けられた緩衝帯の役割を果たしていた。後家自身の欲望と絡みついた交歓＝交換の行為という側面はあれ、やはりムラの性の秩序を守るための防波堤であった可能性は、否定しがたいものとしてある。
ところで、「土佐源氏」のなかには、すでに触れたように、二人の女との特異な交わりの体験が語られている。官林の役人の妻、そして、県会議員をしている庄屋の妻をそれぞれに相手とした、ふたつの恋の顚末である。そこには、数も知れぬ、ほかの女たちとのあいだに交わされた関係とは決定的に異質な、何かが感じられる。肉体の悦楽だけで繋がれたつかの間の交情を越えて、そのとき、男はたしかに存在を賭けた戦いを挑んでいる。他人の妻、しかも百姓ですらない、圧倒的に身分の隔たりのある男から、その妻を奪うこと。たんなる嫁盗みをはるかに凌駕する、意識せざる悪意に裏打ちされた侵犯のドラマが、そこに立ち現われる。

(役人の妻について)身分の高い女で、わしをはじめて一人まえに取り扱こうてくれた人じゃった。

(庄屋の妻について)わしはただこういう人から、一人前に情をかけてもろうたのがうれしかった。

ムラを対岸に眺めながら、その秩序の空隙を縫って渡りあるくひとりの制外者《アウトロー》が、いったい何を二人の女に求めたのか、それはあきらかだろう。男を「一人前」の人間としてあつかうこと、である。ささやかな願望であった、そして、滅多に叶えられることのない願望でもあった。純愛の匂いすら漂わせながら、しかし、男がこのとき、何者かへの復讐を遂げていたこともまた疑いがない。ふたつの嫁盗みによって踏み破られたものは、たんにムラが囲い込んでいる性と婚姻の秩序だけではない。稲刈りに忙しい百姓たちのムラを見下ろしながら、大師堂の昏がりで、役人の妻を抱くとき、そして、牛の駄屋に隣りする納屋の藁のなかで、庄屋にして県会議員である男の妻を抱くとき、男ははるかに巨大な見えない秩序や権力にたいする侵犯者であった。

八十歳の盲目の乞食は呟く、どんな女でも、やさしくすればみんな許すもんぞな……、そういえば、わしは女の気に入らんようなことはしなかった、女のいう通りに、女の喜ぶようにしてやったのう……、女も牛とおなじで、かまいはしたが騙しはしなかった……、と。それが、夜這いの置き土産のように生まれ、父母の顔も知らぬ私生児として育ち、家からもムラからも二重に疎外と排斥をこうむりながら、馬喰として、乞食としての生涯を生き抜いてきた男が最後に辿り着いた、いわば性の哲学であった。

すべての男は土佐源氏を信用しない、人間の屑として蔑む。しかし、女たちはその献身的なやさしさに打たれ、むしろ進んで身をまかせようとする。あんたは心のやさしいええ人じゃ、女はそういうものが一番欲しいんじゃ、と役人の妻は言った。人間の屑じゃ、屑じゃが何ぞの役にたつかもわからんから、用立ててつかァされませ、という男の言葉に、庄屋の妻は涙を流して喜んだ。この二人の女が、土佐源氏が演じる復讐劇の共演者、いや、共犯者であったことを否定するわけにはいかない。男性原理によって動かされ、支配されている社会＝制度にたいする、ひとりの男と女たちのゲリラ的な戦いの記録、たとえば「土佐源氏」一篇をそんなふうに読み換えてみたい誘惑に、ふっと駆られる。奇想にすぎることは承知のうえだ。

3　百姓／家—ムラ—世間の幻想系

男はこのとき、橋の下に小屋掛けして暮らす盲目の乞食であった。極道をした報いじゃよ、と男はくりかえす。他人からの施し物によって命を繋ぐ、物乞い。それがとりあえず、いっさいの生産関係からの疎外ないし逸脱を意味することは否定できない。盲目という、あらたに降りかかったスティグマが、五十歳の男から馬喰稼業を奪った。ひとつの夜這いが産み落とした人生は、ここに盲目／乞食／老人という、かぎりなく完成形態に近い排除の様式をもって結実した。エッセイの末尾に近く、こんな男の言葉が見える。

しかしのう、やっぱり何でも人なみな事はしておくもんじゃ。人なみな事をしておけば乞食はせえですんだ。

「人なみな事」とは何か。「一人前」の人間としてあつかわれたい、と男は願った。男がみずからを評した言葉を拾ってみようか。幼少期には「てて（父）なし子」「まっぽり子（私生児）」、十五歳のときには「何にもできんなまくら者」、馬喰になってからは、「人間のかす」「へんしょうもん（屑物）のような男」「人間の屑」、あるいは「極道」「ドラといわれた人間」、そして、最後には「乞食に身をおとした」と語られる。男が描くこうした自画像の変遷は、みごとに男が辿った人生の階梯を物語っている。私生児として生まれ、百姓への途を断念して馬喰となり、放蕩暮らしの果てに乞食へと落ちていった、そんな男のささやかな八十年間の足跡であった。

人並みに生きること、一人前と認められること、男がついに手に入れることができなかったものが、それだ。いや、たった一度だけ、男が人並みに生きる努力を重ね、一人前と認められかけたことがあった。馬喰宿のなじみの後家の娘を連れて逃げた、二十代のことだ。男が婆と呼ぶ、盲目になった男を見捨てずに連れ添いつづけた妻、それがそのときの駆け落ちの相手である。

わしも一人まえの人間になりたいと思うた。隣近所のつきあいもし、世帯をはって子供ももうけて……。しかしのう、わしは子供の時からまともに働いたことがない。若衆仲間にはいったこともない。村の中へはいってみると、何一つ村の掟の守れる人間ではない。それでも、土地で小さい納屋を借りる、婆と二人で世帯をはって、わしは紙問屋の手さきになって楮を買うてあるいた。三年ほどの間じゃったが、わしがまァ、一番人間らしい暮しをした時じゃった。

男は妻と二人、一人前の人間になるための努力をはじめる。一人前の人間、人並みの暮らしとは、世帯をはって子供をもうけ、隣近所のつきあいをし、ムラの掟を守って生きることである。しかし、男は幼少期からまともに働いたことがなく、若衆仲間のなかで、村内のつきあいや掟について学んだこともない。十五歳のときに伯父から降された、あの「何にもできんなまくら者」という宣告を覆し、十年、二十年の歳月を費やして「ムラの者」になる。そのために経過しなければならぬ、退屈きわまりない精進の日々に耐えられるのか。結局、三年あまりで挫折のときが訪れる。役人の妻との恋をきっかけに、男はかりそめの家を棄て、ムラを去り、峠を越えて出奔する。

六十年の歳月を経て、男が「一番人間らしい暮し」と回想することになる日々は、そうして幕を閉じた。村はずれの橋の下で、年老いた男は語る、わしはとうとう人並みな家も持ったことがのうて、一代をおわった、と。男は私生児であった。父は知れず、母の顔も記憶にはない。家という制度の外部にあらかじめ放りだされながら、ただ望まれもせずに生まれてきた。男はだから、父がいて、母がいる、幾人かの子どももいる、そんな人並みな家に囲われた暮らしに憧れた。しかし、二十代半ばの挫折を経た男は、二度と家という制度の内側に場所を得ようという、大それた望みを抱くことはないだろう。

家からの疎外は、ただちにムラからの疎外でもあった。ムラが家と家とを繋ぐ幻想の絆であったからだ。男はそれゆえ、ムラのなかに入り、ムラの掟に添って生きることもなかった。家が何軒かかたまってあれば、馬喰宿があった。ムラという秩序の周縁部におかれた後家の家である。男はそんな後家の家から家へと、牛を追い、村々の隙間を縫うように渡りあるいた。そして、村はずれの女から女へと性の遍歴を重ねた。


村の中へはいれば村には村のおきてがあって、それにしたがわねばならん。村のおきてはきびしいもんで、目にあまることをすれば八分(村八分)になる。

しかしのう、わしのように村へはいらんものは村のつきあいはしなくてもええ。そのかわり、世間もまともな者には見てくれん。

男の人生の彼岸には、百姓がいる、家が、ムラが、そして世間がある。たとえば、この家―ムラ―世間は、ひとつらなりの幻想の鎖の環である。その、どこが切れても、人は幻想の外部へと抛擲される。隣り近所のつきあいは、そのままムラのつきあいに繋がり、広い世間へと伸びてゆく。庄屋の妻との逢瀬のひと齣に、「わしら世間のことはあんまり知らんで」という言葉が見えている。家―ムラ―世間と連なる幻想の環から排斥されている男には、世間は遠い、もうひとつの彼岸である。男は世間を知らず、世間もまた、男を「まともな者」とは認めない。男はいわゆる世間師ではない。世間師は若い頃に奔放な旅をくりかえし、外の世界から豊かな知識や技をかかえて帰ってきた「ムラの者」である。いわば、帰郷者の一類型である。男は世間から拒まれた存在であった。

家―ムラ―世間の外部を渡りあるく男の眼には、おそらく百姓こそが、人並みな暮らしを営む一人前の人間と映ったはずだ。世帯を張り、子どもをもうけ、土地に根づき、田畑を耕し、隣り近所のつきあいをし、村の掟にしたがって生きる人々。男は一人前の人間として認められることを願いつづけた。その男の前に、一人前の人間の象徴として、百姓がいたのである。男はたえず、百姓について、馬喰であるみずからと引き較べて語った。

ばくろうちうもんは、袂付《たもとつき》をきて、にぎりきんたま(握り睾丸)で、ちょいと見れば旦那衆のようじゃが、世間では一人まえに見てくれなんだ。人をだましてもうけるものじゃから、うそをつくことをすべてばくろう口というて、世間は信用もせんし、小馬鹿にしておった。

馬喰は百姓を騙してもうける稼業である、という。だから、世間は馬喰を信用せず、小馬鹿にしている。それでも、その馬喰に騙されて、牛の交換をくりかえすのが、ほかならぬ百姓である。馬喰は悪い、しようもない牛を追ってゆき、「この牛はええ牛じゃ」と言いくるめて、百姓家に置いてくる。そうして、ものの半年も経って行ってみると、百姓は驚いたことに、その悪い牛をちゃんと良い牛にしている。

そりゃええ百姓ちうもんは神さまのようなもんで、石ころでも自分の力で金《きん》にかえよる。そういう者から見れば、わしら人間のかすじゃ。ただ人のものをだまってとらんのが、とりえじゃった。

当然ながら、百姓のなかにも区別はある。「べえぼう（ぐうたら）な百姓」と「かっせいな（よく稼ぐ）百姓」である。後者の百姓などは、神様のようなものだ、自分の力で、知恵と勤勉によって、石ころ（悪い牛）を金（良い牛）に換えてしまう、と男は言う。そうした百姓から見れば、馬喰など、ただ人の物を黙って盗らないだけが取り柄の「人間のかす」だ、ということになる。男の認識のなかで、馬喰の下にいるのは盗人と乞食だけだった。

百姓ちうもんはかたいもんぞな、昼は二人ではたらき、夜はまた夜で夫婦で納戸にねる。そういう中で浮気をするのはよっぽど（余程）女好きか男好きじゃで……。わしらみたいに女をかまうもんは大方百姓しておらん人間じゃ。みんなにドラといわれた人間じゃ。

百姓は身持ちが硬いものだ、と男は言う。あくまでムラの彼岸から眺めた百姓の像《イメージ》である。ここでも、牛をめぐって「べえぼうな百姓」／「かっせいな百姓」の区別があったように、百姓を取り巻く性の現実はもうすこし多様であったはずだが、それは措く。次から次へと女を渡りあるく性の放浪者はやはり、百姓をしていない人間のなかにこそ多かったのである。世間の人々は、そうした男たちを放蕩《ドラ》と呼んだ。むろん、男がその典型であったことは言うまでもない。

労働と性を指標としながら、男は百姓について語った。たいへん的確な選択である。家－ムラ－世間を繋ぐ幻想系はまさに、この労働と性を、それぞれ縦糸／横糸にして織りあげられたものであるからだ。労働と性をめぐって、それぞれに家－ムラ－世間を結びあわせる秩序の糸が張り巡らされている。しかし、それは家－ムラ－世間を自明なものとして受容している人々、たとえば百姓の日常の意識に上ることはない。制外の場所からのまなざしこそが、それを生き生きと、一枚の陰画として描きだすのである。

いったい、百姓とは何か。土佐源氏は教えてくれる、百姓とは、家－ムラ－世間を抱いて生きる人々である、と。私生児として生まれ、家／ムラから疎外され、村々の隙間を棲み処として渡りあるき、盲目となり、ついに橋の下の乞食へと身を落としたひとりの男は、それを彼岸からのまなざしにおいて、きわめて現実的に捕捉していたのではなかったか。それにしても、彼岸はムラのすぐかたわらに転がっていた。その彼岸なしにはムラそのものがありえない。その意味では、それは内なる彼岸であった。そして、ムラが不断に分泌する〈内なる他者〉の凝縮された、ひとつのイメージの結晶として、まさに土佐源氏は存在したのである。

百姓、普通の百姓、そして常民。土佐源氏の生涯とは、いわば、常民／常民にあらざるものが対をなして分泌される現場《フィールド》であった。労働と性を二本の太い糸として、常民のムラという秩序は織りあげられてきたのである。それはみずからの周縁部に、たえず常民にあらざるものを具体の姿をもって産み落としながら、かれらを招《お》ぎ寄せ／祀り棄てる儀礼的パフォーマンスを反復している。常民とは、そうした常民にあらざるものからの逆照射を通じて、そのつど、そこに具体的に生起する陰画としての関係である。はじめに、排除という現在の事実がある、排除された常民にあらざるものが、目前の出来事として姿を現わす。その照り返しのなかに、やがて常民が、ぼんやりとみずからの像を結んでゆくのだ、といっていい。

だから、常民とは何かという問いは、つねに貧しく瘦せている。常民にあらざるものを隠蔽しながら、常民について語ることはできない。できるのはただ、常民／常民にあらざるものが対をなす関係として再生産されてゆく、その現場に降り立ち、そこから幻想系の歴史／構造の腑分けへと赴くことだ。「土佐源氏」一篇は依然として、わたしたちの足元を照らす現在である。それがまた、〈内なる他者〉をめぐって細密画のごとき肖像を描き出していたテクストであることを、記憶に留めておきたい。

V　宮田登　文化としての差別

1　常民／一国民俗学を越えて

いま、宮田登の著書の群れを前にして、いくらか途方に暮れるとともに、ふと厳粛な気持ちにさせられる。この人はいったい、何を背負っていたのか。民俗学者としての宮田の評価は、思いがけずむずかしい。厖大な著書や論考やエッセイがあって、焦点が絞りにくい。その、どこから読みほどいてゆくべきか。それぞれの関心の方位によって、宮田の評価は大きく変わってくる。

たとえば、『日和見』などはとりわけ、受け継がれるべきたいせつな仕事のひとつだと思われる。その副題には「日本王権論の試み」とあって、宮田が心に深く期した思いが感じられる。民俗学の立場から、どのように天皇制や王権といったテーマにアプローチすることができるか。あきらかにそれは、柳田国男その人が周到に避けたテーマのひとつであった。そして、柳田以後の民俗学がまともに取り組むことがなかったテーマでもあった。そこに、いかにして、あくまで民俗学という方法をもって切り込むことができるか。未踏の領域に鍬を入れるのである。しかし、宮田はいかにも飄々としていた。たとえば『日和見』と『生き神信仰』を手がかりとして、宮田の「日本王権論」を再検証するといった試みは魅惑的なものだ。いくつもの可能性の種子が埋もれている。

そういえば、やはり柳田民俗学に欠落するものとして槍玉にあげられる、性のフォークロアについても、宮田には『女の霊力と家の神』や『ヒメの民俗学』などの著書があり、いかにも宮田らしいやり方で引き受けようとしていた。いまひとつ、差別にまつわる民俗についても、『神の民俗誌』や『ケガレの民俗誌』など、たいせつな仕事が残されている。宮田はまさしく、けっして派手やかにではなく、しかしきちんと腰を据えて、柳田民俗学を継承するためにこそ、その欠落を補おうと孤軍奮闘していたのである。呼応するものはあまりに少なかったのではないか。

ここでは、『ケガレの民俗誌』(一九九六年)を主たるテクストとして、宮田の語った差別のフォークロアのなかから、可能性の鉱脈を掘り起こしてみたい。思えばそれは、一九七〇年代はじめの著書である『原初的思考』(一九七四年)のなかに、はっきりと萌芽が示されてあり、『神の民俗誌』(一九七九年)などを経て、『ケガレの民俗誌』へと展開していった仕事である。その周辺で書き継がれていた論考は、没後に編まれた〈宮田登　日本を語る〉というシリーズの、第八巻『ユートピアとウマレキヨマリ』や第十一巻『女の民俗学』などに収められている。

さて、『ケガレの民俗誌』の「結語」のなかで、宮田は以下のように、その執筆モチーフをあきらかにしていた。まず、いかにも宮田らしい、「私は日頃から被差別部落問題について実践面において欠如している者であるが」と断り書きがなされている。そのうえで、被差別部落の問題について、この三、四年、民俗学からの意見を求められる機会があり、不安に感じながらも応答してきた、という。

本来民俗学は民俗誌をベースに展開する民間の学問として成長してきているが、残念なことに、被差別部落の民俗誌については、いまだ本格的に作られてはおらず、森栗茂一、西岡陽子、宮本袈裟雄らの研究調査があげられるだけの現状ではある。私自身の立論の根拠はしたがってきわめて脆弱であるが、今後の被差別部落の民俗調査に役立つべき民俗事象理解の基礎知識を能うる限りは提示したつもりである。従来の行政サイドの民俗誌のあり方については、民俗学の新しい世代によって再検討される時期にさしかかっており、今後民俗研究と被差別部落研究との接合がいっそう深まり行くことを期待している。

むろん、こうした発言の前提には、「民俗学は、これまで被差別部落の問題に関して、直接対象にしてこなかったことは明らかである」(「I　民俗研究と被差別部落」)といった認識が見え隠れしている。学としての欠落はあきらかであった。宮田はとりわけ柳田の仕事を前向きに引き受けながら、将来における民俗学と被差別部落研究との連携のために、本格的な被差別部落の民俗誌へと道を拓こうとしていた。そのために必要な礎石を築こうとしたのである。

副題には、「差別の文化的要因」とあった。民俗学という方法は、民間伝承を仲立ちとして、民俗的世界のなかから、差別をめぐる文化的な要因を探り出すことをめざす、という。いわば、差別を「文化現象として捉える」(同前)という方法的な立場が表明されていたのである。誤解してはならない。宮田はここで、差別とは文化的な現象である(または、にすぎない)、と語っていたのではない。差別という現象は、当然とはいえ、文化的なものには留まらず、いやそれ以上に、政治的な、また社会・経済的なものであるにちがいない。だからこそ、さまざまなアプローチの方法が存在する。あくまで、民俗学的なアプローチを試みるかぎりにおいて、差別とは文化的な現象として読み解かれねばならない、そう、宮田はマニフェストのごとく書き付けていたのである。

常民という概念の再検証は避けがたい。柳田民俗学の継承という立場からすれば、あまりに当然であったかもしれない（「Ⅱ　差別の生活意識」）。常民とは、人民・大衆・民衆などとの差別化をはかるために概念化されたものであるが、柳田以後の民俗学は「この常民の示す実態に多く依存して展開してきた」のであり、「これ以上の基礎的な概念は他にない」という。しかもそれは、大雑把にいえば、近世の宗門人別改帳にのらない部分を除外したうえに成立しているのであり、その意味では、常民はある排除のうえに存在するといっていい。そこに、日本民俗学の限界もまた、見え隠れしている。これからの課題としては、「農民イコール常民という考え方」を前提として、「江戸時代に約七割ほどをしめていた農民層の生活文化のなかに日本文化の本質があるという仮説」がそのままに引き継がれているかぎりは、民俗学はもはや問題を展開できなくなっている、という。

そして、当然とはいえ、ここから常民が排除したものから民俗学の全体を照射するような試みがもとめられることになる。柳田は常民の核に祖霊信仰を見定めたが、差別された人々の信仰体系はどういうかたちで存在したのか、それが問われねばならない。

「穢多」とか「非人」といったかたちで、近世の農村に住む住民からはずれた部分で行われる仕事は、多く死の儀礼に結びついていた。彼らは葬儀の執行者として位置づけられていた。これは人間の死だけではなくて、家畜の死とも深い関係を持ち、死骸処理者としての職業である故に差別された。このことはすでに歴史的に常識化している。
こうした死の儀礼に携わることによって差別された人々の信仰体系とはどういうものか、民俗学の方ではまだ十分に把握していないのである。このことは、日本の民俗学が解明しなければならない問題である。（「Ⅱ　差別の生活意識」）

被差別の民が職掌とすることが多かった、人間の死や家畜の死にかかわる「死の儀礼」を起点として、宮田はその信仰体系にアプローチしようとした。『ケガレの民俗誌』には、その試行錯誤の痕がそこかしこに見いだされるが、これについては後述する。それにしても、被差別部落のきちんとした民俗誌がいまだ書かれていないとすれば、宮田の果敢な試みが中途半端なものにならざるをえなかったこともまた、当然ではあった。

一般の村と被差別部落との場合では、氏神と真宗寺院の対応の仕方に、どのような現れ方の違いがあるのかということが、民俗調査の一つのポイントになると思われる。
関東の被差別部落では、真宗信仰よりも白山信仰のほうが顕著である。白山信仰の展開は中世以来東日本に及んだが、これらを受容した江戸時代になって被差別部落が白山信仰を独自の習俗としてもっている意味が興味深い。一方、東日本では真宗と氏神との関係はどうだろうか。東と西の地域差というものがあって、被差別部落の場合には、この地域差が一つのポイントになっているのではないだろうか。今後東日本の被差別部落調査の実例と比較していくことにより、民俗文化の多元的な側面の解明の手掛かりになると思われる。（「Ⅵ　今後の課題」）

一般のムラの氏神信仰にたいして、被差別部落における真宗信仰／白山信仰が対置されている。しかも、そこでは西日本／東日本の「地域差」がたいせつなテーマとして再確認されている。思えば、被差別部落のきわめて稀薄な東北では、真宗信仰／白山信仰のありようがどうやら関東以南とは異なっているらしい。あまりに研究が手つかずに放置されてきたのである。被差別部落の研究からは、「民俗文化の多元的な側面」を解明する手がかりが得られると同時に、「多元的民俗文化論のなかに被差別部落のもっている民俗文化もきちんと位置づけられる必然性があった」と、宮田はいう。あるいは、こんな発言もいささか孤立の匂いを漂わせながら残されてあった。

そして同時に被差別部落のもっている「しごと」の内容に大いに注目すべきであろう。しごとの技術伝承は汎人類的文化であり、日本の民俗文化の要素は明らかにまず東アジア世界の中に位置づけられていく重要性をもっていると思われる。一国内の民俗学にこだわっていると、このテーマがついつい身近の地域文化の些細な事象にのみこだわってしまいがちであるが、民俗要素の一つ一つが実は広く東アジア世界全体の中に位置づけられるという視点を絶えずもっていく必要があると考えている。（同前）

被差別部落の「しごと」とは、死者の葬送や、家畜の解体・皮革の処理、それらにまつわる儀礼や芸能などを指していたと思われる。宮田がここで、それらの「しごと」の技術伝承を一国民俗学の枠内ではなく、すくなくとも東アジア世界のなかで位置づけるべきことを強調していたことに、関心をそそられる。どこか遺言のような響きが感じられてならない。いずれであれ、一国民俗学以後へと、あらたな問いはすでに発見されていたのである。

2　神の血／ケガレを無化するために

それにしても、宮田は思いがけず、柳田民俗学の正統的な後継者たることを強く望んでいたのかもしれない。すくなくとも、そのひそかな使命感を疑うことはできない。文化としての差別について論じるときに、ケガレという問題に焦点を絞り込んでいったのは、むろん偶然ではなかった。大正期の柳田は、「毛坊主考」から「俗聖沿革史」へと、まさしく死のケガレや儀礼にしたがう者として、毛坊主と名づけられた被差別民の探究をおこなったのである。しかし、その探究はどこか中途で投げ出され、柳田以後も、五来重、高取正男、そして宮田から現在にいたるまで、傍流のテーマであり続けてきたといっていい。

しかも、宮田のケガレ論は一貫して、ケガレのフォークロアの内側に深く入り込んで、それを相対化＝無化する契機を見いだすことをめざしていた。たとえば、宮田は述べていた、――ケガレには多義性があり、そのなかには、「汚らしい」ということにストレートに結びつく以前に、「ケガレていく、力が衰えていくという共通する潜在的心意」があったのではないか、それが民俗学的な認識の有力な根拠になる、と。そのモチーフはあきらかであった。ケガレの観念を無化するためにこそ、宮田はあくまで民俗学に根ざしたケガレ論の構築を必要としていたのである。
はじめに、皮革と肉食のケガレについて。

ケガレと皮はぎの問題、さらに肉食という問題については、本質的には〈ケガレ〉が〈不浄〉や〈汚らしい〉という理解に達してくる以前に、人間本来の感覚としてある。それがあるために、人間として生きている。その根本的な部分に関わる深層心理にもとづく機能がある。皮づくりの職人は、或る種のマジカルな力を担い、一般庶民から特別な力の行使を期待されているのではないか。〈不浄〉というものに展開する以前の、基本的な生の部分においてそうした理解が可能になるのではないかということを考えている。（「I　民俗研究と被差別部落」）

あるいは、死のケガレについて。

遺体処理を中心とする死の儀礼を、それを超越できる人々に任せてしまおうとする。こうしたところから、ケガレの仕事を被差別民に委ねる関係が生じて、それがやがて固定化して文化的意味での差別の構造が生じてきたといえるだろう。（同前）

宮田はここでは、不浄とか汚らしいという観念が生成してくる以前の「人間本来の感覚」、生きることにかかわる深層心理といったものに注意を促している。たとえばそれは、人間や動物のいのちの根源に触れたときの畏怖の念のようなものではなかったか。それを不浄と見なすのは、いのちの根源から遠ざかった派生意識にすぎないのかもしれない。それゆえに、いや、それにもかかわらず、畏怖の記憶は残存し、ある種の超越的なマジカルな力を有する存在に、そうした職掌や役割が託されるのである。しだいに不浄の観念が肥大化してゆくことによって、それらの社会的な役割はいつしか、特定の階層にゆだねられ、被差別の民として固定化されてゆく。文化としての差別の構造がそこに、ケガレ＝不浄という観念を自明の前提としながら生成を遂げることになる。

これはいわば、高取正男が『神道の成立』（平凡社、一九七九年）のなかに示した、「平安初頭以来、死の忌みについて神経質であったのは中央政府の側であり、庶民のほうは死者を家のそばに埋葬してもべつだんなんとも思わないというのが本来の姿であった」といった理解を承けたものである。宮田は「Ｖケガレの民俗文化史」の章では、古代・中世の文献を参照しながら、蝕穢のイデオロギー、つまり不浄としてのケガレ観念の生成のプロセスを跡づけようとしていた。歴史学の領分を侵してでも、宮田がそうしてケガレの文化史に手を染めようとしたのは、不浄以前のケガレの痕跡がほしかったからであろう。

さらに、出産や血のケガレについて。

これについては、柳田以後の民俗学のなかにすくなからず蓄積があるし、被差別部落で拾われた伝承のなかにも散見する。たとえば、小林初枝の『被差別部落の世間ばなし』（筑摩書房、一九七九年）に収められた産神の縁起譚では、血穢について触れられていない。そこには「出産＝生命の誕生を聖なる祭儀とみる意識の痕跡を認めることができる」と、宮田は述べている。それはまた、「被差別の根源に横たわる穢＝不浄観をくつがえす有力な指標となる」と考えられる、ともいう。宮田のモチーフはここでも揺らぎがない。

出産や血のケガレについては、「Ⅲ　性差別の原理」の章に語られている。

たとえば、月経を不浄と見なす観念の古層には、おそらく異質な信仰が存在したにちがいない。記紀神話の有名なヤマトタケルとミヤズヒメの説話にあきらかなように、月経にたいする本来の感覚には、不浄の観念はなかったようだ。奄美・沖縄からの報告のなかには、それを裏打ちするようなフォークロアがいくらでも見いだされる。南島では、女性の司祭者が優勢であるが、彼女たちが神役につくときには、月事の穢れにミソギをするというよりも、月経が長く続いたり異常な場合を神女になる兆しとする思考があった。瀬川清子は『女の民俗誌』(東京書籍、一九八〇年)のなかに、「母から司を譲られるとき、月経がしょっちゅうある場合、それをカミチ(神血)を頂いたという神の血筋を頂いたということである」というカミンチュ(神人)の言葉を書き留めていた。暗示に富んでいる。月経はまさに神の血であり、女性司祭者の要件のひとつになっており、不浄観の入り込む余地はまったくない。奄美・沖縄の島々では、月経は特別に忌まれることがなかったばかりか、そこに神の血という聖なるイメージすら附与されていたのである。

あるいは、武田正の『巫女へ行く』(置賜民俗学会、一九九二年)を受けて、宰津神社という、山仕事を生業とする山村の鎮守にして、出産を守護する役割をになっている産神が、出産の血を忌避していないことに、宮田は注目する。古代の出産には、「穢れた血」という認識が存在しなかったのではないか、という。それは折口信夫の所論にも通じており、宮田はこう述べるのである、「月立ちが月経のはじまりで、神の印しとなる。その血を見て神が訪れ、巫女と性交が行われてやがて神の子が誕生する。これは聖なる時間の出来事であり、この限りにおいて産血や月経は神聖なる血なのである」と。たいへん興味深い仮説ではあった。

宮田の立場をあらためて確認しておきたい。それは、不浄を本来のケガレの語義に戻すことによって、原理的にケガレ＝不浄観を解消することをめざすのである。くりかえし、同じテーゼが反復される。たとえば、血のケガレそのものは出血にたいする原初的な恐怖にもとづく汎人類的思考といっていいが、経血や出産の血が生命の誕生に結びつくことを思えば、「血穢、女人禁制の虚構は無化できる可能性」がある、という。また、巫女が神婚を前提としてケガレを解消するところに、その霊性を確立したとするならば、「ケガレの基本的理念に立って、穢れそのものを不浄視しないという原理がさらに確立される必要がある」という。宮田はひたすら、「ケガレを単純に汚穢の意識におち入らせないための民俗認識」の掘り起こしを試みていたのである。

筆者の考えは、これまで明らかにしてきているように、日常性を表現しているケの実態を前提としている。ケガレについては人間の生命力の総体というべき「気」が持続していれば日常性が順調に維持されるはずである。しかし、そういかなくなった場合、気止ミ（病気）や気絶という現象が現れ、この状態を気淍れ・気離れ・毛枯れと表現したものと想像しており、ケガレはケのサブ・カテゴリーとみている。重要な点は、ケからケガレに移行する局面と、ケガレからハレへ移行する局面であり、おそらく後者の場合衰退したケの回復のために相当量のパワーが必要とされるのであって、それは祭りなどの儀礼に現象化されているのであろう。ケ→ケガレ、ケガレ→ハレの状況をみると、ケガレが境界領域として存在していることは明らかなのである。（「V　ケガレの民俗文化史」）

一九七〇年代におこなわれたハレ・ケ・ケガレ論争を継承しながら、宮田はここでは、ケガレを人間の生命力の総体としての気＝ケが枯渇した状態ととらえている。こうしたケガレの本義が認められるならば、民俗知識化した汚穢・不浄にあたるケガレは、その一面のみが拡大解釈されたものにすぎなかったことになる、そう、宮田は考えている。いま、こうしたケガレ論をどのように引き受けることができるのか、わたしはどうにも立場を定めにくい。もしかすると、あの論争が日本民俗学の歴史にとっては、それなりに固有の視座から生産的な議論を交わすことができた最後ではなかったか、という悲観的な感慨が拭えずにいるからだ。ともあれ、それをケガレの無化に向けて援用していったところに、宮田の独創はあったはずだ。

3　河原巻物／シラからスジへ

思えば、宮田は『原初的思考』から『神の民俗誌』を経て、『ケガレの民俗誌』へと、信州の花祭りを起点としつつ、シラという問題にかかわる思索を持続的に深めていった。そこにも柳田の濃密な影がある。ここでは、シラという問題と表裏をなして見いだされる、筋＝スジの問題にとりわけ光を当ててみたい。

たとえば、柳田は『木綿以前の事』のなかに、「以前には力は信仰であつた。神に禱つて授けられると信じ、又親から子孫に伝はるのを神意と考へ、力の筋は女に伝はつてよその家に行つてしまふとも言つて居た」と書いていた。こうした大力が信仰であり、筋として伝わると見なされていたことには、きわめて例証が多い。

大力にまつわるフォークロアを拾いあげたうえで、宮田は以下のように述べている。

> 三吉様にしても、大力三十郎にしても、三人の旅の力持にしても、共通して大力を自由自在に操ることが可能であった。かれらは神化したものもあるし、神に挑戦してこれを打ち負かしたりする若者が主人公となっている話もある。しかもいずれも土地田畑のない貧しい家を出自とする若者たちであった。このことは力持の家筋が、近世村落内において特別視されていたことを示しているだろう。その意味では、差別の対象となっていたことも明らかなのである。しかし、力の根源に対する信仰は村人の意識の中に強固に伝承されていた。常民の存在には、根源的な力が背景に存在することは少なく、したがって力者のもつ大力に対する憧憬と畏怖が交錯していたといえるのである。
> （「Ⅱ　差別の生活意識」）

力持ちの筋＝スジについては、たとえば古代の『日本霊異記』中巻などからも確認できる。そこには、三野狐と称される女の大力が登場するが、この女は三野の国の狐を母として生まれた人の「四継の孫」とされるのである。フォークロアのなかの大力たちは、かならずしも女性ではないが、その多くが土地や田畑をもたぬ貧しい家を出自とする若者たちであった。そうした力持ちの家筋は、近世のムラにおいては特別視され、ある種の差別の対象ともなっていた。その根底には、「力の根源に対する信仰」があり、常民は大力にたいして憧憬と畏怖とをない交ぜに抱いていたのである。はじめに、力者の呪力によって、大力が神秘的に演出されるような段階があった。それが歴史的な変化のなかで、霊力と物理的な力とが分離させられ、力者の社会的な位置は下落してゆく。常民と同じ生活環境のなかに定着するプロセスにおいては、かれらが元来農耕を主たる生業としないために、常民から差別されるにいたった。そう、宮田は推理を巡らしたのである。

さて、シラという問題の読み解きに向かおう。シラのフォークロアについて論じながら、やがて筋＝スジのフォークロアへと展開してゆく叙述のプロセスは、とても刺戟的なものである。花祭りのシラヤマと『河原巻物』とが繋がれるところに、宮田の独創が認められる。ここでは、その一端に触れることしかできない。

つまり、白蓋は安政二年段階の白山そのものであるとすれば、それは生まれきよまるため、生まれかわるための装置であった。その装置をつかって、死者をそこから甦らせる能力をもつものが、『長吏由来之記』からいえば、長吏の存在意義ということになる。その力がなぜ出てくるかといえば、『長吏由来之記』によると、白と黒の世界の両域にたずさわる力をもったもの、つまり両義的存在であるが故にであった。そしてこの能力は常民には付与されていないことも明らかなのである。

（「Ⅳ　シラとケガレ」）

白山＝シラヤマというのは、モガリのために死体をなかに入れて、白い布と竹で組み立てられた白い容器を指している。民間神楽のなかの白蓋（びゃっかい・びやっけ）の原型は、シラヤマと考えられており、それは「生まれきよまるため、生まれかわるための装置」だった。『長吏由来之記』によれば、この再生の装置を使って、死者を甦らせる能力を有する者が長吏であった。たしかに、長吏職が「龍天白山と称される特別の装置を扱う権限」を与えられていることが、「三国長吏家系図」などには見える。長吏は白と黒の世界にまたがる両義的な存在であるがゆえに、こうした能力を認められ、それを社会的な役割としてになうことができた、という。白＝シラを根底としながらも、つねに黒を内包することにおいて、長吏は白と黒にたいして統合的意味づけをなし得る能力をもつことになったと、宮田は述べている。すなわち、ここでの白と黒の構図は、一方が他方を排除する二元的な対立とは無縁である。黒＝死から白＝再生への象徴的な転換を可能にする力を有した長吏という、被差別の民によって、常民の生と死にまつわる民俗文化が根底から統御されていることこそが、宮田による重要な発見ではなかったか。

死は黒不浄、出産は白不浄と称されることがあった。白不浄とは、「子供を生むということに関する忌みの観念」を意味しているが、そこに含まれる不浄の語に惑わされてはいけない。その深層に横たわるものに眼を凝らさねばならない。ここで、シラからスジへと繋がる民俗の回路が浮き彫りにされることになる。これもまた、柳田がすでに、問いとして顕在化させていたものだった。柳田はシラという言葉にこだわり、それがスジという言葉に繋がることに気づいていたのである。

沖縄では、シラは籾《もみ》を指す言葉であり、シイナから来たという。シイナは籾殻がついたままの米であるが、そのシイナの保存法がまたシラと称される。類似のフォークロアは、遠く東北地方にまで見いだされる。籾殻や、稲を積み上げた場所、稲種子を保存する装置を、シラと呼んでいたのである。しかも、そうした稲種子の貯蔵場と人間の出産とが、ともにシラと呼ばれる。そこに、シラという問題をほどく鍵がある。

南西諸島にある言葉の中で、育てるとか育つという言葉の原型にあたるものは、スジュンとかスデルという言葉であり、それがスジャまたスジという言葉に発展していったという。それと、シラとが、スディヤ、スデル、スジヤという言葉につながってくるという解釈になる。言語学的にはD音とR音が通い合う結果、育つとか育てるという文脈の上に、シラの意味が成り立っている。それがスジという言葉に通じたのであった。スジという言葉は、稲種子の種俵をスジ俵とかスジといっているることが基本的であり、これが中部日本により多く使われていた。スジ俵の上に正月には松を飾り、それを貯蔵しておいて、長野県下の民俗事例では、三月になると、それを播種に用い、その残りは田植えの日に炊いて食べたという。（「Ⅳ　シラとケガレ」）

原型としてのスジュン・スデル（育てる）から、スジ／シラへ。まるで言葉のアクロバットのごとくに、スジ／シラが結ばれてゆく。稲種子の俵をスジと称したが、それは正月には松を飾り、また、稲霊の継承にも使われる。稲種子をシラチャネともいう。シラという言葉と、稲が育つという言葉とが共通のベースになる。これが柳田説の注目すべき核心でもあった。それがさらに、シラヤマのシラと具体的に結びついてくるのである。そこには、稲霊の成長や誕生、代々の継承といったテーマが重なり合っている。

> 稲霊の再生と人間の誕生をシラと呼び、稲の種子をスジと呼ぶ。つまりスジとシラという言葉は同根の表現であった。このスジという言葉は、歴史的な展開の中では、血筋という言い方、そして家制度ができると家筋という言い方の中に包含されていく。その場合に、古代社会において家筋と呼ばれる以前には、神の血筋という言い方が優先していたと思われる。(同前)

家制度の成立とともに、スジは家筋という表現のなかに包含されてゆくが、古代には神の血筋という表現のほうが優先していた、という。大力の筋＝スジをめぐる議論と呼応していることに注意したい。あるいは、南島の巫女たちが神の血を継承する人々であったことを想起するのもいい。ここで、宮田は興味深い解釈を提示している。古代には「霊」という漢字をチとも訓《よ》んだ、血は霊魂の意味をはらんでいた、すなわち、霊のスジと血のスジとがあったのだ、という。歴史的には八、九世紀になって、チが固定され、「血が家筋だけに収斂されてしまった」と、宮田は述べている。

いわゆる長者譚のなかには、しばしば異類婚姻譚型の伝承が見いだされる。つまり、ある家の長者の娘が水神と結ばれて神の子を産んだ、それゆえに、水神の恩恵を受けて、その家は水利権を保証されている、といったものだ。『日本霊異記』の大力の女は狐を母として生まれた人から数えて、四代目の孫にあたると語られていた。水神や狐といった異類から、婚姻を通じてチ(血＝霊)を受け継ぎ、それが家の権利や超越的な力を保証してくれる源泉となったのである。神の血筋とかかわり、「この世のものではない異界のものと結ばれた家があり、それは聖痕を担っている」といった物語が付随することが多いが、それは公文書のなかにではなく、あくまで民間伝承の世界にのみ現われることに、とりわけ注意が促されていた。

こうした認識は、先祖代々繰り返されていくが、血筋から家筋に固定化されてきて、霊的な血のスジではなく、今度は家に伴う血筋という形になってくる。それ以前の霊的なスジは壊されていくことになる。しかしそういう家筋とは相反するような、例えば脇の下に鱗があったりアザがあったりするというスティグマをもち、それは神の印であるというフォークロアが生まれる。そういう表現により聖なる家筋は次第に差別視されるような形になっていった。（同前）

聖なる異能の血筋が、しだいに霊的な意味合いを失いながら、賤視や差別をこうむる家筋に貶められてゆくプロセスが浮き彫りにされている。たとえば、差別された人々が携えてきた『河原巻物』のなかでは、自分たちの先祖は天皇家の家筋に繋がるが、いつの時代にか零落し都を去った、といった貴種流離譚の定型を踏んでいることが多い。聖帝といわれた醍醐天皇にはたくさんの御子がいたが、そのうちのひとりがわが先祖に連なる、たまたま悪い病気にかかって不浄視された王子が、漂泊して、やがてこの地に定着した、などと語られるのである。宮田は偽文書とされてきた『河原巻物』のなかに、血筋や家筋について考えるための民俗学的な視点を発見しようとしたのである。その試みは一定の成功を収めた、といっていい。

むろん、こうした宮田の議論の多くは、被差別部落の民俗誌の裏づけのもとに展開されたものではない。宮田自身がそれを痛切に自覚していたのである。それにもかかわらず、差別やケガレをめぐるフォークロアについての問いかけと思索が、すくなくとも三十代の半ば以降、持続的に重ねられていったことに、関心をそそられる。そこには深い使命感があったはずだ。そして、民俗学が引き受けるべきテーマとして、宮田がケガレとスジにまつわるフォークロアに絞り込んでいたことは、きわめて的を射たものであったにちがいない。もし、民俗学的に差別にアプローチするならば、このケガレとスジこそが核心であったかと思う。宮田はまったく正統的な柳田民俗学の継承者だったのである。

第二章　王とヒジリの物語へ

I　ヒジリと毛坊主

1　毛坊主の封印をほどく

ヒジリとはだれか。ヒ＝霊力をシル＝領知する神聖な存在である。語源的には「日知り」が想定されるが、ヒジリには古くは「聖」の漢字があてられ、いつしか「被慈利」や「非事吏」へとまとう漢字そのものを変質させられていった。あきらかなイメージの零落の歴史があった。このヒジリという問題の根源にひっそりと身を横たえている、何かうごめく黒々としたものに、可能なかぎり眼を凝らしてみたいと思う。それはたとえば、王とは、天皇とは何か、国家とは何か、あるいは、差別とは何か、穢れとは何か、といった問いの結ぼれを解きほぐすための、たいせつな鍵を秘め隠しているように感じられる。

柳田国男の「毛坊主考」を起点に置くことにしたい。この、ヒジリと本願寺の由来をあきらかにすることをめざした長編論考は、『郷土研究』という雑誌に、一九一四(大正三)年から翌年にかけて連載されている。柳田自身の意志によって、生前には単行本化されることがなかった。古さびた雑誌の内側に、四十年近くにわたって封印されていたのである。『定本柳田国男集』が刊行されることで、はじめて多くの読者の眼に触れることになった論考であり、「巫女考」と対をなす論考でもあった。

「毛坊主考」について、柳田は南方熊楠あての書簡などで、くりかえし本願寺や被差別部落にかかわる問題を解き明かすための研究であることを表明していた。明治四十年代から書き継がれてきた、「踊の今と昔」「「イタカ」及び「サンカ」」「巫女考」「所謂特殊部落ノ種類」など、柳田の漂泊民や被差別部落に関する研究の到達点が、この「毛坊主考」一編には示されている。そして、漂泊民論の核心部分には、避けがたく本願寺問題が絡みついていることが、白日の下にさらされることになった。

柳田のヒジリ研究を受け継いだ五来重の回想のなかに見える、柳田の以下の言葉は、やはり示唆的なものである――、「あの「毛坊主考」なり「俗聖沿革史」というのは本願寺の成り立ちにふれているんで、それは皇室にもまた同時に関係があるから、かかるものを再刊するわけにはいかないんだ」（後藤総一郎編『人と思想　柳田国男』）と。単行本化されない理由を問われて、柳田はそう答えたのである。ここに見える本願寺と皇室との関わりについては、『柳田国男伝』（後藤総一郎監修）などが、貞明皇后の姉九条籌子が西本願寺派第二十二世法主大谷光瑞の妻であったことをさす、と説明している。直接的な関わりとしては、たしかにその通りかもしれないが、わたし自身はもうすこし深い背景があったように想像している。

単行本に再録されなかったのは、じつは「毛坊主考」や「俗聖沿革史」だけではなかったからである。ほぼすべての、漂泊民や被差別部落にかかわる論考が、周到に人の眼に触れることを忌避され封印されつづけたのである。それはなぜか。おそらくは、それらもまた、間接的にではあれ本願寺の成り立ちにつながり、天皇や皇室との秘められた関係をもっていたからではなかったか。いや、被差別部落という問題そのものが、たとえば水平社運動などの高まりのなかで忌避されたのかもしれない。いずれにせよ、この差別というテーマの核心がまさにヒジリという問題であった、とわたしは考えている。

「毛坊主考」はかなり錯綜した論考であり、ここではその全体像に触れることはしない。ヒジリとはだれか、という問いに絞り込むことにしたい。「聖と云ふ部落」と題された一章には、とても関心をそそられるヒジリ論の凝縮された一端が示されている。

その冒頭には、遊行上人の配下に属する半俗半僧の念仏者を、俗には磬打《かねうち》と呼び、表向きには沙弥《しゃみ》または被慈利《ひじり》と称する事実は、この階級の由来をあきらかにするためには重要な資料のひとつである、と見える。この被慈利について、柳田は以下のように説いている。

次には被慈利と云ふ名であるが、仏道の慈恵利益《じえりやく》を被る者と云ふ意味で、附会《こじつけ》ながら趣意のある宛《あて》字《じ》である。而し通例ヒジリの語に宛てゝ居る所の聖の字を、特に避けて用ゐなかつた点は、更に一層深い意味があること丶思ふ。記録の証拠は無いが、聖の字を避けしめたのは外部からの圧迫かと思ふ。同じヒジリ坊主の中にも遠慮なく之を用ゐて居る者もある。紀州の高野で有名な高野聖《かうやひじり》などは、彼山に在つては夙《つと》に非事吏と書いて居た。世事を離れ吏務《りむ》即ち寺の会計などに参与せざる隠遁の念仏聖なるが故に非事吏だと説明せられて居る。骨の折れた発明だと思ふ。

ヒジリという言葉にあてる、聖／被慈利／非事吏という三通りの漢字表現に触れた箇所である。ここでの柳田は、そこに表層の解釈ではけっして届かない何かがあることを、さりげなく示唆している。半俗半僧の念仏者としてのヒジリたちが、被慈利や非事吏の字をあてがわれ、聖の字をあえて避けられた背景には、「外部からの圧迫」があった、そう、柳田はどうやら想像していたらしい。これ以上に具体的な説明は見られない。そのすこしあとには、「行倒れの取片付は各地の下級毛坊主の普通の職業であつた」といった一文があり、考える手がかりにはなるかもしれない。この章の最後にいたって、ヒジリの根源からあらためて光が当てられるはずだ。

以下の一節には、「ヒジリと云ふ部落」の諸相が語られている。

近世の日本語では聖と言へば名僧のことでもあつた。既に上品に進化した高野山の聖方の僧なども、鉦打職の被慈利等と同一視せられるのを厭ふたに違ないが、如何せん諸国に散在するヒジリと云ふ部落はあまり感心した階級では無かつた。現に紀州の中にも三昧聖《さんまいひじり》とて所謂隠坊《おんぼう》の類なる一族もあつた。日高郡……のヒジリなども人の賤しむ部落であつた。三昧聖の三昧は墓地のことであらう。即ち此徒も尸骸の取片付を役としたのである。……職人尽歌合には暮露《ぼろ》のことを馬聖《うまひじり》とも言つて居る。絵には有髪《うはつ》で袴を着け刀を差し、通事《つうじ》と番《つが》はせてある。暮露は徒然草にも見えて居る。腰に藁《わら》薦《ごも》を巻いて露地にも坐するやうに構へて居た故に、薦僧《こもそう》とも言つたのであらう。……又神仏に仕ふる聖をば堂聖《だうひじり》と云つたらしい。……又昔は俗聖《ぞくひじり》と云ふ者もあつた。

諸国に散在する「ヒジリと云ふ部落」は、あまり「感心した階級」ではなかった、という。紀州の三昧聖は屍骸の取り片付けをした人々であり、職人尽歌合の藁薦を腰に巻いて露地に坐しているボロは馬聖とも呼ばれた。倒れた牛馬の処理をしたのだろうか。そのほか、堂聖や俗聖なども、たしかに「感心した階級」とは言いがたい。さまざまにヒジリを称し、称された人々が存在したが、かれらが死者の埋葬にしたがい、神仏に仕える人々であったことは、とりあえず否定できない。そして、かれらはまた、被差別の民に数えられることもあったようだ。

　さて、ヒジリの発生を念仏の流行以前へと辿りながら、柳田は以下のように、ヒジリの根源を説いている。いくらか長くなるが、段落を分けて、番号を振る。

①ヒジリと云ふ語が仏教の中で発生したものでないことは、其語義の方からも証明し得るやうに思ふ。ヒジリの日知《ひじり》の義であるらしいことは、小山田与清《をやまだともきよ》なども之を説いた。但し「日知は日之食《ひのをす》国《くに》を知看《しろしめ》す日《ひの》神に比したる美称なり」と言ふに至つては、あまりに不自然な省略なるのみならず、聖帝《せいてい》と書いてヒジリノミカドなどゝ訓《よ》んだ場合には当嵌《あては》まるが、日本紀の古訓に大人と書いてヒジリ、又は仙衆《せんしゅ》と書いてヒジリと云ふものは勿論、「人丸は歌の聖」など云ふ聖にも適用し得ぬ説である。

……

②自分の意見では、ヒジリは単純に日を知る人、即ち漢語で書けば日者《につしや》と云ふ語などが其初の意味であらうと思ふ。日の善悪を卜《ぼく》する風は我邦にも古くからあつた。例へば出雲国造《いづものくにみやつこ》の神寿詞《かむよごと》に、「八十日《やそか》日は在れども今日の生日《いくひ》の足日《たるひ》に」とあるなどが其証である。併し必しも日の善悪には限らず、日の性質を熟知して之に相応する行動を取り、又は巫術祈禱を以て日の性質を変更することなども、上代の社会には最も必要なる生活手段であつたかと思ふ。

③武蔵の旧族に日奉氏《ひまつりし》、敏達天皇の六年二月に詔を以て置かれた日祀部《ひまつりべ》、延喜式の神名帳に見え

て居る陸奥行方《なめかた》郡の日祭神社《ひまつりじんじゃ》の如きは、何れも天体の日を祭つたものでは無くして、時間の日を祝する任務をもつて居た為に、公の機関としての必要を認められたものだらう。又諸国の郡名郷名に日置《ひおき》と云ふのがある。……日知は決して右の日置部日祀部の部曲の者の名だと言ふのでは無いが、日の性質に通暁することを大事なことに考へた昔の人としては、聖者又は仙人と云ふが如き優れたる人格に向つて、日知と言ふ名を附するのも不自然で無いこと、恰も先生を物知《ものしり》と云ふと同じである。

④ 但し聖の字を持つて行くのはあまりの事と云ふ人があるかも知れぬが、亦例がある。東国通鑑《とうごくつがん》に依れば、新羅の第九王伐休尼師今、姓は昔名は伐休、脱解の子角干仇鄒の子なり。王風雲を占して預め水旱及び年の豊倹を知り、又人の邪正を知る、人之を聖と曰ふとある。之に由て観れば、天皇をヒジリノミカドと申上げたのは、多分は聖天子など云ふ漢語の直訳であつて、何れの世にも天皇を神とこそ申せ、ヒジリと唱へたことは無かつたのであらう。毛坊主如き者の元祖と共通の名と云ふのは畏多いが、要するに上古の文学などは此ほど迄に平民と没交渉のものであつた。民間のヒジリにも聖の字を当てたのは恐らく後世の仏徒などの業《わざ》で、此頃はヒジリと云ふ者はあつても其業既に退歩し、何故にヒジリと呼ぶかゞ既に不明に帰して居たらしい。

まず第一に、ヒジリは日知の義であるらしい、という。柳田はしかし、「日知は日之食国を知看す日神に比したる美称なり」とする小山田与清の説にたいしては、異議を唱えている。ここに見える「日之食国を知看す日神」とは、いったい何か。食国《ヲスクニ》は天皇の統治する国の意であるが、それに日が冠せられているから、とりあえず「日本国」と同義といったところだろうか。その国土をシロシメス＝支配する日ノ神とは、たとえば天照大神であり、それと一体視された天皇を指していたものと考えられる。これは聖帝＝ヒジリノミカドには当てはまるが、大人や仙衆にたいする古訓のヒジリなどには適用しがたい、そう、柳田は周到に指摘している(→①)。

そのうえで、ヒジリの初源の意味はたんに「日を知る人」である、という。このヒジリのになった職掌は、日の善悪を占うことであり、さらには、日の性質を熟知してそれにふさわしい行動を取り、巫術や祈禱をもって日の性質を変更することなどであった、とされる(→②)。そして、古代の日奉氏・日祀部・日祭神社・日置部などは、いずれも天体の日ではなく、時間の日をつかさどる任務をもっていたために、公の機関としての必要を認められた。とはいえ、日知＝ヒジリがこれらの部曲の者たちの呼称であったわけではないが、日の性質に通暁している聖者や仙人のような優れた人格にたいして、日知＝ヒジリという名をあたえるのは、不自然なことではない、ともいう(→③)。

これに続く④の部分については、かなり解釈がむずかしい。あきらかに叙述が混乱し、幾重にも錯綜しているからである。まるで取り乱しているかのような、不自然な印象がつきまとう。ヒジリに聖の字を当てるのは不当だ、という人があるかもしれないが、これにはまた例があるとしたうえで、「東国通鑑」からの引用がなされる。それによれば、新羅の第九代の王は風雲を占って水旱や年の稔りの豊凶を予知した、という。どこにも聖の字は現われない。ただ、朝鮮半島の王がまさに「日を知る人」＝ヒジリであったことは、あきらかに知られるし、この王が聖なる存在であったことも否定しがたいはずだ。だから、このあとに「之に由て観れば」とあって、天皇をヒジリノミカドと称したのは、おそらくは聖天子などの漢語の直訳であり、いずれの世にも天皇を神と称したことはあれ、ヒジリと唱えたことはなかった、と流れてゆく叙述そのものが、いかにも混沌として、どこか唐突な印象を否めないのである。

柳田がここで、ひそかに強調しているのはたぶん、天皇は朝鮮半島の王とは異なった存在であり、「日を知る人」＝ヒジリではなかった、ということだろう。天皇は神ではあっても、ヒジリではない、と言い換えてもいい。それを、毛坊主のごとき者の元祖であるヒジリと共通の名とするのは、いかにも畏れ多いことではないか。そんな柳田の低く抑えた声が谺している気がする。①に見えていた、「日知は日之食国を知看す日神に比したる美称なり」とする解釈に向けての、柳田の強い調子の批判を想い起こさねばならない。そこでも、柳田はおそらく、天皇を「日を知る人」＝ヒジリの一類と見なすことを忌避していたのではなかったか。もしそれを認めれば、天皇と毛坊主が源流をひとしくすることになるだろう。

さらに、④の末尾では、民間のヒジリにも聖の字を当てたのは後世の仏教者であり、その頃には「日を知る人」としてのヒジリの業は退歩し、その語義も不明に帰していたらしい、という。起源《はじまり》のヒジリたちは、日の性質をよく知り、巫術や祈禱をもってそれをコントロールすることができる、いわばシャーマン的な部族の長《おさ》であった。それは確実に、聖なる存在であり、神と人とをつなぐ存在でもあったにちがいない。古代の大王や天皇もまた、朝鮮半島の王たちと同様に、こうした「日を知る人」としてのヒジリであった可能性は、むしろ高いといっていい。④に見られる叙述の乱れは、柳田その人がそれをあきらかに認識しながら、なおかつ否定への衝動に駆られていたがゆえの、ひき裂かれた葛藤の軌跡であったのかもしれない。

たとえば、博覧強記の人である柳田が、以下のような古代のヒジリの事例を見逃していたとは考えにくい。『古事記』下巻・仁徳天皇の条には「聖帝《ひじり》ノ世《みヨ》」とあり、これはむろん、仁徳天皇その人を指している。同じく『古事記』上巻には「聖神《ひじりノかミ》」の例があり、「日本思想大系」の補注によれば、このヒジリは「日知り」の意で、暦の神とされる。また、『日本書紀』垂仁天皇二年の条には、「日本国《やまとのくに》に聖皇《ひじりのきみ》有《ま》す」とあって、このヒジリノキミは崇神天皇を指している。そして、『万葉集』巻一の柿本人麿の天皇を称える歌のなかに、「橿原の　日知《ひじり》の御代ゆ」と見える。この「日知」について、「日本古典文学大系」の頭注は「天つ日嗣を領《し》らす者。天皇」と解している。まさに、ここでの日知＝ヒジリは天皇・神武を指していたことになる。さらに、『続日本後記』などにも、「日知りの御子」といった例が見られる。すくなくとも、柿本人麿の歌からは、万葉の時代の天皇が、ときに日知＝ヒジリと称えられる存在であったことを否定するのはむずかしい。天皇もまた、古代のヒジリの一類であることを、柳田が知らなかったはずはない。

さて、「聖と云ふ部落」と題された章の終わりに、すでに触れた、あの聖の字があえて避けられた背景にある「外部からの圧迫」という謎かけが、あらためて呼び戻され、さりげなく読みほどかれている。

> 斯く考へて来ると、鉦打を被慈利と書き高野の聖を非事吏と書かしめた理由も稍わかる。即ちヒジリに当てた聖と云ふ文字があまりに結構な字である為に、勢力ある名僧たちに横取せられてしまひ、下品《げぼん》の念仏者は実は本家本元のヒジリであつたにも拘らず、却つて遠慮をして安物を用ゐねばならなかつたのである。……不自然な万葉仮名などを用ゐて区別しても、ヒジリは悉く皆昔の日知の退

歩したものである。

聖／被慈利／非事吏と書いて、ヒジリと読ませる。上層の宗教者が聖の文字を簒奪したために、下層のヒジリたちは被慈利や非事吏の字をかぶせられることになった。しかし、これら一群のヒジリたちはみな「昔の日知の退歩したもの」だ、と柳田は断言する。そうであるならば、聖帝＝ヒジリノミカドと称された天皇もまた、「昔の日知の退歩したもの」であったことを否定するのはむずかしい。しかし、柳田はそれをあくまで認めない、隠蔽への衝動に駆り立てられていたのである。

2　ヒジリとしての天皇

それにしても、「毛坊主考」一編ははからずも、ヒジリやその後裔である毛坊主の考察から、天皇にまつわる起源の風景へといたる知の道筋を拓《ひら》いていたのかもしれない。このパンドラの箱は、ほんの一瞬だけおずおずと開かれ、ただちに固く閉ざされ、封印を施された。ある既視感が寄せてくる。これはあきらかに、どこかで見かけた光景である。そう、それはやはり柳田の、フレイザーの『金枝篇』にかかわる態度の奇妙な屈折に似ている。いや、そうではない、これはむしろ、同じ場面を角度をたがえて眺めているにすぎないのではないか。

柳田は明治四十年代の末には、南方熊楠の教示によって、『金枝篇』を読んでいたことが確認されている。みずから、それを「陶酔するような気持ち」で読んだと回想しているが、戦後になってからの晩年の回想である。ともあれ、『金枝篇』を熟読していた柳田は、世界中のあらゆる民族の王たちが日知

＝ヒジリ的な存在であったことを知っていた。フレイザーは呪術師・呪医・雨司らの王への進化・発展を説いたが、その仮説を仲立ちとすれば、たやすく日本古代の原始宗教者たち、ツキヨミ（月読み）・ヒジリ（日知り）・モノシリ（霊知り）らの姿が浮かびあがる。「毛坊主考」に登場してくるヒジリの背後には、たしかに『金枝篇』の影が射しているのである。

ところが、こんなエピソードが知られている。一九二四（大正十三）年、岡正雄が『金枝篇』のエッセンスをなす講演筆記『王制の呪的起源』の翻訳に序文をもらおうと、柳田のもとを訪ねている。そのとき、柳田ははっきりそれを拒絶し、その翻訳の出版を望まない意向を示した。その後、「君が出すならあらゆる方法をもって妨害する」とまで言い渡された、ともいう。岡は後年の回想のなかで、柳田は『金枝篇』の日本版が出ることで、未開社会の王と天皇とが安易に類比されることを心配し、それに配慮したのではないか、と述べている。思えば、柳田のそうした慎重な態度は一貫していた。こんなこともあった。大正期にスイスのジュネーヴに滞在していたとき、柳田はイギリスに旅行し、フレイザーを訪問している。それにもかかわらず、それについて多くを語ることは望まず、ほぼ完璧に近い沈黙をつらぬいた。何があったのかはわからない。不快な出会いであったとも推測されている。これらのエピソードはいったい、何を物語っているのか。

いずれであれ、柳田はまちがいなく、『金枝篇』の核心を摑んでいたのである。それは、王という存在の奥深くに秘め隠されてあるものを、暴力的に白日の下にさらした。だからこそ、柳田はそれを劇薬ないし毒物として扱い、安易なかたちで世間に流出することを容認しなかったのではないか。『金枝篇』の影に包まれながら、「毛坊主考」はヒジリの根源に迫るなかで、ほんのつかの間、天皇という存在が王ゆえに帯びる秘密の貌に接触してしまった。天皇をめぐる起源の風景が開かれ、また、あわてて閉ざされたのである。

それにしても、柳田の危惧はけっして現実離れしたものではなかった。岡正雄自身が、『王制の呪的起源』に刺戟されて、ある講演のなかで天皇の権威について言及したところが、刑事の訪問を受けるようになった、という。あるいは、昭和初期の講義録である『日本文学史　二』のなかで、折口信夫がこう述べている、「マジック・キングに関しては、フレーザーの本がある。日本では禁書であるが、かえって読ましたほうが、天子にたいする高い情愛が生まれてきて、よいと思う。日本ではマジック・キングの色彩が濃い。天子もその資格をもたれた方のお一人で、宗教上の権力をもって世の中を治めておられる」と。禁書に近い扱いが見られたのかもしれない。ここでの折口は、はっきりと天皇に関して、宗教的な権力をもって統治するマジック・キングという理解を示している。天皇が日知＝ヒジリの一類であることを、自明の前提と見なしていたといってもいい。

このヒジリとしての天皇の姿を掘り起こすことは、たしかに至難の業《わざ》ではあった。しかし、手がかりが皆無というわけではない。たとえば、『日本書紀』の皇極元年の条には、以下のような、雨乞いにまつわる興味深い光景が絵巻物のようにくり広げられている。ストーリーの展開をわかりやすくするために、現代語訳にして引用する。

① 七月二十五日に、群臣が語らい合って、村々の祝部《はふりべ》の教えのままに、牛馬を殺して諸社の神に祈ったり、市を別の場所に移したり、また河の神に祈ったりしたが、まったく雨乞いの効果はなか

った、という。

② 蘇我大臣が、寺々で大乗経典を転読するべきだ、過ちを悔い改めること、仏の説くところにしたがって、うやうやしく雨乞いをしよう、という。二十七日に、百済大寺の南の広場で、仏菩薩の像と四天王の像とを安置し、多くの僧を招いて、大雲経などを読ませた。ときに、蘇我大臣は手に香炉を取り、香を焚いて発願をおこなった。二十八日、小雨が降った。二十九日は雨乞いができず、読経をやめた。

③ 八月一日、天皇が南淵(明日香村)の川上においでになり、跪いて四方を拝し、天を仰いで祈られた。すると、雷鳴がして大雨が降った。ついに雨は五日間降りつづいて、あまねく天下《あめのした》を潤した。ここに、天下の百姓はみな喜んで、このうえもない徳をお持ちの天皇だ、といった。

古代七世紀なかばにおける雨乞いの光景が、三段階にわたって語られている。第一段階は、村々に暮らすハフリ部と呼ばれる宗教者たちが主人公である。牛馬を殺して諸社の神に祈る、市をよそに移して祭りをおこなう、河の神に祈る、などの雨乞いの方法が選ばれている。効果はなかった。第二段階になると、時の権力者である蘇我大臣と僧侶たちが登場してくる。大寺の広場に仏像を安置し、経典を読み、香を焚いて祈願をおこなったが、わずかな雨が降っただけに終わる。第三段階には、主役として皇極天皇が姿を現わす。この天皇は川のほとりに跪き、四方を拝し、天を仰いで祈る。すると、雷鳴がとどろき大雨となる。そこで、喜んだ百姓たちが天皇の徳を称えるのである。

雨乞いの主体が、村々のハフリ部／仏教の僧／天皇と移り変わってゆく。あきらかに、かれらは「日を知る人」＝ヒジリとしての呪的な力を試されているのである。村のシャーマンたちは、どうやら大陸から渡来したらしい雨乞いの技を駆使しているし、仏僧たちはやはり大陸からやって来た新しい宗教である仏教の力に依拠して、降雨を呼ぼうとしている。それにたいして、天皇の場合には、川のほとりに跪き、四方を拝し、天に祈るといった、むしろ、もっとも素朴かつ伝統的な雨乞いの技法を選んでいるように思われる。この斎戒沐浴して、天の神に祈りを捧げる天皇の姿のうえには、はるか遠い時代の日知＝ヒジリの面影が透けて見えるのではないか。いわば、ここには、「毛坊主考」の柳田が躍起になって隠蔽しようと試みた、あのヒジリとしての天皇が露出していた、といっていい。

たしかに、そうしたヒジリとしての天皇がじかに露出する場面は、ごく限られたものにすぎない。むしろ、大王《おおきみ》から天皇《すめらみこと》へと展開してゆくプロセスのなかで、そのヒジリ的な役割は天皇自身からは切り離され、職掌として分化させられたと想像される。皇極元年紀に見える「村々の祝部」は、まさに「日を知る人」であり、村々に暮らすヒジリ的なシャーマンであったはずだが、かれらがすでに、大陸伝来の知識や技を駆使しているらしいことは興味深く思われる。これら村々のヒジリとは別に、天皇に仕えるヒマツリの祭祀集団が組織されていることに注目してみたい。

「毛坊主考」の柳田が、日知＝ヒジリとは系譜を異にするが、「時間の日を祝する任務」をもった公の機関として触れていた、武蔵の旧族の日奉氏、敏達六年紀の日祀部、延喜式の神名帳に見える陸奥行方郡の日祭神社などが、ここにあらためて浮上してくる。日奉・日祀・日祭、いずれもヒマツリと読ませる。いったい、いかなる役割をになった集団であり、神社であったのか。

たとえば、折口信夫が「古代人の思考の基礎」のなかで、日奉部について、以下のように論じている。

日奉――ほんとうは、日を祀るの義である――部といふものが、代々の天皇の仰せを蒙つて、諸国に散遣してゐた。其が奈良朝になつては、部曲の名のみが残つてゐるばかりであるが、我々の計り知れない昔から、日奉部が、舎人部から出て、天皇に仕へ、地方に帰つて、宮廷から伝つた神秘な力、天体の運行を計る信仰を以て、地方を治めて行つた。すると其国が、天皇の国になる。

いかにも折口らしい、裏が取りにくい叙述である。それにもかかわらず、折口のまなざしはやはり、たいへん鋭利に根幹に突き刺さっていると感じられる。日奉とは、日を祀ることを本義とする、そう、折口はまず断言してみせる。「神秘な力、天体の運行を計る信仰」という表現を、そこに重ねてやることが必要だ。日を祀ることは、その神秘な力によって天体の運行を測り、そこに関与してゆく呪術的な行為を指していたのである。そうした日を祀る技法をたずさえた、日奉部と呼ばれる集団がはるかな昔から存在していたが、かれらは代々の天皇の命を受けて、諸国に派遣され、散っていった。そして、この日を祀る人々は、天皇から賦与された神秘な力をもって、地方を治め、天皇の支配領域を広げていった、と折口はいう。村々に暮らす日知＝ヒジリとはまた異質な、もうひとつのヒジリの系譜が、そこに見え隠れしているのではないか。

＊　　＊

この日奉部に関しては、岡田精司の『古代王権の祭祀と神話』に収められた、「日奉部と神祇官先行官司」という論考によって歴史学的な基準線が引かれている。いまなお、たいへん刺戟的な論考である。

岡田のモチーフからは微妙に逸れるが、この論考は折口の所論をまったく別の角度から照射し、補強すらしている、そんな趣きがある。と同時に、そこには古代の日知＝ヒジリたちの群像のいくつかが、くっきりと姿を見せている。

ここでは、わたしの関心に引き寄せるかたちで、岡田の論考を古代ヒジリ論として読み換えてみたいと思う。

たとえば、伊勢神宮の内宮には、「日祈内人《ひのみのうちんど》」と呼ばれる下級神官がいて、毎年七月から八月にかけて、「朝夕風旱災為止停祈申」（『皇太神宮儀式帳』月記七月例）という神事をおこなっていた。日祈《ひのみ》とは太陽神、それゆえ天照大神への祈願を意味していた、とされる。この神官の役割はだから、稲が開花から成熟する時期に、長期の物忌みをおこない、風・雨・日照などの天候が順調に恵まれて五穀が豊かに稔るように、太陽神に祈願することであった、と岡田は推測している。まさに、これは日を知り、日を祀ることを職掌としていた古代のヒジリの姿そのものであった。そして、日奉部もまた、この日祈内人のように、農耕儀礼として太陽神への祈願に関わりをもったのではないか、という解釈が示されている。

このすぐあとに、岡田が唐突にフレイザーの名前をあげているのは、むろん偶然ではありえない。わが国でも、県主《あがたぬし》が小国家の首長であるとともに、司祭的な権能を有していたことがあきらかにされてきた。こうした族長による農耕儀礼を基調とした宗教的行為は、『魏志夫余伝』にいう「水旱調ハズ、五穀熟セザルトキハ、スナハチ咎ヲ王ニ帰ス」というものと相似ていたのではないか。『金枝篇』をつらぬく王殺しのテーマである。岡田はさらに続けて、それが「大化前代の天皇の神権政治の場合にもあてはまることはいうまでもない」という。そして、天皇の司祭的君主としての側面をうかがわせる事例としては、『日本書紀』に見える、神功皇后が雷を起こし岩を裂いて用水を開いた話や、皇極天皇の雨乞いの話があげられている。むろん、後者はすでに触れてきた皇極元年紀の記事を指している。

さて、まさにヒジリとしての天皇がおこなった、古代の日祀りの儀礼とは何か。わずかな史料を元にして、岡田が復原してみせたものに眼を凝らすことにする。

> 宮廷内で天皇がみずから執行する太陽神——天皇の氏神として——の祭祀が〈日祀（ヒノマツリ）〉で、これは年頭の四方拝（その前身）をはじめとして、二月の祈年祭から十一月の新嘗祭に至る農耕儀礼的な神事を主体としていたと思われる。神宮への奉幣も当然ふくまれるこの神事は、天皇の宗教的権威の源泉としての重要な行事であったにちがいない。のちの宮中の神嘉殿や賢所の祭祀は、その伝統をひくものであろう。……
> 右のように天皇の身辺でヒノマツリが行われていたとすると、この神事に関与する官司や官人の存在が想定できないであろうか。

史料的な制約のために、記述には当然のように具象性が欠ける。しかし、それを物足りないと感じるべきではない。むしろ、限られた史料から、ヒジリとしての天皇の姿がここまで浮き彫りにされたことに、関心をそそられる。まず第一に、日祀＝ヒノマツリとは、天皇がみずから執行する、天皇家の氏神としての太陽神にかかわる祭祀である。第二に、それは正月の四方拝、二月の祈年祭から、十一月の新嘗祭にいたるまでの、農耕儀礼的な神事を主体としていた。第三に、これは天皇の宗教的な権威の源泉としての重要な行事であった、とされる。

ここでの岡田はどうやら、ヒノマツリを天皇がおこなう、どれか特定の儀礼を指すものとは考えていない。天皇の祭祀のなかの、農耕儀礼的な神事を総称して、あるいは、そこに通底する原風景のようなものとして、日祀＝ヒノマツリを位置づけようとしている。だから、それは天皇家の氏神である太陽神にかかわり、天皇の宗教的権威の源泉ともなる重要な行事と見なされたのである。この太陽神と古代王権との関わりについては、岡田の『古代王権の祭祀と神話』の別の章で論じられている。ここではただ、古代の天皇が氏神である太陽神を対象とした農耕儀礼、ヒノマツリの執行者であり、それゆえに、日知＝ヒジリとしての役割を背負う存在であったことを、とりあえず確認しておけば足りる。

そして、先の引用の末尾からは、このヒノマツリの神事に関与する官司や官人の存在が静かに浮かびあがる。そこに、あらためて、日奉部をめぐる問題が呼び戻されてくる。この日奉部の分布図からは、それが大和を中心として、東は上総・陸奥、北は越前、南は土佐、西は豊前・筑後・肥後に、いわば、ほぼ「国土の四方に置かれている」ことがあきらかに窺える、と岡田は指摘する。それらの地方は、当時の中央貴族の抱いていた国家イメージの辺境か、そのすぐ内側に当たっている、という。

こうした四方の辺境に設けられた日奉部の特異な分布は、いったい何を示唆しているのか。岡田は次のように推論を巡らしてゆく。すなわち、皇極元年紀に描かれた、天皇を祭主とした「固有信仰による祈雨儀礼」のなかでは、四方を拝することが行事の中心になっていた。また、天武五年紀の記事でも、使いを四方に遣わし、奉幣して神々に祈願がおこなわれた。つまり、そこでも祈雨と四方拝とが結びついているのである。これらの雨乞いの記事は、干ばつに際しての農事に関する天候祈願であるから、ヒノマツリの臨時に執行されたものと見られる。岡田はいう、太陽神に晴雨などの天候を祈るときに四方を拝むのは、太陽の運行と関わりがあるのではないか、そして、日奉部が国土の四方の果てに設けられた背景にも、このような思想が隠されてあったのではないか、と。

このような信仰的背景のもとに、〝四方《よも》〟の果からもたらされる貢物によってヒノマツリの神事が行われるところに、この特殊な配置の呪術的な目的があったのではないだろうか。即ち天皇の宗教的権威の源泉である〝日の神の祭祀〟の費用を、国土の四辺に置いた日奉部に課することによって、日奉部設定地に象徴される国土の隅々までも天皇の奉ずる太陽神の神威の下に臣服せしめるという、呪術的効果が期待されたのであろう。それは同時に、辺境の豪族に対しての政治的示威の意味も大きかったと考えられる。

ここで、折口信夫が「古代人の思考の基礎」のなかで語っていた、日奉部の姿を想起してみるのもいい。折口はいう、――はるかな昔から、日を祀る技法をたずさえた日奉部という集団がいた、かれらは天皇の命によって諸国に派遣され、天皇から賦与された神秘な日祀りの力をもって地方を治め、天皇の支配領域を広げていった、と。岡田の日奉部論によって逆照射されることで、こうした折口の裏の取りにくい仮説が生き生きと起ちあがってくる気がする。岡田によれば、国土の四辺に置かれた日奉部にたいして、天皇の宗教的な権威の源泉をなす「日の神の祭祀」＝ヒノマツリの費用を課すことによって、国土の隅々にいたるまで、天皇家の氏神である太陽神の神威の下にまつろわせる呪術的効果が期待された、という。これら折口／岡田の所論が表裏をなして、古代はるかな天皇のヒノマツリと日奉部にまつわる原風景が、鮮やかに結ばれてゆくのではないか。

3　ヒジリ零落のはてに

それにしても、柳田の「毛坊主考」一編は、かぎりない暗示に満たされた論考である。そこには、ヒジリと呼ばれた人々のじつに多様な姿が書き留められてあった。ヒジリの後裔である毛坊主を起点として、柳田は「ヒジリと云ふ階級」の全体像の掘り起こしへと赴いた。たとえば、そこに登場してくる人々を並べてみればいい。鉦打《かねうち》、鉢叩《はちたたき》、茶筅《ちゃせん》、オンボウ、夙の者、坂の者、谷の者、野の者、山の者、河原の者、産所、サンカ、非人、餌取、院内、寺中、願人坊主、勧進……、その、だれもがすくなからず差別をこうむることのあった人々である。眼が眩む思いがする。柳田のまなざしはしかも、たいへんに関心をそそられることだが、それらの人々を「賤民」や「被差別部落」として括ることをやわらかく拒んでいる。いわば、差別というものを自明の前提として抱え込んでいない、ということだ。ヒジリや毛坊主といった知のフィルターに濾過されることで、それらの人々はまるで異質な相貌を見せはじめる。ここにはやはり、差別の構造を無化するための方法的な試みが沈められてあった。それを可能性の種子として掘りあてるのは、柳田以後を生きる者たちに託された仕事である。

ヒジリはみな、例外なしに昔の日知が退歩したものである、という柳田の言葉をあらためて想い起こしてみるのもいい。柳田自身の施した封印をほどいてやれば、もはや、その言葉がひそかに孕む根源的な暴力性を隠蔽しておくことはむずかしい。王とはだれか、天皇とはだれか、あるいは、遊行の聖や毛坊主とはだれか、河原者や非人とはだれか。たとえば、いまゆるやかに、天皇／被差別民という社会的な身分構造の両極をなす、それゆえに、聖なるもの／賤なるもの＝穢れたものをそれぞれに具象化する存在が、ヒジリという名を冠された、一枚の起源《はじまり》の風景のなかに溶かし込まれてゆく。そのとき、この弧状なす列島の歴史像をめぐって、見えにくい、しかし、大きな地殻変動が惹き起こされるにちがいない。

柳田は「毛坊主考」の結びの章に、こんな言い訳めいた言葉を書き残している。

遊芸歌舞の方面に於て最も早く其地位を改良した所謂歌舞伎の輩の如きも、其起源を江戸初期の念《ねん》仏躍《ぶつをどり》に有して居る。昨年の末に市村座で音羽屋第六世が扮した出雲のお国を見たが、神主の娘と称しながら尚胸に叩き鉦を懸け手に手木《しゆもく》を持つて居た。併し此等各派の人に向つて、諸君の家はもと毛坊主だ、本願寺など丶同類だと教へたら、よほど喫驚することであらう。真実は必ずしも悉く公表すべきもので無いのかも知らぬ。公表する位なら其説明が十分親切で無ければならぬ。気の弱い自分が兎角に左顧右眄して言葉を濁したのは恥かしい事である。

柳田の文章にしては珍しい、どこか懺悔の匂いすら漂わせた箇所である。真実はみな、かならずしも公表すべきものではないのかもしれない、気の弱さゆえに、自分が言葉を濁したのは恥ずかしいことだ、そう、柳田は書いている。おそらく、ここにも言葉を濁し、秘め隠されていたことがあった。「諸君の家はもと毛坊主だ、本願寺など丶同類だ」と宣告されねばならなかったのは、むろん、遊芸歌舞の徒ばかりではない。毛坊主から聖へ、さらに古さびた日知へと、ヒジリの零落史が逆向きに辿られるとき、王や天皇といった存在もまた、「諸君の家はもと毛坊主だ」という呟くような宣告の声を無視することができなくなる。柳田は聖帝＝ヒジリノミカドのかたわらに、「毛坊主如き者の元祖と共通の名と云ふのは畏多い」と書いた。むろん、すべてを承知していたのである。そして、ひとたび開けてしまったパンドラの箱を前にして、たじろぎ、途方に暮れ、右往左往しながら、しばし言葉を濁したのである。それを痛切に自覚してもいた。しかし、そうした柳田の弱さを非難する気にはなれない。時代のもたらす制約に抗いながら、柳田はかぎりなく涯《はて》まで歩き抜いた、そう、わたしはある深い敬意とともに思う。

ヒジリの系譜語りは錯綜をきわめる。ひとつではない、いくつものヒジリの系譜が、この列島の民族史的景観の底に沈められている。はるか邪馬台国の時代に、小さなクニを支配していた王たちから、より大きな国家を統《す》べる大王や天皇へと連なる、日知＝ヒジリたちの系譜があった。日の神の祭祀を執りおこなう天皇のかたわらには、日奉部という名の日を祀るヒジリたちがいて、国土のはるか辺境の地の征服《ことむけ》のために遣わされた。村々にはまた、ハフリ部と呼ばれるヒジリたちがいた。そうして、これらの古代的な日知＝ヒジリの系譜が視界から没してゆく頃には、鉦や太鼓を鳴らし念仏を唱えてあるく、中世的といってもいい、あらたな聖＝ヒジリの群れが姿を現わしてきた。それはさらに、零落の歴史を辿って、毛坊主という、どこか近世的なヒジリの最終形態へと転がり落ちていった。ヒジリはみな、例外なしに昔の日知が退歩したものである、という柳田の言葉のさりげない暴力性に、わたしはあらためて震撼させられている。

五来重とともに、柳田の「毛坊主考」の継承者となった堀一郎は、その大著『我が国民間信仰史の研究』のなかで、ヒジリの発生と分化、その諸相をじつに丹念に腑分けし、また包括的に描き切っている。それはあたかも、ヒジリをめぐる百科全書のような趣きすら感じさせる。ここでは、その具体的な検証をしている余裕はない。ただ、ヒジリの発生と変遷に触れた章の結びの部分に、わずかに触れることしかできない。やはり段落を分け、番号を振ったうえで引用する。

① 漂泊性ある特殊職能民及び呪術的、宗教的遊行者の近世的土着は、その職能の故に、多くは村はづれとか、郊外不毛の地に入村を許されたらしい痕跡と、その呪術的、宗教的機能の故に、特に選んで村境に居住地を宛てがはれた場合らしい痕跡とが濃厚に残り、これが又後には次第に聚落をなして、所謂る特殊部落成立の素因をもなしたものの如くである。我国の特殊部落は、従来一般に考へられてゐる如き陵戸守戸の残裔でもなければ、近世帰化族の子孫でもなく、いはんや農奴的賤民の末孫でもない。その呪術的技術的未分化過程に於ける彼等の職能的機能の故に、常民の畏れ憚かつた特殊の新土着者の子孫であつたに過ぎぬ場合も甚だ多いらしく思はれるのである。……就中その名目の種々なる変化の中から、我々は嘗てこの国の民間信仰の主要なる担ひ手であつた人々の、これが土着し、宗教的呪術的機能を喪失しつつ世俗的機能を分化せしめ行かんとする過程に於ける一つの段階であつた点を看取することが出来る。……

② 人の運命を左右し、生命の糧たる田畑の稔りに干与する神霊聖霊と交り、人の忌み憚かり畏れる死者霊魂の管理人とその屍体処理者たちは、必然的に常民以上の異人であり、従つて畏れ憚られねばならぬ性質の人なのである。この感覚は彼等を特殊視し、その「あやし」とする古代人の感覚

> の時代と共に衰退し麻痺するにつれて、また彼等自身の機能の衰退につれて、次第に第三者から「いやし」とせられて来る。そしてかくも多数雑多なる特殊民の土着現象と、それに対する常民の感覚及び伝承は、自分の所謂る古代信仰に於ける遊行形態の将来した近世的なる現象の一つなのである。
>
> ③特殊技術民即ち職人もまた定住農耕民にとつては、一種の「あやしき」技人であり、一種の「まれびと」であつたに相違ない。職人を卑しとし、穢多、長吏、隠坊、鉦打、山伏、さらに、陰陽師、唱門師、虚無僧、道心、ひじり、河原者、鉢扣、口寄巫女、神子、行者、番太、藤内、非人、舞々、あるき、院内、さんじよ、勧進、六部、巡礼、掃除、座頭、瞽女、生団子、夙(宿)、鉢屋、三吉、いづな使ひ、茶筅、その他雑芸雑戸の徒を賤者と視る態度も、近世に於ける農民の特殊な感覚だつたのではなからうか。しかも農民は彼等を卑賤視し、差別し圧迫しつつも、彼等の来訪を心待ちし、その予祝や祓除に期待し、忌の処理を彼等に委ねて来たのである。

堀一郎はまさに、「毛坊主考」を含めた、柳田の漂泊民論の正統的な継承者そのものであった。漂泊／定住のダイナミズムのなかで、差別の発生とその展開のプロセスを明るみに出そうと試みた柳田を承けて、ここでの堀はさらに、その混沌の深みに降り立とうとしている。それはいわば、ヒジリの零落史の最終章であった、といえるだろうか。

漂泊性を帯びた、特殊職能民や呪術的・宗教的な遊行者たちは、近世になると、多くは村はずれの地に土着してゆく。それがのちには、被差別部落の成立へと繋がっていった。かれらは常民からは畏怖され忌避されながら、しだいに呪術的・宗教的な機能を失い、世俗的な機能を分化させてゆく(→①)。堀はさらに具体的に、それらの人々の姿を描き出す。すなわち、かれらは常民の運命を左右し、生命の糧である田畑の稔りに関与する神霊や精霊と交わり、常民たちが忌み畏れる死者・霊魂の管理人にして、屍体処理者たちでもあった。かれらは避けがたく、常民を超えた異人であり、畏怖の対象と見なされた。古代的な「あやし」の感覚が衰退するにつれて、常民たちのなかには「いやし」の感覚が生まれてくる(→②)。特殊な技術の民である職人なども、一種の「あやしき」技人であり、「まれびと」として迎えられた。職人を卑しいと見なし、穢多・長吏・隠坊……など、まったく多種多様なる雑芸・雑業にたずさわる人々を賤しき者と見なす態度もまた、近世における定住的な農民の特殊な感覚だったのではないか、という。末尾にいたって、堀は最終章のヒジリたちのうしろ姿を、常民の側からみごとに浮き彫りにしてみせる。すなわち、農民はかれらを卑賤視し、差別し、圧迫しながら、同時にかれらの来訪を心待ちにし、その予祝や祓除に期待し、忌みの処理をかれらに委ねてきたのである、と(→③)。

堀のまなざしはとても深い核心部分にまで届いている、と思う。それにしても、堀一郎の『我が国民間信仰史の研究』を起点として開かれてゆく史の地平は、遠く、はるかなものがある。本格的な検証については、機会をあらためねばならない。

わたしはいま、とても新鮮な気分で「毛坊主考」の豊かさを噛みしめている。そこには、いまだ掘り尽くされていない可能性の鉱脈がいく筋か、たしかに埋もれている。たとえば、「結論」の章に見える、こんな言葉の群れはどうだろうか。すなわち、「他の派の毛坊主が頻りに先祖の尊いことを喋々し、殊には神社に従属する普通の旧家と共通に、高貴の婦人を以て其第一世と主張したがる風のあるのは、或は亦ずつと大昔の巫覡生活の因習が無意識に残留して居るものとも考へ得る」と。職人由緒書のなかの、皇子や皇女に祖神をもとめる貴種流離譚への示唆が、そこには隠されているはずだ。あるいは、「今の毛坊主は大昔のヒジリの子孫だとは限らない。団体としての系統は辿ることが出来るが、是から推して血の系統を説くことは勿論不能である」と。柳田がついに、足を踏み入れることができなかった「血の系統」、つまり差別をめぐる血筋・家筋の問題が、ここから開かれてゆくのかもしれない。

さて、試論の域をほとんど半歩も出ることはなかった。それでも、ヒジリの精神史が孕む可能性の一端程度には、なんとか触れることができたのではないか、と思う。わたしはいま、あらためて『異人論序説』の遅れてきた第二楽章のはじまりの場所に到り着いたのかもしれない、そんな奇妙な感慨も寄せてくる。さらに、ヒジリの精神史の深みへと降りてゆきたい。そこに、あのネミの森の神秘(『金枝篇』)を解く鍵が、ひっそりと眠っているにちがいない。

Ⅱ　流離する王の物語

1　流され王から貴種流離譚へ

王は世界を巡りあるく。王やその一族の巡行それ自体は、とりたてて珍しいものではない。さまざまな巡行の形式があり、その動機や目的もまた多様なものでありうる。たとえば、西アフリカのモシ族の王の即位に関して、ドミニク・ザーアンの「モシ族の世界像と土地の主」(大林太良編『神話・社会・世界観』所収)には、以下のように見える。すなわち、――即位にさいして、新しい首長は地平線上に日輪が現われるまでは、行列を出発させない、かれが馬に乗り、王国と世界という重荷の象徴である重い供物台を両肩にかついで巡回するとき、それは太陽の運行そのものの象徴と見なされるからだ、太陽の到来と首長の即位とは、モシ族の思考のなかでは同一の観念のあらわれなのである、と。それぞれの王権が抱えこんだ神話やシンボリズムにしたがって、王の巡行には固有の意味付けが施される。これはいわば、その、わかりやすい一例にすぎない。

王とその一族の者らは、王権の正統性を再認するために、ときに神話的な源郷とされる地へと巡行の旅に出る。王権の宗教的な霊威をくりかえし活性化するために、ときに聖地や霊場を巡礼してあるく。また、ときには王国の呪的な中心である首都の内部を、即位儀礼の一環として巡行することで、王国そのものの正統的な支配者への転成を果たす。あるいは、ときには王国の全域を巡行し、民衆のまなざしの前に身をさらす儀礼的な所作を演じることによって、王としてのアイデンティティを強固なものとする。いずれであれ、それはそれぞれの王権が戦略的に選び取っている、王権の再生産と更新のシステムの一部をなしている。

天皇という名の王をいただく国家もまた、例外ではない。記紀や『風土記』などに見いだされる、神々や王たちの巡行伝承をとりあえず思い浮かべてみればいい。古代の王・大王・天皇はあきらかに、巡行する王としての貌をもっていたのである。ことに『風土記』などには、王たちが土地の占有・支配にまつわる儀礼を、その征服のための戦いの途上におこなう姿がくりかえし描かれている。古代末期から中世にかけて、熊野詣でを幾度となく重ねた法皇・上皇らのうえにも、巡行する王の面影は濃密に射しているはずだ。あるいは、明治以降の、いわゆる天皇巡幸もまた、近代という枠組みのなかでの巡行する王の大がかりな演出であった。それぞれの儀礼的な巡行を支えていた神話やシンボリズムは、当然とはいえ、異なっているが、天皇や法皇がそのとき巡行する王であったことを否定するのはむずかしい。

じつは、ここで取りあげてみたい王の巡行は、いくらか様相を異にしている。即位儀礼の一環としてでもなく、聖地巡礼でもなく、民衆向けの巡幸イベントでもない。巡行する王であるよりは、流離する王である。時を定めず、ゆくえも知れず、都を遠く離れて辺境の地をさすらう天皇や皇子・皇女をめぐって、一群の神話・伝説・昔話などが語り継がれてきた。それを、柳田国男は「流され王の物語」と名づけ、折口信夫は「貴種流離譚」と呼んだ。ここでは、これらの流離する王の物語に眼を凝らしてみたい、と思う。

柳田の「流され王」という論考は、一九二〇(大正九)年に発表され、のちに『一目小僧その他』に収められた。どこか孤立を深く刻まれた論考である。たいへん刺戟的なテーマでありながら、これ以降ほとんど言及がなく、流され王という柳田語彙そのものが棄て置かれ、膨大なテクストの海深くに没してしまった感がある。『一目小僧その他』の「自序」には、「流され王」に触れて、以下のような奇妙な言挙げがなされている。柳田はいう、「流され王」はいろいろと都合があって、自分の胸に浮かんだだけの内容に留まり、事実のすべてを叙説することは許されなかった、その後、次々に珍しい事例が増えてはきたが、しかも「今日は率直にその委曲をつくすことが、一段と困難な世柄になつて居る」と。解釈はいかにもむずかしい。『一目小僧その他』の刊行が一九三四(昭和九)年であることを考慮すれば、ここに見える「困難な世柄」とは、戦時体制が強まりつつあるなかで、思想・学問・言論の自由が狭められ奪われてゆく状況をこそ指しているのかもしれない。あきらかには語られていない。いずれであれ、流され王というテーマが発表の当時から、柳田自身によって、事実のすべてを叙説することが許されないものであると認識されていたことを、とりあえず確認しておきたい。

それにたいして、折口はその二年前、一九一八(大正七)年に、貴種流離譚とよく似た「貴人流離譚」(ただし、これは全集版では「貴種流離譚」に置き換えられている)という言葉を、「愛護若」のなかではじめて使用している。貴種流離譚の初出は、一九二四(大正十三)年に発表された「国文学の発生(第二稿)」に見られ、ここから本格的な展開が始まっている。柳田の「流され王」には、「貴人流寓の口碑」なる用例も見えるから、柳田/折口のあいだに、何らかの影響関係があったことも想像されるが、いまは措く。

まず、柳田の流され王について。

論考の前半では、武蔵国高麗本郷の白髭明神を起点として、異国から渡来した王を祭神と伝える縁起伝承がいくつか拾われている。そして、この異国神の渡来説は歴史とは認めがたい、と退けられる。それはたんに、霊威のもっとも旺盛な神が突如として現われる場合、これを遠い国から移ってきたものと考える傾向が、大昔からわれわれのなかにあった、ということを示すにすぎない、そう、柳田は述べている。このあと、論考はにわかに方位を転じて、諸国に広く分布している「貴人流寓の口碑」の掘り起こしへと向かう。その展開はいくらか唐突であり、意図的なボカシの匂いがする。ともあれ、柳田はここで、「吾妻昔物語」という近世初期の南部領の旧伝集から、次のような一編の「流され王の物語」を紹介している。表現をわかりやすく改めて引く。

①　長慶院の流離譚

昔いつの頃か、流され王という方が、稗貫郡鳥谷ヶ崎の瑞興寺にお入りになり、仏壇の上に登って本尊と並ばれた。「朕はもと四海の主なり、凡夫と居を同じうすべからざるゆえに、ここに坐す」と仰せられた。寺の住持がこれを制止すると、まったく言葉を発することなく、この寺を出て、寺林村の光林寺へお向かいになった。北野の君ヶ沢というあたりで、南の方をお指しになると、その瑞興寺は見る間に焼けた。寺林から不来方《こじかた》の福士の館に入られて、「津軽一見の望みあり、急ぎ送り申せ」と仰せられたのを、福士は物むつかしく思ったか、道を違えて比爪《ひつめ》の方へお送りした。道祖神のかたわらに大槻木があるのを御覧になって、「これは朕が不来方の道である、福士は朕をたぶらかしてあらぬ方へ送る、かならず末よかるまじ」と仰せられた。はたして子孫にいたって、福士の家は衰亡した。この流され王は吉野の帝、長慶院のことであろう。

この、まるで祟り神と化したかのような長慶院の流離譚からは、「大君の御徳が、東北辺土の人々の仰ぎ慕ふ所となつたのも相応に古くからであつた」ことが知られる、という。そして、中世以降の天皇のなかで、ゆくえも定かならぬ旅に出たのは長慶院のみであったことが、この伝承の紛糾を解きほぐす鍵となるのではないか、と柳田は述べている。関心をそそられる指摘である。東北の民衆のなかには、いつの時代に、いかなるかたちで天皇をめぐる信仰やイメージが浸透していったのか。おそらく、この長慶院の流離譚なども、たいせつな手がかりを提供してくれるにちがいない。

これに続く論考の後半では、数多くの「流され王の物語」が拾い上げられてゆく。試みにいま、天皇や皇子らの名前を並べてみる。孝徳天皇の子・表米親王(但馬)、聖徳太子の弟・金麿親王(丹後)、高宮以仁王(会津・越後の山村)、孝謙天皇(甲州南巨摩郡奈良田付近)、文武天皇(一、三の地)、弘文天皇、大友皇子(上総君津郡の俵田、その付近一帯)、大友与多王(近江湖南)、大友皇子(名古屋市撞木町)、大友皇子十世の孫・王子吉良喜命とその妃(伊予喜多郡粟津森神社)、天智天皇、大友王子(大隅・薩摩)、天智天皇(筑後川右岸の朝倉、土佐の朝倉)、用明天皇(摂州玉造の森之宮)、用明天皇の后宮(磐城刈田郡の白鳥大明神)、継体天皇第五の王子(陸中鹿角郡小豆沢の五宮権現)、聖徳太子の弟・椀子親王(丹後)、欽明天皇の第一皇子(大隅牛根郷の居世神社)、忍熊王子(大隅佐多郷の十三所大明神、越前丹生郡)など。

しかし、これらの「流され王の物語」は、歴史学者の側から受けるべき待遇を受けてこなかった、そう、柳田は批判する。それでは、伝説や物語のたぐいは、いかにして史料として扱いうるのか。柳田の答えは興味深いものであった。すなわち、「何が故に儼乎たる正史の文面にも背いて、天皇潜幸のおほけ無き物語を伝へたかを尋ねると、やはり亦誤謬にも一定の径路のあつたことを知る」という。誤謬にこそ鍵がある、その背景をあきらかにすることから、「天皇潜幸のおほけ無き物語」の謎は読み解かれてゆくにちがいない。たとえば、用明天皇が祀られる理由はいたって簡明であり、それは神の第一の王子を太子と呼ぶ慣習が以前にあったために、父の神を日本でもっとも有名な聖徳太子の父帝と解したものだ、とされる。さらに、以下のように説かれている。

> 而も熊野には限らず越前では気比白山、東国では香取鹿島、さては西州の阿蘇も宇佐も、王子即ち苗裔神を以て遠国を経略せられた神々は、指を屈するも猶足らず、三輪と賀茂とは申す迄も無く、播磨の荒田里、常陸の哺時《くれ》臥山《ふしやま》の如き、或は又美濃の伊那波神、上総の玉前《たまさき》神等、神が御子を産ませられて神徳を永く伝へたまふと云ふ話は殆ど日本国教の第一の特色と謂つてもよい。それが我民心に浸染したことは、後世の仏徒も之を無視することが出来ず、如何に謙遜なる念仏聖の宗旨でも、御一方くらゐは無名の皇族を我本山にかくまひ申さぬは無く、思ひ掛けぬ田舎の寺にも毎に流され王の物語は醸成せられつゝあつたのである。

ここでの柳田はたぶん、「天皇潜幸のおほけ無き物語」や「流され王の物語」の根底に横たわる、謎のひとつだけは、その一端だけは解明していたのではなかったか。神々はみずからの御子神をもって遠国を経略し、神徳を永く伝えようとする、という信仰が広く分布していたのである。熊野をはじめとして、白山・香取・鹿島・阿蘇・宇佐から、三輪・賀茂にいたるまで、それは「日本国教の第一の特色」をなす。その父神―子神のアナロジーにもとづく連想のゆえに、一群の皇子たちや無名の皇族たちが、地方の仏教徒らによって祭神として祀り上げられることになった、という。柳田が紹介していた事例の多くが、よく名前を知られた天皇の皇子であることに注意を促しておきたい。そこに、天皇をめぐる父―子関係、いわば皇位継承にまつわる生臭い歴史が影を落としていることを、否定するのはむずかしい。父―子関係を見えないタテ糸として、神々と天皇家とが一枚の図柄のなかに渾然一体となって織り込まれたのだ、といっていい。

あるいは、貴種流離譚について。

これはむろん、よく知られた折口語彙のひとつである。すでに触れたように、その初出は「国文学の発生(第二稿)」に見られた。その末尾近くに、『古事記』のヤマトタケルの思邦《クニシヌビ》歌について、以下のような一節がある。すなわち、――これなども「木梨ノ軽皇子型の叙事詩の一変形」と見てさしつかえない、この軽皇子物語は一種の貴種流離譚なのであり、その前のかたちがあった、つまり、神の鎮座に到るまでの漂泊の物語のうえに、恋の彩りを豊かに加へ、原因に思いをいたし、人間としての結末をつけて、歴史上の真実のように仕立てるのである、だから、「叙事詩の拗れが、無限に歴史を複雑にする」――と。軽の皇子の流離伝承が、ここでは貴種流離譚のひとつの典型として捉えられている。と同時に、軽の皇子やヤマトタケルといった流離する皇子の物語の前史として、むしろ神語りの原風景として、神の鎮座に到るまでの漂泊の物語が存在したことが指摘されていた。そこに、恋の彩りや人間らしい原因・結末が添えられることで、いわば、この「叙事詩の拗れ」がかぎりなく歴史を複雑にしてきたのである。

② 軽の皇子伝承

天皇崩御のあと、皇位を継ぐはずであった木梨の軽の太子は、いまだ即位することのない間に、母を同じくする妹の軽の大郎女と通じた。そのために、人々が軽の太子に背いて、穴穂の御子に心を寄せた。軽の太子は畏れて、大臣の家に逃れ、兵をそなえた。穴穂の御子が軍勢を起こして、ついに軽の太子を捕え、伊予の湯に流した。軽の太子は、あとを追ってきた軽の大郎女とともに心中を遂げた。(『古事記』による)

漂泊する神々のはるかな遠い物語を、現実の歴史のなかの悲劇の皇子がなぞるように反復する。こうした「叙事詩の拗れ」によって複雑になった歴史の実相など、むろん辿るべくもないが、皇位継承の争いに敗れたひとりの皇子の流離の物語が、この伝承の核にあることは確実だろう。軽の皇子という悲劇の主人公をはさんで、歴史と叙事詩は幾重にもねじれながら浸透しあい、一篇の貴種流離の物語を織りあげている。そこに、前史としてあった、神々の漂泊と鎮座をめぐる神話的な原風景を重ねてやるとき、神話／歴史／叙事詩にまつわる折口的な知の見取り図が浮かびあがるはずだ。

折口の独創はそこから、さらに跳躍を果たして、それらの流離する貴種の物語を携えあるいた人々の姿の掘り起こしへと向かった。たとえば、「相聞の発達」という論考のなかでは、「古代幾多の貴種流離譚は、一部分は、神並びに神を携へて歩いた人々の歴史を語つてゐる」といい、「叙景詩の発生」という論考では、遠い異郷にいろいろな艱難を経て死んでゆく「貴種の流離物語」が、ホカヒビトの手で撒き散らされた、という。折口の見取り図のなかでは、この貴種流離譚／ホカヒビトは相互に補完しあうものであるが、伝承の管理・運搬にしたがったホカヒビトに関しては、ここでは留保しておく。

さて、流され王の物語にせよ、貴種流離譚にせよ、どこか悲劇的な色合いを帯びていることは否定しがたい。それは天皇をいただく王権の再生産システムの内側から、避けがたく分泌されざるをえない悲劇の結晶であった。それにしても、王といい、貴種という。それはだれを指しているのか。柳田の拾いあげた流され王の多くが皇子であったことを、あらためて想起してみたい。折口によって、貴種流離譚の典型と見なされていたのが軽の皇子の伝承であったこともまた、むろん偶然ではありえない。流離する貴種のなかには、とりあえず天皇も含まれはするが、あきらかに主役ではない。その周囲にはべる皇子や貴族たちこそが、真正の主役なのである。なぜ、流される皇子は悲劇の主人公へと成り上がるのか。

たとえば、益田勝実が『火山列島の思想』のなかで、たいへん刺戟に満ちた議論を展開していたことが思い出される。そこに収められた小論「心の極北」は、『本朝皇胤紹運録』という天皇家の系図帳に見える、醍醐天皇の第三十九番目の子どもの消息を尋ねた覚書きといえるものだ。「童子　号して嵯峨の隠君と云ふ。白髪にして童形《とうぎやう》、とうんぬん」という、ほんの短い記述である。それを唯一の手がかりとして、益田は周到な推理を巡らし、いわば天皇をめぐる精神史の闇の内側へとまなざしを潜らせていった。

かれは醍醐天皇の末子にして、三十九番目の子どもである。成年式の通過儀礼さえ受けることなく、終生にわたって童形をまとい、それゆえに名もなく、「童子」とだけ呼ばれたのか。たしかに皇子でありながら、「親王」に列せられることもなく、「王」の位を授かることもなかった。かれはただ、宮廷の華やぎから遠く身をひそめるように生きた、白髪にして童形の皇子だったのである。益田はいう、「古代天皇制は、被支配者の側においてばかりでなく、天皇の子どもたちの中に〈よけいもの〉を派生させる構造・性格を有していた」と。あの白髪の童子ばかりではない。皇位継承には縁がない末端の多くの皇子、その子や孫たちはみな、侘しくうらぶれて生きるほかなかったのである。

宮廷の内側からヨケイモノとして疎外された、これらの数も知れぬ名もなき皇子や皇女の群れを思い浮かべるとき、貴種流離譚がこの列島の文化的な土壌のなかで、これほどに豊饒にくりかえし語られてきた精神史的な背景に思い到るはずだ。かれらこそがまさに、貴種流離譚を産出する母胎であったにちがいない。この宮廷の内なる異人排除の構図はそのままに、物語の空間に投射してやれば、都を追われて辺境をさすらう皇子の伝承へと変成《メタモルフォーゼ》を遂げてゆくことだろう。この論考では、流離する皇子の物語にとりわけ眼を凝らすことにしたい。

2　貴種流離譚の原像

あらためて、折口に固有の語彙としての貴種流離譚について、その輪郭を押さえておく必要がある。西村亨の整理にしたがえば、以下のような十項目の条件が認められる（西村亨編『折口信夫事典』による）。

（1）　神の伝記を原型とする。

(2) 天上における犯しがあって、人間世界に流離し、辛苦を味わう。
(3) 辛苦がきわまって死に到り、転生して、偉大な神となる。
(4) その変形として、貴人が罪あって都を離れ、地方に流離して辛苦を味わう。
(5) 辛苦の果てに、はかない生を終えるもの、幸福に転じて都に帰るものなどのヴァリエーションを生じた。
(6) 流離の原因となる犯しについて、合理的な説明が求められ、有力なものとして「たわやめの惑ひ」や「継母の恋慕」などの型を生じた。
(7) 女性を主人公とするものには、「継子いじめ」の類型を生じた。
(8) 実在の人物の実人生をも、この類型にはめて受容する傾向を生じた。
(9) ホカヒビト(巡遊伶人)の伝承の影が濃厚で、ホカヒビトの漂泊の人生が主人公の流離に投影されている。
(10) 海や川など、水辺に関係をもつことが多い。

こちらの文脈に引き寄せて、再解釈を施しておく。貴種流離譚の原型は神々の伝記にある。それは天上における犯しのゆえに、人間世界への流離を強いられた神が、死に到り、転生して、偉大な神となる物語である(1)~(3)。そのヴァリエーションのなかでは、主人公が神から貴人に置き換えられる。罪あって都を離れ、地方に流離した貴人が、辛苦の果てに儚く生を終え、あるいは幸福に転じて都へと帰る、といった物語となる(4)(5)。それ以降の条件に関しては、物語文学のなかに見いだされるモチーフや、ホカヒビト＝巡遊伶人の伝承にかかわるものであり、当面の関心からは逸脱する。

ともあれ、ここで確認しておきたいのは、じつは神々や貴人の流離の前段に横たわる犯しや罪のモチーフである。この物語の前段は、貴種流離譚の定型を踏んだ伝承や説話などのなかに、かならずしも鮮明に見いだされるわけではないことに注意したい。秘められた前史をなすことが多い。そこに合理的な説明が被せられるようになるとき、すでにそれは物語文学の域に近接している。犯しや罪のモチーフが無視しがたく思われるのは、それがおそらくは、貴種流離譚の正統的な主人公である皇子をめぐっての、宮廷の内なる異人排除の構図と深くかかわるからである。ヨケイモノとしての疎外が、物語的な転倒を蒙るとき、罪の犯しや病いといったモチーフへと変成を求められるのではないか。

さて、ここでは『風土記』をテクストとして、貴種流離譚の原像を析出してみることにしよう。だれが巡行ないし流離するのか。それを指標として、神々／天皇・皇子／貴族、それぞれの巡行伝承を拾いあげることができる。

はじめに、神々の巡行にかかわる伝承から取りあげてみたい。

③　神々の巡行伝承

a　古老《ふるおきな》のいへらく、天地の権輿《はじめ》、草木言語《ことど》ひし時、天より降り来し神、み名は普都大神《ふつのおほかみ》と称《まを》す、葦原の中津の国に巡り行でまして、山河の荒梗《あらぶるかみ》の類を和平《やは》したまひき。大神、化道《ことむけ》已に畢へて、み心に天に帰らむと存《おも》ほしき。即時、み身に随《そ》へましし器仗《いつ》の甲《よろひ》・戈・楯・剣、及《また》執らせる玉珪《たま》を悉皆《ことごと》に脱履《ぬ》ぎて、茲の地《くに》に留め置き、即ち白雲に乗りて蒼天《あめ》に還り昇りましき。（『常陸国風土記』信

太郡の条）

b 宍禾《しさは》と名づくる所以は、伊和の大神、国作り堅め了へましし以後《のち》、山川谷尾を堺ひに、巡り行でまし時、大きなる鹿、己が舌を出して、矢田の村に遇へりき。爾に、勅《の》りたまひしく、「矢は彼《そ》の舌にあり」とのりたまひき。故《かれ》、宍禾の郡と号《なづ》け、村の名を矢田の村と号く。（『播磨国風土記』宍禾郡の条）

c 此の里の田は、草敷かずして苗子《いなだね》を下す。然る所以は、住吉《すみのえ》の大神、上りましし時、此の村にみ食《を》したまひき。爾に、従神《みとものかみたち》等、人の苅り置ける草を解き散《あら》けて、坐《みまし》と為しき。その時、草主《くさぬし》大《いた》く患《うれ》へて、大神に訴へければ、判《ことは》りて云《の》りたまひしく、「汝《いまし》が田の苗は、必ず、草敷かずとも草敷けるが如生ひむ」とのりたまひき。故、其の村の田は、今に草敷かずして、苗代を作る。（同・賀毛郡の条）

それぞれに、巡行の主役は「大神」と名指されはするが、その神としての性格は大きく異なっている。aのフツノオオカミは、記紀などにも登場する、葦原の中津国の平定に大いに活躍した経津主神と同神とされる。ここでも、この天津神は葦原の中津国を巡行して、山や河を占拠している土着の神々を征服している。甲・戈・楯・剣などの武器で身を固め、玉を手に執りもつ姿に描かれている。征服のための巡行ののちに、この神は天に還ってゆくのである。bのイワノオオカミは、出雲系の伊和族の奉じた神であるが、この地方の国作りの基礎固めを終えてのちに、山・河・谷・嶺によって国の境界を定めるために巡行している。後半では、この神にちなんだ地名伝承が語られている。さらに、cのスミノエノオオカミは、『古事記』には「墨江大神」とあり、黄泉の国から逃げ帰ったイザナキが九州の阿波岐原でミソギをしたときに成れる海神であった。この神が西方から都へと向かう途上のできごとに仮託して、地名伝承が語られている。苗代田に草を敷かずに稲種を蒔く、つまり刈敷を使わぬ、特殊な農耕技術の由来譚となっていることが注目される。

こうした『風土記』に見える神々の巡行伝承のなかには、犯しや罪のモチーフは見いだされない。そのかぎりで、折口のいう貴種流離譚の定型からは、微妙な逸脱を含んでいるのかもしれない。『風土記』の神々はみな、それぞれに鎮座すべき土地を求めて遍歴をくりかえす。天津神であれば、国占めの戦いを終えて天界へと還ってゆく。たとえば、『常陸国風土記』筑波郡の条に登場する、神々のもとを巡行してゆく「神祖《みおや》の尊《みこと》」などには、流離する神の面影がかすかにではあれ射している気がする。祖先神とも母神ともいわれるが、福慈の神から、新嘗の物忌みを理由として一夜の宿りを断わられると、恨み泣いて呪詛の言葉を投げつける。その姿は、尊貴な神というよりは、天界から追放の憂き目に遇ってさすらう、いわば苦しみ喘ぐ神といったほうがいい。ともあれ、このあたりに、折口は貴種流離譚の原像を見定めていたにちがいない。

さらに、『風土記』のなかの天皇や皇子の巡行伝承を拾うことにする。

『常陸国風土記』には、「倭武の天皇」(ヤマトタケル)、「大足日子《おおたらしひこ》の天皇」(景行天皇)が、『播磨国風土記』には、「品太《ほむだ》の天皇」(応神天皇)がくりかえし登場してくる。ヤマトタケルが天皇と称されていることに関しては、諸説がある。天皇号は七世紀末に定められたといわれるが、それからまだ日が浅い時期の編纂であったために、天皇の歴代も確定せず、「倭武の天皇」という表現が残されたものと、わたし自身は想像している。『常陸国風土記』茨城郡の条には、神功皇后を「息長帯比売《おきながたらしひめ》の天皇」と称している例もあり、関心をそそられるテーマのひとつといっていい。

ここでは、『常陸国風土記』に頻出するヤマトタケルの巡行伝承に絞り込みたい。伝承の内容がたいへん豊かだからである。同時に、記紀のヤマトタケル伝承との比較が可能となる。二十例近いヤマトタケル伝承を確認することができるが、相互の交渉やつながりは希薄であり、統一的なイメージもまた結びにくい。ほかの『風土記』の巡行伝承と比べるとき、井・泉や海辺などの水辺を巡行する説話があきらかに多い。西村亨の挙げた貴種流離譚の条件の最後にあった、「海や川など、水辺に関係をもつことが多い」という記述を想起しておくのもいい。この水辺との関わりという点からも、たいへん典型的と思われるヤマトタケル伝承を、以下に引く。

④ ヤマトタケル伝承（A）

行方《なめかた》の郡と称《い》ふ所以は、倭 武《やまとたける》の天皇《すめらみこと》、天の下を巡狩《めぐりみそなは》して、海の北を征平《ことむ》けたまひき。是に、此の国を経過《す》ぎ、即ち、槻野の清泉《しみづ》に頓幸《いでま》し、水に臨みてみ手を洗ひ、玉もちて井を栄《さきは》へたまひき。今も行方の里の中に存りて、玉の清水と謂ふ。更に車駕《みこし》を廻らして、現原《あらはら》の丘に幸《いでま》し、御膳《みけつもの》を供奉《たてまつ》りき。時に、天皇四《よも》を望みまして、侍従《おもとびと》を顧てのりたまひしく、「輿を停めて徘徊《たもとほ》り、目を挙げて騁望《のぞみみ》れば、山の阿《くま》・海の曲《わた》は、参差《まじはりたが》ひて委蛇《もこよ》へり。峯の頭《ほとり》に雲を浮かべ、谿の腹に霧を擁《いだ》きて、物の色可怜《おもしろ》く、郷体甚愛《くにがたいとめづ》らし。宣《うべ》、此の地の名を行細《なめくはし》の国と称ふべし」とのりたまひき。後の世、跡を追ひて、猶、行方と号く。（『常陸国風土記』行方郡の条）

ここには、『風土記』の天皇巡幸伝承に見いだされる、説話的な要素がほぼ出そろっている。すなわち、巡行・水辺の儀礼・食物の供献・国見・土地の名づけ、といったモチーフである（拙稿「水と王権」『王権の基層へ』所収）。ヤマトタケルは巡行の途上に、玉をもって井泉を言寿ぐ儀礼をおこない、また服属儀礼の一環として、その地方の首長から土地で産した食物の供献を受けている。さらに、国見の儀礼をおこない、土地に名づけを施すことで、その地方にたいする支配・占有者としての正統性をあきらかに確認しているのである。おそらく、これら一連の儀礼的なプロセスが、国占めと称された王の行為には含まれていたのである。ほかのヤマトタケル伝承のなかにも、五つの説話モチーフの内のいくつかが、それぞれに見いだされるはずだ。『風土記』に見えるヤマトタケルの巡行伝承は、ほとんど征服のための戦いの血なまぐさい実相を物語ることがない。ただ、国占めの儀礼的な側面のみに焦点を絞って、その巡行する天皇ないし皇子の姿を浮き彫りにしているのである。

これにたいして、『古事記』のヤマトタケル伝承はまるで趣を異にしている。その前半は、西方のクマソ征討伝承である。ヤマトタケルはその荒々しい性情を畏れられ、父・景行天皇によって、クマソタケル兄弟の征伐へと差し向けられる。この兄弟を殺し、それから、出雲に赴きイヅモタケルを斬殺して、宮へと帰ってくる。これに続く後半部が、東国征討伝承となっている。

⑤ ヤマトタケル伝承（B）

景行天皇はすぐに、ヤマトタケルを東方十二道のまつろわぬ神や人の言向けへと向かわせた。ヤマトタケルは伊勢神宮に参拝し、叔母のヤマトヒメに会い、天皇の酷薄さを恨み嘆いた。草薙の剣とひとつの袋をあたえられ、尾張から相模へと向かう。剣と火打ち石に助けられながら、東国を巡行し、次々と征討を果たしていった。その帰途、尾張の国造の祖ミヤズヒメのもとに寄り、結婚した。草薙の剣をもたずに、伊服岐《いぶき》山の神を討ち取ろうと出かけるが、神の化身である白猪が降らせた大氷雨のために、正気を失わんばかりとなった。大和へ向かう途次、しだいに病いが篤くなり、能煩野《のぼの》で四首の思国歌を詠じて死んだ。御陵を造って葬ると、ヤマトタケルの魂は八尋白智鳥《やひろしろちどり》となって、天を翔けって去った。

父である景行天皇によって、その荒ぶる力を畏怖されたヤマトタケルは、それゆえに、クマソ征伐のために西方へ、また、まつろわぬ異族を征討するために東方へと、まさに辛苦に満ちた流離の旅を強いられる。そして、都への帰還を果たしえぬままに、ついには非業の死を遂げるのである。天皇／皇子、あるいは、父／子の避けがたい対立・葛藤というテーマを底流させながら、皇子ヤマトタケルの受難と流謫の物語は、典型的なまでに鮮やかに貴種流離譚の原像を示している。それはむろん、四、五世紀の頃にしばしばおこなわれたヤマト朝廷による地方征討の歴史、その朧ろげな記憶が、のちにヤマトタケルという神話的な英雄の流離伝承へと結晶したものではないか、といった解釈をあたえられてきた。ここにおいても、いかに「叙事詩の拗れ」が歴史を複雑にしてきたか、その経緯を辿ることはたやすくはない。

それにしても、この『古事記』のヤマトタケル伝承が、天皇の住まう都／まつろわぬ異族の棲む辺境という、ヤマト中心史観に裏打ちされた地政学の分泌した物語であることを否定するのは、とりあえずむずかしい。それはたとえば、『常陸国風土記』のヤマトタケル伝承を思い浮かべてやれば、たやすく了解されるはずだ。そこには何より、まつろわぬ異族との武力的な戦いそのものが見られない。都人が生んだヤマトタケルの流離譚が、常陸という東国の地の人々によって受容され土着化していったとき、まるで異質な方位を孕んだ伝承が誕生していることに、眼を凝らす必要があるだろう。いわば、辺境からのまなざしが、どのように記紀的なヤマトタケル伝承を解釈しなおしたか、ということだ。

先に触れたように、『常陸国風土記』のヤマトタケル伝承の群れは、巡行・水辺の儀礼・食物の供献・国見・土地の名づけ、といった説話モチーフを共有している。それはそのままに、『播磨国風土記』のホムダノスメラミコトやオキナガタラシヒメの巡行伝承につながり、また、記紀のオオナムチ・スクナビコナ二神の伝承にも通じている。それらの物語の群れが、天津神降臨・遊幸の信仰をめぐる、広く深い基層信仰のうえに展開されたものであることは、堀一郎がすでに早く指摘していたところである(『我が国民間信仰史の研究(一)』)。

いずれであれ、『常陸国風土記』のヤマトタケルには、もはや『古事記』に語られていたような、荒ぶる異形の力ゆえに父の天皇に疎んじられ、西へ東へと征討の旅を強いられる受難の皇子の面影は、まるで見られない。流離する皇子を、いや天皇を迎えて饗応し、玉をもって井泉の奇瑞をもたらされる辺境の民のまなざしに映るのは、天界から降臨し、遊幸する神々の姿に重ねあわされた、巡行する天皇や皇子の姿であったのかもしれない。物語の方位はたしかに、『古事記』/『風土記』において微妙にズレを来たしながら、さすらうヤマトタケルのうえに交錯し、そこに一篇の祖型ともいうべき貴種流離譚を紡ぎ出していたのである。

3　民衆のなかの天皇信仰

都から遠い辺境の民は、流離する貴種としての天皇や皇子を歓待・饗応し、さまざまな奇瑞をあたえられる。そして、貴種に連なる者らは死後に神へと祀りあげられ、土着の信仰の一角に組みこまれる。こうした定型をそなえた伝承を、ここでは〈常民型〉の貴種流離譚と名づけておきたい。

試みにいま、柳田国男監修の『日本伝説名彙』から、この〈常民型〉の貴種流離譚を拾ってゆくと、じつは意外なほどに、天皇や皇子にかかわる伝承がすくないことがわかる。その大半が、弘法大師をはじめとする高僧や武将たち、また名もなき人々を主人公とした伝承なのである。この点は十分に留意する必要があるだろう。登場する天皇や皇子の名前を挙げてみる。ヤマトタケル、スサノオ、神功皇后、後醍醐天皇、聖徳太子、景行天皇、清和天皇、継体天皇、天武天皇、安徳天皇、神武天皇、花山院法皇、仁徳天皇、さらには、泰成親王、懐良親王、阿保親王、麻呂子皇子、臘觜鳥皇子《あとりのみこ》といかにも多彩である。しかし、くりかえすが、それらは『日本伝説名彙』のなかでは、まったくの少数派にすぎないのである。

⑥　ヤマトタケル伝承

相生樟——吾嬬神社の右前にあって、日本武尊が食事のとき、欅の箸を地に立て、天下太平ならんには、二本とも繁茂せよと占ったところが、はたして二股に繁った、という。この社内は弟橘媛命を祭神とする。

⑦　神功皇后伝承

笠松――この村の笠松は、神功皇后が岡の湊から白山嶺を越えて来たときに、大雨が降って輿を浸そうとしたので、供の者が一株の小松の下に輿を寄せると、この松はたちまち大木となり、雨を洩らさぬようになった。神功皇后は流れの水を汲んで、松の根に注ぎ、木祖神を祀ったので、この流れを神川と名づけ、その祠の跡に建てられたのが、いまの笠松神社である、という。

⑧　後醍醐天皇伝承

歯形栗――安養寺にある。後醍醐天皇が隠岐より還ってきたとき、寺僧らが栗の実を蒸して奉った。天皇は賞美して、それを地に埋めると、その後に枝葉が繁茂した。実にはことごとく歯の痕があるので、歯形の栗といっている。

⑨　臘觜鳥皇子伝承

逆杉――臘觜鳥皇子が荒谷に来て、杖を立てると、根を生じて逆杉となった。また、佐飛社掌の庭内にある大杉は、皇子がこの地に遷り、さらに杖を立てたのが、芽を出して七岐に分かれて大木になった、という。

⑩　阿保親王伝承

黄金塚――むかし、阿保親王の御殿のあった処で、黄金千枚・瓦万枚をこの墳のなかに納めて、里人が飢餓に遭えば、これを掘り出して五穀に代えて、飢えを凌ぐべしと諭した、という。

⑪　孝徳天皇の皇女伝承

むかし、本村の東面が海湾であったとき、ひとつの舟が漂着し、中には貴女が侍女とともにあった。

これは孝徳天皇の皇女が、罪あって流されたものといい、村人は宮を建てて姫を迎えた。これを蓮華寺という。

いずれも、巡行ないし流離を後景に沈めていることは、あらためて指摘するまでもないだろうか。⑥のヤマトタケル伝承は、いわゆる杖立伝説のヴァリエーションである。『古事記』中巻のヤマトタケル伝承のなかにも、「杖衝坂」をめぐる短い地名伝承があった。その杖立伝説のひとつの展開として、箸を地に立てて占うと、大樹へと繁茂したという型の伝承が存在するのである。『風土記』のなかの巡行する王たちはみな、杖を携え、その杖をもって地を衝いて泉を湧出させる儀礼をおこなっている(拙著『境界の発生』)。⑥には、説話モチーフとして、巡行・食物の供献・土地の名づけがとりあえず確認できる。⑦の神功皇后伝承は、やはり大樹の由来を皇后の奇瑞に求めつつ、それをさらに地名の由来伝承へとつなげている。ここには、巡行・水辺の儀礼・土地の名づけが見られる。また、⑧の後醍醐天皇伝承には、巡行・食物の供献・土地の名づけなどのモチーフが窺えるはずだ。

あるいは、⑨の朧鵜鳥皇子、さらに⑩の阿保親王や⑪の孝徳天皇の皇女など、主人公が何者であるのか、確認がむずかしい伝承もある。名もなき皇子・皇女の群れがいた。そのなかに埋もれてあった記憶のかけらが、ここでは伝承を織りあげる素材となっている。⑨の朧鵜鳥皇子伝承などは、まさに典型的な杖立伝説である。⑩の阿保親王伝承は、もはや貴種流離譚からは大きく逸脱して、黄金塚にまつわる由来譚になっている。関心を惹かれるのは、親王がみずからの富を塚に納めて、将来の飢饉の備えとするように望んだ、ということである。仁政を施す王の面影が射している気がする。これにたいして、⑪

の孝徳天皇の皇女伝承などは、ほとんど典型的なまでに、折口的な貴種流離譚の定型を踏んだものとなっている。この皇女は罪の犯しゆえに、流謫の境涯に落とされ、小舟に乗って海辺の村に漂着する。水辺にかかわる貴種流離譚である。村人たちはこの流される姫を迎え、饗応し、宮まで建てて歓待したのである。

こうした皇子や皇女の流離譚について、堀一郎は以下のように説いている。すなわち、たんに神子や皇子のみでは満足せず、生前はひとたび朝廷に叛いた忍熊皇子さえ迎えて、わが村の社の祭神と仰いだ民衆の心理は、古い神々の遊幸信仰のあたらしい解釈であり、土着であったと見なければならない、たとえ、そこに遊歴の宗教家・文芸家の介在があったにしても、これを好んで聴き信じて村の歴史とした人々の心は、ひとしく古風土記の古老の心につながる国民的な信仰の表出であった、と（『我が国民間信仰史の研究（一）』）。はたして国民的な信仰であったか否か、これについては留保が必要であるかもしれない。〈常民型〉の貴種流離譚のなかで、天皇や皇子にかかわる伝承が少数派であることを思えば、ただちに、堀のような結論に到ることはできないからだ。

これにたいして、〈常民型〉とはあきらかに系譜を違える、いまひとつの貴種流離譚の流れがあった。みずからの職掌の由来を、病いや罪あって宮廷を去った皇子・皇女らとのかかわりに求める物語の構図が、非農業的な生業にしたがった人々＝職人たちの由緒書のなかに、しばしば見いだされる。それは木地師・鋳物師などの手工業に携わる人々から、盲僧などの芸能者、遊女や、長吏・河原者などの被差別の民にいたるまで、むしろ、広義に職人に括られた人々の由来伝承としてはありふれたものであった。ここでは、それを〈職人型〉の貴種流離譚と呼んでおく。

ふたつほど、よく知られた例を引いてみる。

⑫　遊女・傀儡の由来伝承

むかし、小松(光孝)天皇が八人の姫君を七道に遣わして、君の名を留められた。これが遊君のはじまりである、という。また、遊女の長者の先祖は、小松天皇の娘宮である玉別・加陵・風芳とされ、江口・神埼・室・兵庫の傾城はこの末である、という。あるいは、傀儡については、天暦聖主(村上天皇)の第十の姫君、宮姫と号したが、東国の青墓宿の長者となる、今様の堪能であり、天下の今様はみなその余流である、という。(後藤紀彦「遊女と朝廷・貴族」『遊女・傀儡・白拍子』「週刊朝日百科　日本の歴史」四による)

⑬　当道座の由来伝承

仁明天皇の第四皇子・人康親王が、不幸にも疾病のために失明して、山科郷に隠棲した。親王は盲人の境涯を憐れみ、所領の貢米を分配し、さらに、つれづれのあまり盲人を召して音楽を教授し、生活の道をあたえた。これより、人康親王をもって当道の祖神として祭祀し、あわせてこれを崇敬するにいたった、という。(中山太郎『日本盲人史』による)

身分的には卑賤視されたはずの人々が、みずからの出自を流離の皇子・皇女に仮託し、かれらを祖神として祀り崇めることの異様さには、やはり息を呑む思いがする。江口・神埼を本拠として、淀川の流域を自由に往来した水辺の遊女たちは、女の長者に率いられていたが、その長者の祖が小松天皇の皇女たちであった、とされる。宿々の遊女とも呼ばれた傀儡もまた、その拠点のひとつである青墓宿の長者について、その祖が村上天皇の十番目の皇女であるとする伝承をもっていたのである。

あるいは、盲僧や琵琶法師らが座を結んだとき、その集団的なアイデンティティを保証してくれる仕掛けとして、天皇とのかかわりを語る由来伝承が必要とされた。そこに、仁明天皇の第四皇子である人康親王にちなんだ由緒が浮かびあがった、ということか。人康親王はいったい、盲目というスティグマを負い、歌舞や音曲に秀でた才能をもっていたのか。何であれ、「叙事詩の拗れ」はいずれ、歴史の領域に分け入り、侵し、無限にそれを複雑にしてゆくはずだ。

これらの中・近世に流布したと思われる職人の由来伝承のうえには、あきらかに貴種流離譚を、あるいは、その影を認めることができるにちがいない。しかも、そうした非農業民と天皇との関係が、たんなる根も葉もない虚構として退けがたいことは、網野善彦が明らかにしてきたところだ(『日本中世の非農業民と天皇』)。確実に、伝承の根っこは天皇をめぐる歴史の秘められた暗部に届いており、そこから昏いリアリティを汲みあげることに成功している。それによって、まさに「叙事詩の拗れ」が歴史に複雑な陰影をもたらして来たのである。

非農業民と天皇とは、思いがけず近しい歴史を共有してきた。その歴史の共有の度合いの深さこそが、皇子や皇女が罪を犯し、病いを得て宮廷から追放される、といった不思議の物語を、架空の伝説として貶めることを許さず、一定の呪縛力とともに流布させてゆく背景となったのではなかったか。天皇とその宮廷の内なる闇に棲むヨケイモノたちは、社会的な疎外をこうむる盲僧・遊女・河原者らの、いわば兄弟にも似た存在であったのかもしれない。すくなくとも、精神史的な文脈においては、その奇妙な系譚語りこそが真実と受け止められる土壌は存在したのである。そして、こうした〈職人型〉の貴種流離譚が、物語の管掌者である非農業民の「賤」や「穢」を負わされた存在のありようを、「貴」や「聖」の側に劇的にひっくり返す転倒、ないしは変成のメカニズムを避けがたく、ひとつの可能性として孕んでいたことを否定することもまたできない。

それにしても、天皇という制度は、ことに中世も半ば以降は、その帯びる宗教的な権威を核として更新されてきたとはいえ、その周囲にはつねに、政治的な権力の継承にかかわる暗く陰湿な争いの歴史を分泌してきた。そこには、あらゆる王権に通底する権威と権力の継承の血なまぐさいドラマが、じつに凡庸にくりかえされてきたのである。たったひとつの高御座をめぐって、後宮制度が産み落とした数も知れぬ皇子・皇女らが暗闘をくり広げる。それればかりではない。宮中に渦巻く苛酷な政治力学によって、叛逆者やヨケイモノとして排斥された皇子・皇女らの、人生の第二楽章は、さまざまな貴種流離譚をその身に招き寄せずにはいない。

流される皇子は、職人集団のなかに降り立つとき、祖神へと祀りあげられ、かれらの職能の由緒を証したて、その特権を保証してくれる不可欠な物語の回路となる。辺境の村々では、高貴なマレビトとして迎えられ、歓待され、また、死んでのちには村社の祭神として祀られる。そうして物語は土着化し、受容される。これらふたつの貴種流離譚の類型、つまり〈職人型〉／〈常民型〉が表裏をなし絡まりあうことで、天皇をめぐる信仰のフォークロア的水準を確定してきたのではなかったか。

ともあれ、貴種流離譚という名の叙事詩の内側にまなざしを潜らせてゆくとき、そこにくっきりと浮かび上がるのは、天皇という制度の千数百年の歴史の底に埋もれている昏い時間の堆積である。ヨケイモノとして祓い棄てられた皇子や皇女らの、もうひとつの歴史。貴種流離譚とはまさに、天皇という制度に寄り添う影のようなものであった。折口信夫という民俗学者は誰よりも深く、それを凝視していたにちがいない。

第三章　菅江真澄、白太夫の子孫の旅

1　真澄／白太夫の子孫として

菅江真澄はいかにも謎の多い旅人であった。

一七五四（宝暦四）年、三河国渥美郡に生まれたと想定されているが、その詳しい出生地などはいまだあきらかにされていない。たくさんの日記類を残しながら、そこには真澄自身の出自にかかわる記述はほとんど見いだされない。それを推測するための史料もまた、わずかなものしか残存していない。

真澄は一七八三（天明三）年、三十歳のときに、三河をあとにして諸国巡歴の旅に出た。旅のはじまりの日記には、「このひのもとにありとある、いそのかみふるきかんみやしろををがみめぐり、ぬさたいまつらばや」と見える。すなわち、日本中の古い神社を訪ねあるき、幣《ぬさ》を奉納することを願ったのである。それから、一八二九（文政十二）年に、七十六歳で秋田の角館に没するまで、四十五年あまりにわたって一所不住に近い旅の生涯を送っている。真澄が訪れた土地は信濃にはじまり、出羽・津軽・南部などの東北から、その頃蝦夷《えぞ》地と呼ばれていた北海道南部にいたるまで、東北日本のほぼ一円に広がっている。

秋田についの棲家を求めたのは一八〇一（享和元）年、しかしそれも、ひとところに定住したわけではない。それ以前の旅となると、まさに漂泊の旅にひとしかった。なぜ、真澄は生涯にわたって、それほどに厳しい旅を続けたのか、その目的はなんだったのか。とりわけ、真澄はなぜ、北へ、北へと向かったのか。なぜ、蝦夷地に渡ることにたいへんな執念を燃やしたのか。真澄はついに、故郷の三河に還ることがなかったが、それはなぜか。故郷を離れざるをえない、なにかの事情があったのか。それにしても、あらためて真澄はなぜ、旅の境涯を選んだのか、旅の途上の見聞を日記として残そうとしたのか……。真澄という人に向かい合おうとすると、そんな問いの声がきっと尽きることなく湧き出してくるにちがいない。

なにより真澄の日記は、近世後期、東北日本に生きてあった人々の姿を生々しく伝えるドキュメント＝記録であった。これに比肩しうる資料は、おそらく存在しない。驚くほどに、真澄のまなざしは偏見に曇らされていない。その細やかにして簡潔な筆づかいは、ありふれた常民たちの暮らしや生業の襞深くに入り込み、それをみごとに浮き彫りにすることに成功している。それゆえ、真澄はしばしば、民俗学の先駆者として語られることにもなるが、たんに民俗学とはかぎらず、歴史学や考古学その他の研究者にとっても、真澄の残した記録は貴重な資料の宝庫と見なされている。たとえば、近年、大がかりな発掘によって、その巨大な姿を現わしつつある青森県の三内丸山遺跡について、真澄は土器や土偶のかけらのスケッチとともに、先駆的な記録を残しているのである。

それはまた、たんに学問的に興味深い資料であるばかりではない。真澄は二百年前の東北日本を巡りあるきながら、この列島の社会や文化の根源に横たわるものに向けて、まなざしを凝らしていた。旅の人である真澄には、比較という方法が自然と身に付いていたから、その記録は小さな土地には縛られていない。どこまでも「目前の出来事」（『遠野物語』序文）にたいして誠実であり、実証的でありながら、比較へのまなざしが豊かに息づいているために、記述もまた外に向けて開かれていたのである。真澄の日記はだから、日本とはなにか、日本人とはなにか、日本文化とはなにか、と問いかけるわたしたちの前に、なにものにも代えがたい知的な共有財産として存在する、といっていい。

くりかえすが、真澄はみずからに関しては、禁欲的なまでに黙して語らぬ人だった。生まれを問われれば、「三河の渥美」とだけ答えた。故郷を遠く離れ、旅を重ねるなかで、わずかに故郷の人々に思いを馳せるときはあったが、たとえば家族に具体的にかかわるような記述は、ごくわずかしか見いだされない。生涯を独身で通したと思われるが、その理由もまたさだかではない。

秋田に定着してからの真澄はどんなときでも、頭を覆った頭巾を取ることがなかったらしい。だから、陰に回って「常被《じょうかぶ》りの真澄」と呼ばれた。好奇な人々は、真澄の頭には刀傷でもあるにちがいない、業病の痕でもあるにちがいない、などと噂し合った。その当時、秋田のある文人の戯作には、「菅江真澄にあらねども、真冬に手拭じょうかぶり」とあるから、真澄の頭巾姿は広く知られていたのだろう。その姿はたしかに、真澄の自筆の和歌が添えられた肖像画のなかにも残されている。黒い頭巾である。秘密めかした雰囲気はそこからも立ち昇ってくる。真澄はいったい、この頭巾によって、おのれのなにを秘め隠そうとしていたのか。あるいは、おのれを何者へと演出しようとしていたのか。

神職の家筋だった、若くして本居宣長の系譜を引く国学を学んだ、といった推測がなされている。真澄はどこでも地方の文人たちと交わった。歌を詠み、書画をよくした。それを仲立ちとして滞在先を確保することができた。それが真澄の旅を可能とする条件のひとつであったことは、おそらく想定して誤りではない。やはり、三河の修業時代に学んだ本草学の知識が、身を助けたらしいこともあきらかである。真澄はもてる薬草の知識を使って、集めた薬草を路銀に代えたり、医療的な行為を人々に施したりしたものと思われる。真澄と医術とのかかわりは、思いがけず深い。

真澄にはまた、「白太夫の子孫」なる風聞らしきものがまとわりつく。真澄自身がそう名乗りしたわけではないが、同時代の記録のなかには、「菅公の家臣白太夫の末孫」といった記述があきらかに残されている。真澄はおそらく、そのように語っていたのではないか。ある年の元旦の日記には、神々や祖先の霊を祀ったことが記されてあるが、そこにはほかのいくつかの神の名と並んで、「菅大臣の御神」と「白井太夫の御神」の名が見えている。

菅公または菅大臣とは、むろん菅原道真のことであるが、この道真が死して神と祀られるようになったことはよく知られている。その家臣の白太夫、あるいは白井太夫の家筋に当たる、ということであろうか。真澄の本姓は白井、名は英二であり、秋田に暮らすようになってから、それを菅江真澄に変えている。そこにも菅原道真の影が落ちている。どうやら、「菅公の家臣白太夫の末孫」という同時代の記録には、因縁浅からぬものが、ひそかに沈められていたらしい。ここにもまた、いくつもの謎が絡まりつく。

それにしても、白太夫の子孫とは、いったいなにを暗示しているのか。ある意味では、これは菅江真澄という存在の根っこに横たわる、もっとも大きな謎のひとつであったかもしれない。

白太夫に関しては、真澄研究の基礎を築いた内田武志が、その『菅江真澄研究』という大著のなかで、たいへん興味深い理解を示している。いくらか砕いて紹介してみる。『北野誌』という書によれば、天神(つまり菅原道真)につかえる荒御魂の神の力を、人間に持ち伝えた巫祝の家の始祖、それが白太夫であった、という。謡曲の『歌占』には、加賀の国の白山の麓において、白木の手束弓にたくさんの短冊をつけて引かせ、歌によって吉凶を占う男巫《おとこみこ》が登場する。この男は伊勢の国の二見の浦の神職であった、という。この伊勢の国には古くから、歌占を解きながら諸国を旅してあるいた巫女がいて、伊勢比丘尼や歌比丘尼と呼ばれていた。これらの人々は歌舞と物語をたずさえて遍歴する、巫祝の徒であったといわれている。

また、白比丘尼と呼ばれた巫女たちも知られているが、やはり巫祝の仲間であったらしい。このシラに問題をほどく鍵が隠されている。それは中世にあって、芸能や信仰にかかわった白拍子・白髭翁などのシラに通じ、差別された人々の信仰の核にあったシラヤマ(白山)信仰のシラなどにも、ゆるやかにつながっている可能性がある。白太夫のシラもまた、当然ながら、こうしたシラをめぐる民間信仰史の流れのなかに位置づけられるはずだ。真澄はたしかに、日記のそこかしこで白山神やその信仰に触れており、このシラの問題にたいして深い関心を寄せていたのである。むろん、こうしたシラという問題は、宮田登が『ケガレの民俗誌』のなかで探究したものであった(本書第一章Vを参照のこと)。

内田武志によれば、真澄の生家は諸国を巡りあるく旅人たち、つまり、旅芸人・下級の神仏布教者・病いを背負った巡礼から、乞食や浮浪者らにいたるまで、社会の底辺に生きる人々にたいして、善根宿を提供する家であったとする伝承が語り継がれていたらしい。また、真澄は幼い日に、寺社縁起の絵解きの修業をおこなっていたのではないか、ともいう。これらもおそらくは、白太夫の子孫としての、いわば真澄のアイデンティティの核に横たわるものにつながってゆくと思われる。真澄の生涯にわたる漂泊や旅の背景に、この白太夫の子孫という自覚が見え隠れしていることを否定するのはむずかしい。

真澄は白太夫の子孫であった。すくなくとも、それを深く心に秘めながら、しかし強烈に自覚しつつ生きた人ではあった。それゆえであろうか、真澄の日記には、数も知れず農業とはかかわりなく生きる人々が登場する。盲目の巫女や遊女から、門付けして歩く万歳・ゑんぶりずり・田植踊りなどの雑芸の徒、さらには、マタギ・山の民・金掘りなどの非農業民にいたるまで、じつに生き生きと描かれているのである。そうした人々に向かい合ったとき、真澄の筆はもっともしなやかに躍動している気がする。

いずれであれ、真澄ほどに近世半ばの東北や北海道南部をみずからの足で丹念に歩き、聞き書きを重ね、それを文字と絵図《スケッチ》で豊かに記録しえた者はいない。真澄の残した日記や随筆・地誌のなかには、近世東北の社会や文化のありようを知るための豊かな手掛かりが埋もれている。わたしのここでの関心はとりわけ、そこに登場する、数も知れぬ非農業的ななりわいに生きた人々の姿に向かう。

菅江真澄の旅、その軌跡のいくらかを辿りながら、東北の地にあって、すくなからず差別や賤視の聖痕《スティグマ》を背負って生きた人々の姿に眼を凝らすことにしよう。そこに、西南日本とは歴史的なありようを異にする東北、語られざるもうひとつの東北がゆるやかに起ち上がってくることだろう。菅江真澄はいま、あたらしい東北像の創出のための可能性の拠点になろうとしている。

2　東北から／移植された被差別部落

東北に被差別部落がすくないことは、よく知られている。そこでは「部落」という呼称はたんに集落《ムラ》を意味するにすぎず、およそ差別／被差別とは無縁な文脈で、しばしば日常会話のなかに登場する。むろん、被差別部落はかつて東北にも確実に存在したし、現在もなおその歴史的な名残りは見られるが、西南日本の被差別部落が置かれている状況とはかなり異質な現実が横たわっていることは、否定しがたい。

東北の都市部を中心に分布していた被差別部落は、おそらく近世以降に起源するものであり、中世にまでその歴史を遡らせることはむずかしい。東北は古代以来の種族＝文化的な条件からして、内発的に被差別部落を分泌することがなかったのではないか、とわたしは想像する。それはむろん、現在の段階ではひとつの思いつきめいた予測に留まる。しかし、古代の蝦夷《エミシ》社会が「国家に抗する社会」（ピエール・クラストル『国家に抗する社会』）であった可能性は高く、その、専制王＝国家がいまだ不在の場所に、被差別部落のような身分制度が自生的に発生を見るとは、とうてい考えられない。

そうした問いは先送りしつつ、まず東北の被差別部落の諸相を概観することから始めたいと思う。原田伴彦の「近世東北地方の被差別部落」（原田伴彦・田中喜男編『東北・北越被差別部落史研究』所収）によれば、その特質はとりあえず以下の三点である。
①賤民身分は、穢多・長吏・非人・乞食・袖乞・猿牽・いたかなどの各種の名称で呼ばれているが、近世初頭からその存在が確認される。初期においては、その数はきわめてわずかであり、部落的な定着、賤民身分としての制度化は、十七世紀の半ばからしだいにおこなわれていった。
②賤民聚落は城下町にもっとも多く見られ、ほかには港町など都市部に圧倒的に多く分布している。農村部にはすくなく、農村にある場合でも、その多くは在郷町などの交通の要衝や商業の中心地である、都市的な性格を帯びた村落であった。
③賤民の携わった職業は、関東以西の諸地方と同様に、警衛・刑吏関係、皮革業、また下級芸能

などであり、とくに前二者が主要なものであった。非人・乞食などは極貧であったが、城下の皮革生産にあたる穢多のなかには裕福な者もあった。

原田はあきらかに、西国の被差別部落を基準として、東北の被差別部落ないし被差別の民について論じている。③の後半部における、非人・乞食／穢多の区別などに、それはよく表われている。原田の典拠とした史料のなかには、「穢多」「非人」という呼称が頻出するし、明治初年の「藩制一覧表」でも両者の区別は見られるが、はたしてそれは東北の実情をよく反映したものであったのか。むろん、原田自身は①では「賤民」の呼称の多様性を指摘しており、「穢多」／「非人」という分類をつらぬいているわけではない。わたしの抱く疑問はむしろ、それらの人々が社会的な実態として、「穢多」「非人」を含む、共通の呼称を背負わされた西国の被差別民とひとしなみに語られるべき存在であったか、ということである。西国の賤民イメージを範型として語られるとき、たとえば菅江真澄が日記や地誌に記録をとどめた非農業民や物乞いの姿などとは、微妙な齟齬を来たすように思われてならない。

原田が引く「雫石歳代日記」(『岩手県史』による)には、一七八四(天明四)年の飢饉にさいして、非人に転落する者が多く、盛岡城下の三ヵ寺に非人小屋を設けたが、餓死する者が多かった、と見える。ここに「非人」なる呼称で括られた人々の実態は、この翌年、津軽・秋田・南部の飢饉の惨状をつぶさに見聞した真澄の日記のなかに、生々しく描かれている。たとえば、秋田の大館市附近で出会った乞食《かたゐ》について、真澄は次のように書いている。

わけ来る路のかたはらに在る無縁車とて、卒堵婆にかな輪さしたるをまはすは、飢人の死かばね埋しをとぶらふならん。このかたゐ、なみだながして、ひとりごとして、あはれ、わがともがらは、みな、かくなり行たるが、あさましの世のなかと、てゝらの袖に、なみだのごひたり。近づきてとへば、こたへて、われらは馬をくらひ人をくひて、からき命をたすかりつれど、又此とし吹たる風にあたりて、いな穂かゞまずむかしの陪堂《ホイトウ》となりて侍る。(「そとがはまかぜ」)

天明の飢饉によって百姓から乞食に転落した男の物語は、さらに続くが、真澄はこのとき、秋田路に向かうという乞食に銭を取らせて別れている。こうした男は公的な記録類のなかでは、「非人」として数えられるかもしれないが、真澄の眼にも、男自身の認識にあっても乞食《かたゐ》であり、陪堂《ホイトウ》であった。すくなくとも、この男が身分制度上の「非人」であったとは思われない。「雫石歳代日記」の非人小屋に収容された人々もまた、社会身分として固定した「非人」ではなかったはずだ。

あるいは、原田が自明なものとして使用している「賤民」なる呼称・概念にも、関東以南の差別の実態に拠った先験的なイメージが色濃く投影されており、ただちに従うわけにはいかない。飢饉によって衰滅に瀕した村々に、浮浪化した百姓や乞食たちが呼び寄せられ、あらたに村立てがなされた例は東北では珍しいものではなく、「賤民」身分がかなり流動的であったことにも注意したい。原田はまた、門付け芸能を「下級芸能」と無造作に呼んでいるが、これにも同意しがたい。たしかに、村の外から、祭りその他の日に訪れ来たる雑芸の演じ手たちにたいする、ある種の賤視の眼差しは東北にもあった。が、それはただちに身分差別を意味したわけではないし、かれらのすべてが社会制度的な身分として「賤民」であったわけでもない。帰るべき村があり、その村にはわずかではあれ耕すべき田畑がある、あたりまえの百姓である例は多い。しかも、かれらが村々に運んでくる芸能は、しばしば村人たちに熱狂をもって迎えられた。そこには「下級」であるか否かなどという価値判断は、まるで入り込む余地がなかったことに、注意を促しておきたい。

それにしても、原田が指摘しているように、東北では近世の初めには、被差別の民はきわめてわずかであった。かれらの集落は城下町など都市部に集まり、農村部にあるとしても、いわゆる町場的な性格を帯びた場所に存在したという。ここからは、東北の被差別部落の起源についての、以下のような仮説が浮かびあがるだろう。すなわち、その社会的な起源は、近世以降に藩主の移動にともなって城下に連れてこられた「穢多」系の被差別民にあり、それが制度的に整えられることで、しだいに西国的な被差別部落に近接するようになったのではないか。たとえば、仙台城下の被差別民は伊達氏にしたがって来住したと伝えられ、会津若松では蒲生氏郷が文禄年間になって、黒川時代からの被差別集団を定着させたのではないか、と原田によって想定されている。このかぎりで、そこに西国の「賤民」イメージが二重映しになるのは当然である。しかし、それがどの程度に身分制度として確立していたのか、かれらにたいする差別や賤視の度合いが都市部において、また農村部においていかなるものであったのか。そうした問いについては、依然として周到な留保が求められるはずだ。

ところで、東北には西国と比べて、なぜ被差別部落がすくなかったのかという問題が、さまざまに問われてきた。これに関して、原田は以下のように論じている。――畿内・瀬戸内海などの「先進地域」にたいして、「後進地域」ことに東北においては、相対的な農工生産力の低さ、社会的な分業の未熟さによって、ことさらに農民の下に賤民身分を置いて分割支配を強化する必要がすくなかった。東北では、名子・被官らの家内隷属農民が、「先進地域」における賤民身分の社会的な役割を代行することで、農民のあいだには、事実上の身分的分割支配が、封建領主が身分制度を導入する以前に存在していた。東北の被差別部落がわずかながら、「後進地域の中でもいわば先進部である都市と一部の在郷町的村落に見出される」のは、こうした歴史的な背景を明かしているのではないか、と。

そして、原田は「近世東北地方の被差別部落」の最後を、以下のような興味深い一節で結んでいる。

近世封建権力が、いかなる現実的必要から、いかなる時点に、いかなる地点に、賤民的身分集団を創出固定せしめていったかということは、具体的には現在まだ充分に明らかにされていない。私は、これについて、西日本地域においては、戦国末から江戸初期にかけて、治安維持と皮革生産確保のために、はじめのうちは城下・港・街道の要所などに賤民部落が創出され、やがて時代が降るにつれて農村地域にも及ぼされていったものであろうと考えているが、この想定は、中世賤民身分の伝統が稀薄であり而も後進地域である、いわば「実験室」的分野を提供する東北地方における、部落の形成過程に関する叙上の究明によって、ある程度証明されうるのではないかと思っている。

古典的なまでの経済の発展段階説に立った、「先進地域」／「後進地域」という二元分割にたいして、あらためて異議申し立てをしようとは思わない。それは疑いもなく、中央から辺境への、また都市から農村への差別のまなざしを二重に孕んだ東北観に根ざすものである。縄文以来の東北が背負ってきた、西南日本とはかなり異質な種族＝文化的な背景を捨象したうえで、中世における賤民制の不在が、生産力の低さや社会的分業の未熟さといった、経済的な「後進性」に帰せられることには、とうてい同意しがたい。なぜ、東北には近世以前に賤民制が存在しなかったのか。その問いはたいへん重要なものだが、列島の南につらなる沖縄の島々もまた、制度としての賤民身分を分泌することのなかった社会であることを想起するとき、それを経済的な条件に還元して事足れりとすることはできないだろう。

あるいは、わたしがとりわけ懐疑を覚えてきたのは、東北では、名子・被官と呼ばれた家内隷属農民が賤民身分の役割を代行することで、封建領主が身分制度を導入する以前にすでに身分的分割支配が存在していた、という原田の推論である。とても歴史家の議論とは思えない。たんなる印象批評である。たしかに、名子・被官など、大家族制度のもとで家内奴隷にもひとしい扱いを受ける人々が存在したが、かれらはいったい、賤民身分のになった職掌や役割を代行したのか、その形跡はあるのか。わたしはそれを疑う。たとえば、近世東北の賤民たちは、警衛・刑吏関係、皮革業、そして雑芸能を主たる職掌としたが、家に隷属させられた名子・被官たちははたして、そうした仕事に専従的に従ったのか。民俗学的なフィールドでの聞き書きからは、まったくそれを支持することはできない。たとえば、マタギ文化が色濃く残存する東北では、動物の解体や皮革の処理などが穢れた仕事とは見なされていない。隷属的な立場の者たちに、それらの穢れた仕事が押し付けられたと想像するのは、皮革をめぐる差別が自明に社会を覆い尽くしている西の「先進地域」の通念、その呪縛のゆえである（拙著『婆のいざない』第四章を参照のこと）。

ところで、原田は被差別部落の起源に関しては、中世以来の賤民制の残滓のうえに、近世の封建権力によって政治的にあらたに創出され、確定化したものと考えていた(『被差別部落の歴史』)。いわば、被差別部落の前史にかかわり、先の経済的な側面からの議論は展開されていたのである。中世の賤民制の伝統が稀薄であり、かつ経済的には「後進地域」であった東北は、それゆえに、被差別部落の発生に関する「実験室」的ともいえる地域となりうる、そう、原田は論じたのである。

おそらく、原田の目論見は外れるだろう。たしかに、東北の被差別部落については、封建権力による政治起源説が「実験室」の光景のように実証される、その可能性はけっして低いものではない。しかし、そこから西国の被差別部落の政治起源説があきらかになるかといえば、わたしは懐疑的である。東北には中世賤民制の伝統がない、それゆえに、中世/近世のあいだの連続/非連続のよじれを腑分けする作業なしに、純粋培養されたかたちで被差別部落の発生のプロセスを辿ることができる、その可能性がある、だからこそ、東北は「実験室」となりえる。そう、原田は考えたが、東北の被差別部落はおそらく、西国において制度的に輪郭が整えられた賤民制の政治的な移植として位置付けられるべきものだ、と思われる。東北が政治起源説を実証するための舞台となることは、残念ながら、ない。

さて、わたしにとっての関心はむしろ、東北の古代・中世にはなぜ、社会制度としての賤民身分が存在しなかったのか、その不在の伝統は近世にどのような影を落としているのか、といった問題群に絞りこまれる。とはいえ、ただちにそれらの問題へと赴くことはできない。ここではただ、菅江真澄の日記や地誌を手掛かりとして、東北の近世を生きた非農業民の諸相——芸能民・遊女・巫女など——に眼を凝らしながら、そうした問いかけに向けての、ゆるやかなアプローチを試みるだけのことだ。

3　芸能／万歳・ゑんぶりずり・田植踊り

菅江真澄の膨大な日記・地誌類を眺めていると、真澄がみずからの眼で見て、耳を傾け、書き留めた乞食や雑芸の徒らの姿が、じつに生き生きと起ちあがってくる。むろん、その記述の多くは断片的なものであり、たとえば体系的な「賤民」研究への志向といったものは見られない。むしろ、真澄という旅の人は、それらの人々を「賤民」の名のもとにひとくくりにするような、手垢まみれのまなざしからははるかに遠い場所にいた。真澄がこのとき、方法以前ゆえに逆に豊かな、真にすぐれた民俗学者のまなざしをもって記録する人であったことは、疑いえないことだ。そして、真澄が生涯にわたる旅人であったことが、たんなる郷土史家の狭い知見を越えた、いわば比較民俗誌とでも呼ぶべき水準の記録を可能とさせたことは、幾重にも稀有なることであった。

はじめに、呼称をめぐる問題に触れておかねばならない。真澄にはくりかえすが、「賤民」のごとき包括概念は見られない。あらかじめ差別や賤視を自明とした語り口がない、といいかえてもいい。「賤民」に括られるような人々に出会ったとき、真澄が使用した呼称はほぼ三つに限られている。すなわち、「らく」「ゑとり」「かたゐ」の三種である。「かたゐ」がもっとも多く、普通名詞に近い使われ方をしている。その外貌から、乞食や浮浪の民に類する人々を「かたゐ」と仮に呼んだのである。

「らく」の場合には、ときに、「良久」や「楽久」の漢字が宛てられるが、これは真澄が秋田県内に滞在の折りに書かれた日記のなかにのみ見いだされることに、注意を促しておきたい。いくつかの用例を拾ってみよう。たとえば、旅のごく初期の頃の日記には、「らくとは、ゑた、皮はぎのわざせるものをいふ」(「おののふるさと」/秋田県湯沢市)と見える。それから十五年あまりを経た日記では、「楽久《ラク》とて、ゑとりかたゐめけるもの」(「すすきのいでゆ」/秋田県大館市)となる。「らく」と呼ばれる人々とじかに接していない時期の、「穢多」や「皮はぎ」とほぼ同義に結ぶ用例から、しだいに「ゑとりかたゐめけるもの」へと認識がゆるやかに変わった様子が窺われる。「らく」が出羽地方(秋田・山形)における、エタ系の被差別民のローカルな呼称であったことは、よく知られている。たとえば、庄内地方では「穢多は、文書類では多くは長吏・町離と出てくるが、俗にラクと呼ばれていた」(『部落史用語辞典』「ラク」の項)という。いわば、「らく」は出羽地方に独特の民俗語彙に近い位相にあったと考えられる。

　これにたいして、「ゑとり」は「らく」を比喩的に説明するときの用例を除けば、単独の呼称としてはかなり限定的な使われ方をしている。こんな用例である。すなわち、「里のかたはらに、ゑとりのすめるほとりに高き岡のありて、をたぎの神の祠を建てり」(「ゆきのあきたね」/秋田県大館市)と。村里のはずれの、愛宕の神の祠が祀られた丘のほとりに暮らす「ゑとり」について、鮮明な像を結ばせるのはむずかしい。それをただちに、原田のごとく「賤民部落」と解したり、愛宕の神に仕えるヒジリ的な「賤民」と見なしたりすることは、あまりに西国のイメージに寄り掛かりすぎており、了解するわけにはいかない。あるいは、「かたゐ、ゑとりの長を此郷にてはドウマンといふ也」(「まきのふゆがれ」/青森県むつ市)と見える。この「ドウマン」(道万)は米《よね》をもらい歩く人々、とされる。とりあえず下北半島には、被差別の民にかかわる、「ドウマン」という民俗語彙が存在したことが知られるはずだ。この用例における、「かたゐ」と併置される「ゑとり」の実態は、すくなくとも近世的な身分制度のなかの「穢多」と同義とは思われない。

ところで、真澄の日記や地誌には、被差別民を表わす俗称、つまり民俗語彙が「らく」「ドウマン」以外にはほとんど拾われていない。のちに触れるように、遊女の呼称が地域ごとに多彩であることなどとは対照的ですらある。その、わたしが民俗語彙に近い位相にあると見なしてきた二つの用語に関しても、留保が必要である。「ドウマン」については、平安期に活躍した陰陽道の伝説的人物・蘆屋道満が浮かぶ。それはまた、東国に多い地名でもあり、柳田国男などは初期の地名論のなかで、アイヌ語の湿地を意味するトーマン・トマムに繋げて解釈をしていた。その柳田を承けて、村はずれの湿地に定着した人々を「ドウマン」と呼んだ可能性を説くことはたやすいが、あまりに不確かな推量にすぎない。「らく」の場合には、出羽地方に根生いの言葉ではないことが、比較的にはっきりとしている。「らく」つまり「楽」は、仏典の極楽を指す「十楽」に発して、中世には楽市楽座などに示唆されるごとく、法＝制度の縛りから解放された自由・自然な状態を意味していた、といわれる(網野善彦『増補　無縁・公界・楽』の「補注」による)。それが近世の出羽地方にあっては、被差別部落の呼称のひとつとなったわけだが、久保田(秋田)の城下ではすでに早く、一六二〇年代には史料的に確認される。いずれにせよ、「らく」なる呼称はその時代に、西日本から移入されたものであろう。

ただ、ここで問われるべきは、中世的な自由の表出語であったともいわれる「楽」がいかなる過程をくぐり抜けて、出羽地方の被差別の民を表わす俗称となっていったか、その反転の歴史である。残念ながら、それを解きほぐすことは、いまのわたしにはできない。ひと言だけ触れておく。つまり、真澄の秋田県湯沢市あたりでの見聞のなかに、地震に遭遇した人々が声をそろえて、「万歳楽《まんざいらく》、万歳楽」と唱える習俗が存在したことが見える(「おののふるさと」)。そこでは、のちに触れる「万歳」という芸能と

「らく」なる呼称とが結ばれている。「らく」がたとえば、被差別民の芸能的な側面から発生・定着した呼称である可能性が認められるのかもしれない。

こうした被差別の民や被差別部落にかかわる呼称の貧しさは、中世賤民制の伝統と無縁であったがゆえの、東北における身分差別それ自体の歴史の浅さを暗示しているのだろうか。それとともに、近世以降においても、「賤民」にまつわる政治的に仮構された身分制度が社会の深部にまで浸透しなかったことが、たやすく想像される。とはいえ、じつは原田の「近世東北地方の被差別部落」などには、はるかに多種多様な、文献史料から拾われた「賤民」の呼称が見いだされる。それらの呼称は、その大半が西国と共通するか、そのヴァリエーションの類と考えられる。城下町や港町など、かぎられた都市的な場を越えて、農村部にいたるまで、西の身分制度が広く深く浸透していたとは思えない。おそらく、「らく」や「穢多」「非人」らの姿は、封建領主の膝元である城下町や港町などを除けば、さほど身近なものではなかったのである。真澄の日記のなかで、かれらの姿がもっとも生き生きと描かれているのは、さまざまな言寿《ことほ》ぎの芸能を携えた正月の訪れ人としてであった。思いがけず被差別民の俗称が稀薄であるのも、そのあたりに原因が潜んでいるのかもしれない。

＊　＊

「らく」と称された人々の日常の姿は、真澄の日記にほとんど描かれていない。わずかに、たとえば久保田城下の下町を通過した折りの短い記述があるばかりだ。一八〇一(享和元)年、師走の半ばも過ぎた頃の日記の、以下の一節である。

かくて下町ちふところに来り、軒もせにつるぎの袋、阿堵物の帒、鼓、雪沓、したうづのたぐひを皮もて作り、掛ならべてひさぐは、良久とて、ゐとり、かたゐめけるものらが栖家とはいへり。
（「ゆきのみちおくゆきのいでわじ」）

「秋田沿革史大成」によれば、城下の「穢多」が居住させられた区域を花立町といい、かれらには獣類の皮革によって武具・馬具の製造その他をもっぱらにさせた。かれらはまた、毎年、正月万歳と称して市中や郡村を祝い言葉を唱えつつ巡回し、登城して御台所でも祝言を述べた。あるいは、田の神・猿回しなども同町に株を有する家があり、それぞれ町や村を巡回して守札を配った。さらに、「梅津政景日記」によれば、土崎湊にいた「らく」が城下に移り、花立町に定着したのは近世はじめにさかのぼり、当初はここを「羅く町」といい、のちには「下町」とも称した、とされる。既決囚の獄舎が設けられ、「らく」ないし「穢多」と呼ばれた人々は行刑にもしたがった（原田伴彦「近世東北地方の被差別部落」による）。真澄の日記に書き留められたのは、この下町に暮らす「らく」の職掌、つまり皮革業・雑芸能・行刑のなかの一部である、皮革にかかわる製造と販売であったことがあきらかとなる。

それにしても、久保田城下の「らく」の多様な姿に接するとき、真澄の筆は都市部の被差別民の実態にはかならずしも届いていないのではないか、という懐疑が寄せてくる。真澄の残した膨大な日記・地誌類の帯びる史料的な価値について、また、その特質について、十分に検証を重ねておく必要があるのではないか。しかし、それはむしろ、あらゆる史料に関して当てはまる前提条件にすぎないはずだ。その史料価値をいたずらに過小評価する必要はない。なぜならば、真澄のとりわけ日記類は、たとえば、

ふくだはら（「無題雑葉集」）

「らく」と称された人々の芸能の民としての姿を、公的な記録にはけっしてすくい取られることのない具体の像において、いわば、その身なりや容貌、仕草や唱え言葉などとともに現在進行形で描きとった、おそらくは依然として、唯一の史料であるからだ。

真澄の描いた東北の正月風景のなかには、家々の門《かど》に立ち、言寿ぎして歩く雑芸の徒らの群れがくりかえし登場する。もっとも滞在期間の長かった秋田の事例が、やはりもっとも豊富に拾われている。その姿は思いがけず多彩であり、真澄の関心の深さと拡がりが随所に窺われる。

（一月七日）万歳のうたひごゑ、あきのさし、ふくだはら、ぢちのこがねの箱など、家〳〵に、ものもらふ、かたゐ出入ありく。いやしに人来れば、手かけのおしきに、うちまき、ほしがき、こんぶ、栗盛出てけるを、いさゝかぬかさげて、酒のかはりとて銭つゝみたるを扇にのせて、さしいだしてかへる。（「おののふるさと」／秋田県湯沢市）

「あきのさし」はあきの方から福の神が参ったと称して、「ふくだはら」は小さな俵を転がしながら、そして、「ぢちのこがねの箱」は千両箱を携えつつ、それぞれ祝言を述べて米銭を乞いあるいた雑芸の徒である（『菅江真澄全集』第一巻、宮本常一執筆の「註」による）。「ふくだはら」に関しては、真澄の「無題雑葉集」の絵図に、ふたりの若者が小さな俵を提げ、ひとりが大きな俵を肩にかつぐ三人一組の図柄によって示されている。

万歳の記事はほかにも多く、真澄は「ふでのまにまに」の一節で千寿《せんず》万歳について論じ、久保田城下に、代々針生清太夫を名乗る秋田万歳の一派があったことを説いている。これは三河万歳の流れを汲み、古来より表六番・裏六番の十二段の曲を伝えてきた芸能民であり、花立町の一角に居住した。烏甲に素襖、手に扇を持った太夫と、折り烏帽子に鼓をかかえた才蔵とが対をなし、その年の豊作を予祝しつつ門付けをしてあるいた、という（稲雄次編『菅江真澄　民俗語彙』「秋田万歳」の項による）。湯沢附近の正月風景に見える万歳が、この花立町の秋田万歳といかなる系統関係にあったのか、いまは知ることができない。

（一月八日）　万歳うたふ鼓うち聞え、田の神いはふ十万町のかたゐらに、よねもてはこぶに、誰がやどもいとなけん。（「ひおのむらぎみ」／秋田県五城目町）

（一月四日）　けふも万歳のつゞみうつ声、遠う聞えたり。（「ささのやにつき」／秋田市内）

門ごとに立って、鼓を打ちながら、「田の神」を祝い豊作を祈願する文句を高い声で唱える、とりあえずはそれが万歳であった。五城目の万歳は「かたゐ」と記されているが、以下に引く別の日記には、

「田の神」を言寿ぐ十万町を歌う「らく」の姿が詳しく書き留められている。ただし、その芸態《わざ》を万歳とは記さずに、「田の神」と称している点が異なっている。鼓を打つ様子も見られず、「田の神」を祝う十万町の文句ばかりを唱える雑芸に変化しているようにも想像されるが、詳細はわからない。

（一月七日）声うちどよむまで聞えたるは、楽久とて、ゐとりかたゐめけるもの、来つつ、「じうまんぢやうあなたにはなに、こなたには福、幸の田、みねにかた、ひさうの駒につまづきござらぬ、だいごだひし、春徳はるかに、さしは栄ふて、つちに花咲て、こがねの実なる、もろこしやうと、かどをいはふた、みかどにこそ松は二本栄えたれ、右の松は千歳山の姫小松、左の松は万歳やまの男松、松の上のかざりに、こがねの氷、奥山のゆづり葉、秋のわらにかざらせ給ふ、千万町うしろには、げんぶのみくら、前は左右両の泉をたゞへ、命ながえのひさごを持て、くめどもつきず、飲どもかはらず、大福長者といはゝれ給ふ、これぞ御家のごしうぎ」と、家ごとに入来てしか唄ふ。これを田の神とて、かれがみとしの神のみかたしろを、紙におしもてありく。それらに銭とらせ、よねくれぬ。（「すすきのいでゆ」／秋田県大館市）

この唱え文句の背景を辿るだけの知識が、残念ながらわたしにはないが、門かどに立った家が富み栄えることを祝う内容であり、それが「田の神」と呼ばれる雑芸であったことは知られる。そうして「らく」は、家ごとに歳の神の形代を紙に押したものを配ってあるき、米や銭を得たのである。この互酬関係を支えている信仰や習俗は、基本的な構図として、万歳とも、さらに「あきのさし」「ふくだはら」

「ぢちのこがねの箱」などとも変わるところはない。年のはじめの正月に、歳の神を背負った訪れ人が、家々の栄えや農作の豊穰を予祝するさまざまな芸能を演じ、それにたいして米銭が対価としてあたえられる。その芸能の貴／賤を弁別し、「下級芸能」やら「雑芸能」やらの術語《ターム》に封じ込めて事足れりとしてはならない。乞食＝ホイトの職業を、ある種の社会的な慣習のうえに成り立つ宗教的な交易として位置付けてみせたのは、柳田国男であったが、まさにここに見いだされるのが対価交換＝交易の思想であったことを、なにより確認しておきたい（本書第一章Ⅰを参照のこと）。

このほかに、秋田での見聞としては、「無題雑葉集」に収められた幾枚かの絵図のなかに、正月の雑芸の徒が姿を見せている。「ふくだはら」（福俵）にはすでに触れたが、盲人が五人連れ立って、正月十一日、武家屋敷を訪れる絵図がある。その説明には、「四方四面に蔵建て、でつちむつくと十万歳、栄えたるものがたり」と見える。物語りする座頭の集団であろうが、これら琵琶法師にかかわる記事は真澄の日記のなかに散見されるものだ。

そして、「かうろぎ」という名のふたりの女連れの絵図は、とりわけ印象に深い。胸をはだけ乳飲み子を背に負い、鳴子の板やヒョウタンらしきものを括りつけた杖をつく女と、それにしたがう女は、久保田近郊の村からやって来た「かたゐ」と説明されている。ここにも「苗もよいば代もよい、植てさかれや、こしうとめ、笠も小手もいりもせす、はやく世をとり嫁になりたや」という、正月の祝言の文句が書き留めてある。田植えする早乙女の願いを託した内容とも読めるが、図柄とのアンバランスな隔たりが奇妙なおかしさを誘い、あるいは、滑稽を種とした雑芸であったのだろうか。

その「かうろぎ」という呼称も、いかにも道化振りである。ふたりの女の顔は仮面を付けているか、

正月の雑芸の徒(「無題雑葉集」)

かうろぎ(「無題雑葉集」)

墨を塗っているようにも、醜女風に化粧を施しているようにも見える。『日本民俗学辞典』(中山太郎編著)の「コウロギ」(古六騎)の項には、『秋田男鹿嶋名勝巻上』を引いて、「伝説に古六騎は秋田家の臣で後に八橋吹上山陰に潜居し、士とも民ともならず、天徳寺に佐竹家の仏事ある時、又は市内及び附近の村落に吉凶事ある時施米銭を受くる特権を藩から与へた。皆白木綿の長き袋を負つて、戸毎に立つて報謝を受けたとある」と説かれている。たいへん関心をそそられる内容である。

正月の祝福芸の演じ手たちが異装を凝らす例は、やはり真澄によって拾われている。

（一月九日）女の、男の仮面《ヲモテ》をかけて毛荒《ケラ》てふものをきて、手毎に鳴子をつき鳴らし、つきならして、「ゑもとさえもがほうたんだ、一本植ればせんぼとなる、かいとのわせのたねかな」あるはうたふ「綾や錦の小袋」など、宝かぞへといふこともせり。こは、みちのおくのぬかのぶの郡にも、女の諷ふ、ゑんぶりずりの藤九郎が参た、といふふりにひとし。（「すすきのいでゆ」／秋田県大館市）

仮面とケラ蓑によって男装した女が、鳴子をつき鳴らしながら唱える文句は、ここでも田植えにかかわり、その豊作を予祝する内容となっている。この簡略な記述からは、演じ手が女ひとりなのか、それとも複数なのか、あきらかに読み取ることはむずかしい。仮にひとりであるならば、真澄がここで筆を及ぼしている糠部郡の「ゑんぶりずり」の崩れた形態であった、といっていい。この「ゑんぶりずり」に関しては、いくつかの日記の記述や絵図から、その姿を詳細に再現することが可能である。

たとえば、下北半島の田名部の正月風景の以下のひと齣に登場しているのは、「ゑんぶりずり」を演ずる芸能の徒の一団である。

（一月十五日）ひるつかた、うへにゆかたびらをきて紅のすそたかくからげ、はぎまきにわらうづふんで、田植のむれりめの声をそろへて、「えもとさえもがほうたんだ、一ぽん植れば千本になる、かいどのわせのたねとかや。ほい〳〵」と、鳴子うちならしてさりぬ。（「おくのてぶり」／青森県むつ市）

（一月十六日）わけて此日は、田うえめ多くむれありき、家々に入みちたり。（同前）

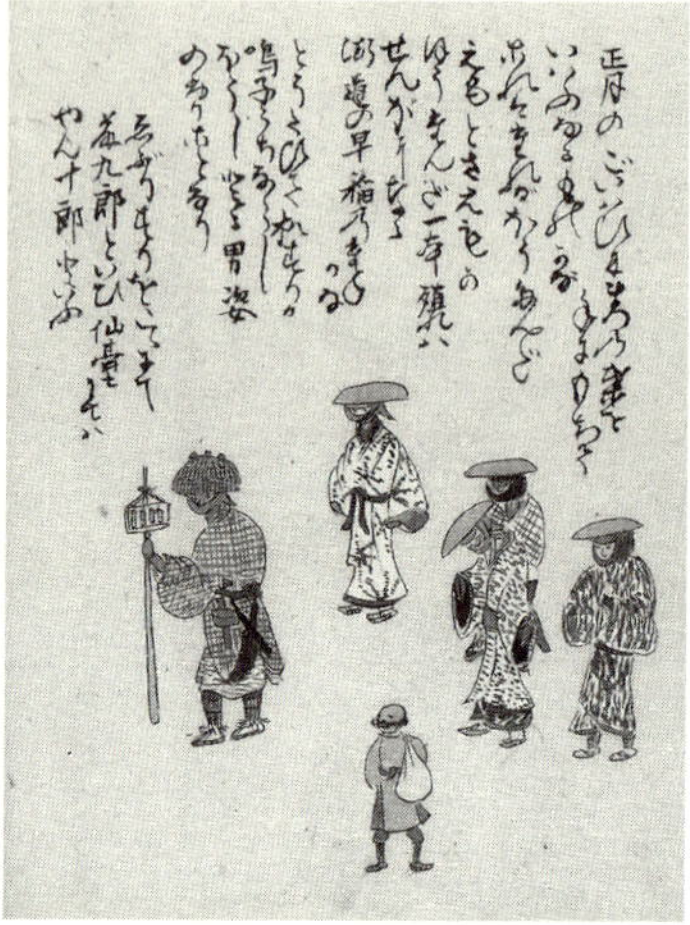

藤九郎(「おくのてぶり」)

小正月の十五、十六日に家々を訪れる、「ゑんぶりずり」の女たちのあでやかな姿が写し取られている。田植えする群れり女《め》たちの唱える文句はまさに、あの、秋田の大滝温泉で真澄が耳にした言葉そのままである。真澄の連想はごく自然なものであったのだ。この日記には「藤九郎」と題した絵図が附されてある。説明にいう、鳴子を打ち鳴らし拍子を取っている異様な男姿の女は、絵図では集団の先頭にいる。編笠をかぶり手拭いで覆面をして、鳴子らしき板片を吊るした杖をつく男装の女の姿こそは、おそらく大滝温泉の異装を凝らした女を彷彿とさせるものだ。また、久保田郊外の「かうろぎ」の女の杖が、その鳴子板を結びつけた杖とよく似ていることも、気にかかるところである。そして、絵図に描かれた「ゑんぶりずり」の一団は、拍子を取る異装の女のほかに、平笠をかぶり、目出しに手拭いで顔を覆った田植え女《め》を演じる四人の女と、小袋をかついだ男児か小男の、総勢六人から成っている。

ところで、「おくのてぶり」の絵図の説明には、「ゑんぶりずり」を田名部近辺では「藤九郎」といい、仙台では「やん十郎」と称する、とある。名称は土地ごとに変化しているが、この「ゑんぶりずり」に類した芸能は東北には広く分布していたらしい。真澄は「つがろのつと」には、「ゑんぶりずりの藤九郎が参たとて、南部、仙台などにて田うへてふおどりせるも、もとは、田の杁かいならせるまねびよりはじまれり」と書いており、この正月の芸能が「田植」とも呼ばれていたことが知られる。実際、真澄は岩手の胆沢《いさわ》郡に滞在していた折りの日記に、その「田うへてふおどり」つまり田植踊りの詳しい記録を残している。便宜上、段落を分けたうえで番号を振る。

（一月十八日）①あした日照りて、やがて雪のいたくふれり。田植躍《タウヱヲドリ》といふもの来る。笛吹キつゞみうち鳴らし、また銭太鼓とて、檜曲《ワケモ》に糸を十文字に引渡し、その糸に銭を貫て是をふり、紅布《アカキ》鉢纏《ハチマキ》したるは奴田植といひ、菅笠着て女のさませしは早丁女《サヲトメ》田植といへり。やん十郎といふ男竿鳴子《ナルサヲ》を杖につき出テ開口《クチビラキ》せり。

②それが詞に「杁《エンブリ》ずりの藤九郎がまゐりた、大旦那のお田うゑだと御意なさるゝ事だ、前田千苅リ、後田千刈リ、合せて二千刈あるほどの田也。馬にとりてやどれ〱、大黒、小黒、大夫黒、柑《カウ》子《ジ》栗毛に鴨糟毛《カモカスゲ》、躍入《ヲドリコン》で曳込で、煉《ネ》れ煉れねつぱりと平耕代《カケタ》、五月処女《サヲトメ》にとりては誰《ド》れ〱、太郎が嫁《カヽ》に次郎が妻《カヽ》、橋の下のずいなしが妻《カヽ》、七月姙身《ナヽツキコバラ》で、腹産《コバラ》は悪阻《ツハク》とも、植てくれまいではあるまいか、さをとめども」といひをへて、踊るは、みな、田をかいならし田うゝるさまの手つき也。

「うゑれば腰がやめさふら、御暇《オトマ》まをすぞ田ノ神」と返し〱うたひ踊る。

③そが中に、瓠《ナリヒサゴ》を割て目鼻をゑりて白粉《シロイモノ》塗て仮面《オモテ》として、是をかゞふりたる男も出まじり戯れて躍り、此事はつれば酒飲せ、ものくはせて、銭米《ゼニヨネ》扇など折敷にのせて、けふの祝言《イハヒ》とて田植踊等にくれけり。（「かすむこまがた」／岩手県奥州市）

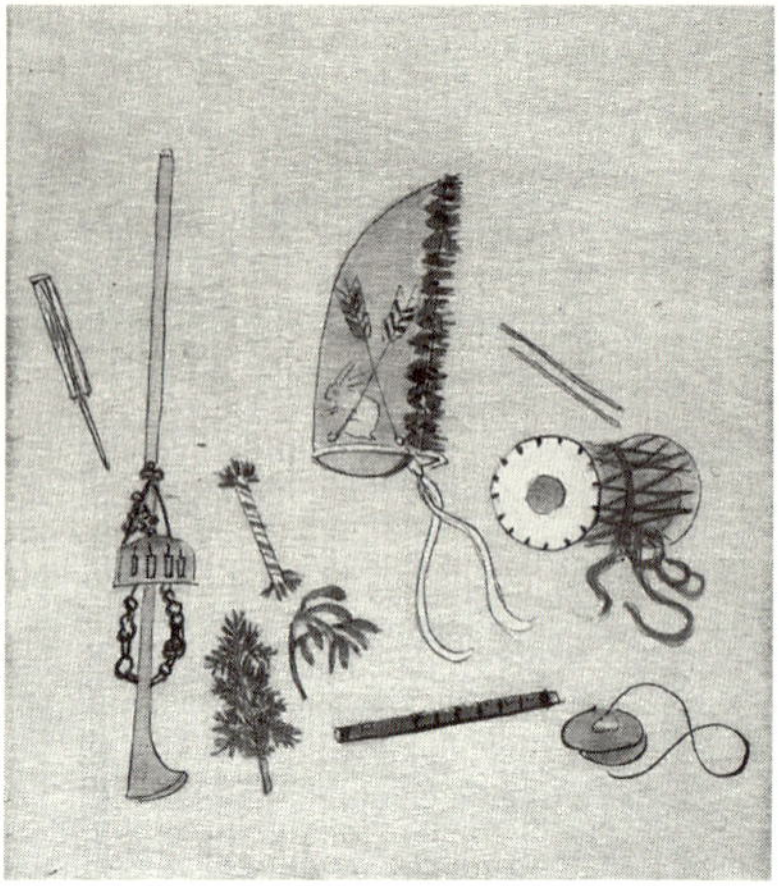

ゑんぶりずりの装具(「つがろのつと」)

一面の雪景色の底で演じられる田植踊りの光景が、その囃《はや》し詞とともに、いかにも印象深く描写されている。笛を吹き鼓を打ち鳴らし、銭太鼓なるものを振る、紅い布の鉢巻をした「奴田植」、菅笠をつけ女装に身を凝らす「早丁女田植」、竿鳴子《ナルサヲ》の杖をついて口上を述べたてる「やん十郎」、さらには、半割りの瓢《ナリヒサゴ》に目鼻をあけ白粉を塗った仮面をかぶり、戯れ踊る道化役らしき男らが、次から次へとにぎやかに登場する。どうやら男ばかりの一団のようだ。前の晩からこの田植踊りを楽しみに待ち受けていた童たち、そして、村の老若男女らが、みな、どこか雪の降り積もった庭先で、笑いどよめきながら眺めていたはずだ。

鳴子板を結びつけた杖を、ここではナルサオ（竿鳴子）と呼んでいる。それを打ち鳴らし拍子を取るのが「やん十郎」、口上開きには「杁ずりの藤九郎がまゐりた」と語られる。竿鳴子から笛や鼓に銭太鼓と、鳴り物もにぎにぎしく、やん十郎の口上が終われば、奴田植や早乙女田植らが田を杁で掻きならし、田植えするわざを演じるだろう。まさに下北半島の「ゑんぶりずり」と変わらぬ正月の予祝芸能であり、この地方では田植踊りと称されていたのである。鳴り物と倒錯的な異装に色濃く彩られた、近世半ばの東北、その正月風景のひと齣ではあった。

胆沢の田植踊りがどうやら男衆ばかりで演じられたのにたいして、下北の田名部の「ゑんぶりずり」

が女衆による芸能であったことは、何を意味するのだろうか。にわかに、その先後関係を論じようとは思わないが、胆沢の田植踊りのほうがより本格的な芸態をそなえたものであったことは、とりあえず否定しがたい。津軽・小湊の小正月には、やはり「ゑんぶりずり」の群れ来る姿が見られたが、これは「かたゐらがわざにてもあらず、村々のわかうどがうち戯れにぞしける」ものであったらしい（「つがろのつと」／青森県平内町）。村々を門付けしてあるいた「ゑんぶりずり」の芸能を模倣して、村の若衆らが始めたものではなかったかと、わたし自身も真澄とともに推測する。

この「ゑんぶりずり」は、田植踊りと称されたことにも暗示されるように、古代末期から中世にかけての西国で流行した田遊びや田楽に遠い淵源を有するのかもしれない。中世の田楽に関しては、膨大といっていい研究の蓄積がある（たとえば、芸能史研究会編『日本芸能史』第二巻、網野善彦編『職人と芸能』に所収の西岡芳文・藤原良章の論考、などを参照のこと）が、十〜十一世紀の、草創期の田楽は田植神事の余興として演じられ、白装束で太鼓を腹につけ、杁や鍬《くわ》などの農具を振りまわす所作を含むものであった、といわれる。多数の細長い木片を連ねたビンザサラが、田楽を特徴づける楽器であったが、ほかにも笛や腰鼓など欠かせない鳴り物があった。美しく装った早乙女、しどけない出立ちの田主《たあるじ》の翁や姥、そして、ビンザサラ・笛・腰鼓などの楽器を奏でつつ囃す田楽衆など、たしかに真澄の日記に描かれた岩手の田植踊りの光景へと、よじれながら繋がってゆく可能性をかすかに感じさせてはくれる。

しかし、田楽と称された芸能のなかには、いくつかの流れが混在しており、近世東北の田植踊りや「ゑんぶりずり」に到りつくまでの過程の結ぼれを解きほぐすことは、わたしの力がとうてい及ばない作業である。鎌倉期には祭礼芸能として定着し、それを専業とする田楽法師が現われる。かれらは、中世的な文脈のなかでは道々の輩としての職人の一類であり、被差別の民ではなかった。それにたいして、近世の東北では田植踊りや「ゑんぶりずり」の担い手集団は、すくなからぬ卑賤視を蒙る人々であったらしい。仮りに遠く繋がってゆくか細いラインが想定されうるとしても、それを実証的な手続きをもって辿ることは、至難の業に近い。

わたしにとっての関心の焦点は、じつは、東北の田植踊りが小正月の雪景色の底で演じられる予祝芸能であったことである。秋田の万歳や、「あきのさし」「ふくだはら」「ぢちのこがねの箱」「かうろぎ」らの雑芸の徒らが、ほぼ例外なしに「田の神」を言寿ぎする祝い文句を唱えたことを、ここで想起しておくのもいい。真澄の日記に描かれた正月行事の光景に熱い眼差しをさし向けながら、たとえば下北半島の、軒まで届くほどに深い雪のなかで稲を作り、稲の信仰に生きる東北の常民の姿を掘り当てたのは、『雪国の春』の柳田国男であった。ところが、その下北半島で本格的に稲作が始まるのは、明治半ばから大正期にかけてであり、下北の稲作の歴史は限られたものであった。それゆえ、わたしは幾度か、『雪国の春』を瑞穂の国の幻想の書として批判してきた（拙稿「柳田国男／幻像としての常民」『境界の発生』所収、など）。ここでその批判をくりかえすことはしない。

たしかに稲作の歴史は浅く、しかし、そこには豊かな稲作をめぐる信仰や行事があった。柳田にとっては、だからこそ、それは逆に、いっそう懐かしい追憶の物語となりえたことも確実だった。『雪国の春』に収められた「真澄遊覧記を読む」には、「かすむこまがた」の田植踊りに触れて、こんな一文がさりげなく語られていた。すなわち、これは「本来はカセギドリの群から分化したものと、自分等は推測して居るのだが、もう此時代から此地方でも伎芸となつて、之を業とした部曲があつたらしい」と。

見逃しがたい転倒が含まれている。カセギドリに関しても、真澄は多くの記録を残しているが、村の若衆や子どもたちが担い手となって小正月におこなわれる、農作の豊穣を予祝する行事である。柳田はいわば、田植踊りをこのカセギドリからの分化と見なし、それがさらに伎芸となり、専門的に演じる芸能者の集団が生まれてきたという仮説を語ったのだ。

しかし、稲作との関わりがうすい東北の常民の内側から、田の神を祀り、田植えの所作を鳴り物入りで演じるような予祝芸能が、いかなる必然の糸を連ねて出現するだろうか。東北の山間部を中心として、山の神信仰は広範に見いだされるが、田の神にたいする信仰を伝承レヴェルを越えた水準に認めることは、地域にもよるがたやすくはない。津軽・小湊の若衆たちが、「かたゐ」の雑芸を模倣しつつ「ゑんぶりずり」を戯れに演じたことを想い起こすことにしよう。柳田の仮説は転倒の所産にすぎない。南部・下北そして秋田に、田植踊りや「ゑんぶりずり」や万歳をもたらし、それを正月の予祝芸能として組織していったのは、近世のはじめに西国から連れてこられた、広く「賤民」に括られる人々であったにちがいない。稲作との関わりがすくない山間部や北東北に、ひたすら稲の主題に覆われた田植踊りや万歳が広く分布している奇妙さは、ここから解きほぐされる以外にはないだろう。軒まで届くほどに深い雪景色のなかで、稲の信仰に生きる東北の常民とは、やはり、稲作中心史観に浸されたひとかけらの幻影であったことを、あらためて確認しておかねばならない。

さて、真澄の日記を手掛りとして、「穢多」や「らく」「かたゐ」と呼ばれた人々の芸能とかかわる姿を掘り起こしてきた。その携える芸能が、西国の中世的な伝統を濃密に留めていることは、逆に、東北の被差別民の源流が西南日本にあったことをこそ物語っているはずだ。正月、小松を手に捧げ、寿言《よごと》を述べつつ門口に立った中世畿内の千秋万歳《せんじゅ》の姿を浮かべるとき、その門付けとしての芸能の様式においても、近世東北の「穢多」や「らく」「かたゐ」は西国の中世を曳きずっている（拙著『婆のいざない』第五章「田植え踊りはどこから来たか」を参照のこと）。

くりかえすが、東北に根生いの乞食や浮浪の民には、田植踊りのようなあくまで稲作的な芸能を独自に編みあげることなど、とても不可能な業であった。東北の中世には、田植踊りも万歳もなく、西国的な意味での被差別部落に繋がってゆく「賤民」の姿も見られなかったのである。真澄の日記・地誌類がこうして、いわば裏側から炙り出しのように浮かびあがらせてくれるのは、社会的にも制度的にも「賤民」の存在しない中世の東北である。たとえ、それが陰画としての中世に留まるのだとしても、そこには方法的な可能性がいくらかなりと秘められているにちがいない。

4　遊女／くぐつ・浜のおば・こもかぶり

生涯を旅の人として過ごした真澄は、それゆえにか、妻を娶《めと》ることがついになかった。しかし、真澄に女性にたいする関心が見られないわけではなく、とりわけ遊女に向けての深い関心は随所に表われている。それはなぜか、という問いにたいして、はっきりとした論拠をもって応答することはむずかしい。「ふでのしからみ」に収められた草稿「花のちりづか」のなかには、「夕渡ちとり」「ながれのすゑ」といった、数編の遊女にまつわる歌物語らしきものが残されている。そこには、遊女が歌によって人を動かし、大きな運命の転換を招き寄せるといったテーマが通底していた。真澄はくりかえし、「あはれふかし」という言葉を書きつけているが、それはあきらかに歌物語に見られた叙情の定型といえるものだ。

たとえば、「夕渡ちとり」と題した遊女をめぐる歌物語は、真澄が青年時代に耳にしたと思われる、岡崎の遊女の歌にちなんだ物語である。——河嶋という村のホオズキ売りの娘が、化粧をして立つ遊女《ウカレメ》の姿を見て、世にも稀なめでたきものに思った。そこで、父母に向かって、「わたしが大人になったら、岡崎の遊郭に身を売り、遊女にしてください」と言うと、親たちは笑ってやり過ごした。やがて、父が身まかり母ひとりになると、娘は母を養う孝行の志厚く、みずから身を売ることとなった。その後、「こよひまた誰と枕を川島のゆふなみちとり羽ぬれて鳴く」と詠んだ歌をきっかけにして、江戸からやって来た侍に見そめられ、妾となって江戸へ登った。子もなして、母を呼び寄せ、それから一門はたいへん栄えた、という。この歌物語に続けて、島原のアソビ、出羽の山本郡柳町のウカレメ、秋田郡の湊のクグツらの歌が添えられており、「あはれふかし」という言葉が見える。いまひとつ、「ながれのすゑ」には、『譚海』からの引用として、隠し遊女の歌が大岡越前の守《かみ》を感動させたエピソードが語られている。

これらの遊女にまつわる歌物語は、ついに一冊に編まれることなく終わったが、真澄がかの女らにたいして、特別な思い入れをしていたことは否定しようがない。内田武志が次のように指摘していたことは、その意味で、たいへん示唆に富むものといっていい。

真澄にとって、「うかれ女」は終生の関心、課題であった。永年の諸国の旅先においても、この課題を忘れてはいない。それは、おのれを「白太夫の子孫」としての自覚から発した平等感、「うかれ女」も同じ人間とみられねばならないとする人間観をもって、この「歌物語」を書いたことが推察される。真澄が終生を通じて追究した命題は正しくこれだったのである。(『菅江真澄研究』)

この一節に、わたしは共感を覚える。遊女をめぐるテーマが、真澄にとって生涯をつらぬく最大のテーマであった、とまではいえないにせよ、それが大きなテーマのひとつであったことはあきらかである。そこにはおそらく、白太夫の子孫としての自覚に根ざした、ある深い思い入れが見え隠れしているにちがいない。

遊女の呼称から始めることにしよう。真澄は日記のなかでは、遊女をクグツやアソビクグツの名で呼んでいる。それはいわば、遊女を指す普通名詞であり、地域ごとの呼称にはきわめて多彩なものが見られた。「ふでのまにまに」や「かたゐぶくろ」の一節では、さまざまな遊女《ウカレメ》の呼称を拾いながら、その語義解釈を試みている。たとえば、「かたゐぶくろ」の一節には、真澄の見聞に触れたものだろうか、東日本の遊女の地域呼称が以下のように拾われている。

くゞつ、あそびうどのたぐひ、その名こと也。をなじみちのおくにても、南部にて、**たこ**といひ、**おしやらく**といふ。津軽にて上さまなるを、**ねもち**、しもさまなるを、**けんほ**、石ノ巻にて、**しばや**、気仙郡の**こまがり**、出羽酒田**ひしやく**〔ながれをくむといふことゝいふ〕、久保田、かみさまを、**ねもち**〔むかし根もちうりありきし女かゝるわざせしゆへ、いまにこの名のこりたり。根餅とは蕨もちのことをいへり〕、こしのうしろ国新潟の湊にて、**身うり**、新発田にて、**かぼちや**、出羽きさかたにて、**なべ**、**かみなが**、あつみといふ処にて、**はまのおば**〔貴きもの、娘も一人家居して此わさせり〕、越前角鹿、**かんひやう**〔夕顔をさらすといふこと、なん〕、しなの、国の、**はりばこ**、松前の嶋にて、むかしは、**やくはん**といひ、**がのじ**といひしが、今はもはら、**がの字**といへり。（太字は引用者）

あるいは、「ふでのまにまに」には「うかれめ」と題された一節があって、クグツ・アソビ・ヤホチなどと種類は変わるが、みなウカレメ・河竹・ひと夜妻である、という。そこにも、東日本の遊女の呼称がさまざまに拾われ、注釈が施されている。

左井（青森県下北郡佐井村）ノ浦丁女《ヲトメ》を、**章魚**《タコ》といひ、松前（北海道松前町）の**加の字**《カジ》は、合点《ガテム》の省語也。おなじ江指《エサシ》の**薬罐**《ヤクワン》は、急《ハヤ》きよし、津刈の深浦（西津軽郡深浦町）にて、**水麻漬**《ミヅツケ》、また、**見帆**《ゲンボ》といふあり。むかし、吉田玄甫といふくすしの娘に、美女ありしかば、船人ら酒の相手に頼みしよりおこりして、今は此処の浦娼女通称《ヲトメナト》となりぬ。秋田久保田の**根餅**、**菜葉**《ナノハ》も、むかしは蕨根子餅《ネモチ》〔根花餅ともいふ也〕售《ウリ》また、菜葉商《ウ》りありきし女、身をうりしよりいふ名也。みちのくの石ノ巻キの**芝屋**おなじ。気仙の**小曲**《コマガリ》、越後の新潟の**うき身**、新発田の**南瓜**、信濃の洗馬《セバ》の**針箱**、出羽の蚶潟の**鍋**〔鍋は問麿の下女をなべといふ〕といふ。もと筑摩の鍋祭より云ひそめしか。いづこにまれ、浦々の問麿の下女《ゲスメ》、此業すれば、鍋とり手鍋さげるよしに云かはれり。またおなじ、しほこしのあたりにて**髪長**《カミナカ》といへり。（太字は引用者）

真澄の記述をいくらか整理してみよう。北海道の松前ではガノジ(合点を省略した言葉)、江差ではヤクハン(「早い」という意)。太平洋側――下北ではタコ、南部ではオシヤラク、石巻ではシバヤ、気仙ではコマガリ。日本海側――津軽ではネモチ、ケンホ、深浦ではミヅツケ、ゲンボ(昔、吉田玄甫という医者に美しい娘がいて、船人らが酒の相手に頼んだことから起こり、いまはこの浦の遊女の通称となった)、秋田ではネモチ(昔、ワラビ餅を売り歩いた女が、身を売ったことから起こった名である)、ナノハ(菜葉を売り歩いた女が、身を売ったことから起こった名である)、象潟ではナベ(問丸の下女をいう)、カミナガ、酒田ではヒシヤク(流れを汲むことをいう)、温海《あつみ》ではハマノオバ(貴き者の娘も一人家に居て、この業をした)、また、新発田ではカボチヤ、新潟ではミウリ、ウキミ、敦賀ではカンヒヤウ(夕顔をさらすという意)。そして、信濃ではハリバコ、という。

真澄はそのあとに、「ところ〴〵に、むかしの名うせたるもあり。また今し世の流行《ハヤリ》名あり」と書き留めている。ここにも流行りすたりがあったのである。いずれであれ、こうした遊女を指す呼称について、真澄が三河以来の旅のなかでも、深い関心を持続的に寄せていたことは、おそらく否定しがたい。

こうした遊女にかかわる呼称の多彩さは、けっして東北に固有の現象ではないが、それにしても、ここには包括名称と覚しきものは見当たらない。真澄は遊女を指して、クグツ・アソビクグツ・ウカレメといった呼称を使用していたが、それは土地の言葉ではない。地域ごとの呼称の多彩さに対応するかのごとくに、日記に登場する東北の遊女の姿は、それぞれの地方によって個性的であり、たやすくは統一的なイメージを結ぶことができない。それがいったいなにを意味するのかは、あらためて問うことにしよう。まずは、東北のクグツやウカレメの具体的な姿に眼を凝らしたい。

＊　＊

いくつかの日記から、さまざまな遊女のいる光景を並べて引用してみる。

①はまの温海にいたる。山のあつみといふ処にありける、いで湯に行とて、みちもさりあへず人のかよひぬ。このあたりの里なるとまる人も、まち人も、なべてむすめ持たらんかぎりは、あそびくぐつにやるをならはしにせり。こを、はまのおばとよぶとぞ。（「あきたのかりね」／山形県鶴岡市）

②さうじのあなたに女盞《さかずき》とりて、ゐひなきになきて、あらぬ戯いふは、かみ長とて、この磯のくゞつ也。又人にひめしのびて、夜更て戸ぼそ叩くるあり、是をこもかうむりといひ、はた、なべといふひと夜づまもありと、相やどりの旅人の集りて、むつがたりにせり。（同前／秋田県にかほ市）

③朝とく出る。高きやのうへのすまゐにならび居て、戯れうた唄ふ女あり。此里のケンホといふ、あそびくゞつなりと人のいふに、……（「そとがはまかぜ」／青森県鰺ケ沢町）

④ひきとゐならび、うたひ、つゞみうつやあり。此浦の多古とて、くぐつ、うかれめのたぐひ也。かく、よんごとにうたふなれば、……（「おくのうらうら」／青森県佐井村）

⑤はれたる窓に、ひきどをはじめ実元上人琴かいならしけるを、地獄めぐるすぎやう者など、立とどまり聞つゝ、行にまじりて、閉郡みやこ島辺より来るとて、くぐつやうの女、湯あみしてありたるが、おかしとやおもひけん、唯此おもしろさにいざなはれて来るといへば、ひきどにやあらん、さ一手〳〵とせちにいへば、すべなうかいならしたるは興あり。（同前／青森県むつ市）

⑥も丶あまり泊たるおほふねの、みな、風をまち得て出る。家ごとに笠あげとて、長き棹のうれに菅笠をゆひそへて、その、ふなをさが宿りし屋のうへに立るならひなりけり。こは、楫を枕にむつびたる、あそびくゞつもせり。はた、それらが、そのふねを声かぎりよばふは、袖ふる山の昔ぞ偲れたる。(「つがろのおち」/青森県深浦町)

⑦此戸鹿の浦には、大船小舟の集ひ入て泊する浦屋形なれ、くゞつのひとりふたりはありつ。あまたの舟の入来るころは、老たる、わかきのけぢめもなう問麿《トヒマロ》、海防《フナヤド》に入来て、泊する船客等《フナビトラ》が丸寝して待に、家にありとある灯をけちてみなしぢまに、うば玉のやみのうつ丶にさぐりより、やがて男のふつくろに身をまかせぬれど、男も女もさらに顔見る事のあたはねば、舟人どもは、たゞ酌子果報とて一夜のかたらひぞせりける。鶏のかげろといへばみなひそ〳〵と別れて、友の処女《ヲトメ》も誰といふ事はしらず、知れるは屋戸の刀自《トジ》斗にこそあなれ。是を薦被《コモカブリ》といふとなん。(「おがのすずかぜ」/秋田県男鹿市)

①の「はまのおば」には、「浜の妹」と異文で漢字が宛てられている。山の温海にはたいへん賑わう温泉があり、その温泉で働く遊女つまり湯女《ゆな》として、浜の温海の娘たちが仕事に出ていたものだろうか。このあたりでは、里の富める人も町の人もみな、娘を持つかぎりは遊女に出すことを風習としていた、という。すでに触れた「かたゐぶくろ」では、「はまのおば」について、「貴きもの丶娘も一人家居して此わさせり」と注記が施されている。浜の温海の家々で、娘たちが客を取ったということだろうか。いずれであれ、旧暦九月半ば、稲刈りなどの農作業を終えた村々からは、湯治の人々がいっせいに山の温

海のいで湯へとくり出してくる。その、つかの間の賑わいの季節に娘らに課せられた仕事であったにちがいない。

②の象潟の磯の遊女は「かみ長」(髪長)と呼ばれた。人に隠れて夜更けに戸を叩き訪ねてくるのは、「こもかうむり」(薦被り)であり、「なべ」(鍋)という一夜妻もあるとは、旅人の物語りするところだ。③の鰺ケ沢の湊では「ケンホ」(見帆)、④の下北半島の佐井の浦では「タコ」(多古・章魚)、それぞれに遊女の俗称である。③と④にはともに、湊の遊女宿で戯れ唄を歌い、あるいは、歌いながら鼓を打つ姿が写し取られている。

⑤の下北の恐山の湯治風景のなかでは、偶然に出会った岩手閉伊郡の宮古(島)の遊女が琴を掻き鳴らしている。遊女はひとりであったか、連れがいたか。はるか恐山にまで湯治に来ている図柄には興味をそそられるが、ここでは遊女がたんに春を販《ひさ》ぐ存在としてではなく、楽の音に惹かれ、みずからも琴を爪弾きする風流《ふりゅう》の女として描かれていることに注意したい。芭蕉ならば江口・神崎の故事に筆を遊ばせもしようが、真澄はときに感傷に流されそうになるにせよ、やはり誠実な記録の人である。この恐山で琴を弾く宮古の女は、鰺ケ沢のケンホや佐井のタコに重ね合わせにされるべき、湊の遊女であったにちがいない。

偶然であったのか否かは知らず、じつは、⑥と⑦もまた同じように湊の遊女にかかわるものとなっている。たとえば、⑥には深浦の湊の別れの情景が書き留められている。風待ちに停泊していた船が湊を出てゆくとき、その船長《ふなおさ》が宿を取った遊女家では、長い棹の先に菅笠を結いつけて、航海の安全を祈る笠あげをした。そして、舟人らとしばし睦み合った湊の遊女たちは、声をかぎりに呼びかけ、別れを惜しんだのである。「袖ふる山の昔ぞ偲れたる」とは、出帆してゆく狭手彦への別れを惜しみながら、山に登って領布《ヒレ》を振りつつ石になった松浦佐用姫《まつらさよひめ》の伝説を思い浮かべたものであった。

象潟の湊にもいた「薦被《こもかぶり》」と呼ばれる遊女、あるいは、遊女をめぐる独特の習俗が、⑦にも語られている。男鹿半島の戸賀の浦は、大小の船があつまり停泊する湊であったが、たくさんの船が一度に入ってくる頃には、老いも若きも問わず、浦の女たちがみなで問丸・船宿で舟人らの相手をつとめた。灯火をすっかり消した暗闇のなか、女たちはざこ寝する男らのもとに探り寄り、その懐に身をまかせた。たがいに顔を見ることもかなわぬままに一夜の語らいをしたあとで、夜が明ける前にはひっそりと別れる。それが男鹿のコモカブリであった。象潟のコモカウムリも、これによく似た湊の習俗であったはずだ。

むろん、これらは真澄が見聞した遊女のいる情景のすべてではない。それにしても、山の湯や浜の家を舞台とした「はまのおば」も含めて、七例がすべて、温海・象潟・男鹿・深浦・鯵ケ沢・佐井・宮古といった浦や湊に拠る遊女たちであったことは、あらためて偶然であったのか。「ふでのしからみ」所収の遊女の歌物語には、出羽国山本郡柳町のウカレメと秋田郡の湊のクグツが並んで登場している。後者は久保田城下に近い土崎の湊を指すのだろうか。あるいは、「ゆきのみちおくゆきのいでわじ」という日記には、近き世のこととして、播磨の女鹿という浦（姫路市）の舟人が能代の遊女と偽りの契りを結び、くびり殺して湊の口に沈めたところが、突風が起こり大船を難破させてしまったという伝承が拾われている。湊の遊女にまつわる悲恋の物語であった。

遊女の悲しい恋物語といえば、「すすきのいでゆ」には、秋田の比内町・大葛鉱山を舞台とした、金掘りと小紫という名の遊女《ウカレメ》の死にまつわる伝承が見えている。院内銀山をはじめとして、大きな鉱山には遊女らが群がり、傾城町が作られていたことはよく知られている。

真澄の日記からは、東北の遊女に関わりの深い土地として、温泉や鉱山があり、ことに湊や浦・浜に多くの遊女たちが集まっていたことを確認することができた。それら近世東北の遊女たちは、水辺の津・泊に拠った遍歴型の遊女《アソビ》(→西国)／陸地の宿々になかばは定着していた傀儡《クグツ》(→東国)という、中世的な遊女のあり方、あるいは、近世の大きな都市の悪所に囲い込まれた遊女のあり方と、どのように異なり、どのように共通するのか(後藤紀彦「遊女と朝廷・貴族」『遊女・傀儡・白拍子』「週刊朝日百科　日本の歴史」四を参照のこと)。東北の湊々に拠った遊女らには、すくなくとも遊廓の内側に縛り付けられていた様子は見られない。宮古の遊女は恐山に湯治に出かけてもいた。開放的な雰囲気は漂わせながら、しかし、そこに遍歴性を宿した中世風の遊女のあり方を認められるかといえば、いささか心もとない気がする。

中世の遊女・傀儡また白拍子は職能民の集団として、長者に率いられた座的な組織を有した、といわれる。宿々の長者は女であり、みずからの出自を皇女に繋げる伝承が語り継がれていた(本書第二章参照のこと)。男鹿半島の戸賀の湊の「薦被」の光景を想起してみることにしよう。そこには、じつは問丸・船宿の主《あるじ》として、ひそかに遊女と舟人とが顔も知らずに睦み合う一夜を取りしきっていた、「屋戸の刀自《トジ》」の姿があったのである。それを宿の長者のような存在と見なす根拠はないが、鉱山の傾城屋を統轄・経営していたのが男であったのと比べるとき、湊の遊女屋が異なった貌をもって立ち現われてくる可能性はある。湊の遊女らが漂わせるどこか開かれた雰囲気、そして、温海の「はまのおば」や男鹿の「薦被」に見られた、およそ卑賤視とは無縁にくり広げられる、おおらかな性の交換《かわしあい》＝交歓の風景といったものは、ひどく中世前期的なのである。鎌倉期までの西国の遊女のあり方に関して、網野善彦はその背景に海民の社会があったことを想定しているが、大いに示唆的であるといわねばならない（『中世の非人と遊女』）。

それにしても、ハマノオバやコモカブリといった遊女の呼称の背後には、豊かな性にまつわる民俗の時間が埋もれているのではないか。社会的に開かれた性の民俗が息づいていない場所では、娘をもった親たちがこぞって、その娘を「あそびくぐつ」にやるなどありえないことだ。娘に身売りを強いている図柄ではない。湊の老若の女たちがコモカブリに出るのも、たぶん強いられてのことではない。ハマノオバやコモカブリの向こう側には、遊女以前と呼ぶほかない、いくつもの性をめぐって交錯する風景が横たわっているのかもしれない。遊女の呼称の多彩さもまた、そんな予感を支えてくれる気がする。わたしは真澄の日記のかたわらに立って、東北の近世、そして、中世の底に埋もれたものへとまなざしを伸ばしてゆきたいと願う。

5　巫女／イタコ・口寄せ・オシラ神

さて、遊女とは双面のヤヌスのように、秘められた糸をもって結ばれた存在が巫女である。柳田国男がその「巫女考」のなかで、「遊女は又一派の巫女であつた」と語ったことは、よく知られていることかもしれない。遊女の雅名にして巫女の総称のひとつでもあったキミなる言葉を起点として、春を販ぐこと／宗教を広め芸能を演じることが二重映しになる場所を照らしだす、それは確実に、「巫女考」に孕まれた志向のひとつであった。真澄の日記は当然ながら、遊女と巫女が睦みあう光景には届いていない。ただ、東北の湊々に拠った遊女らの風流の一端を垣間見せてくれただけだ。

　真澄がある意味では、遊女以上に深い関心を寄せていたのが、ほかならぬ巫女たちの姿であった。近世半ばの、東北の地のさまざまな巫女たちの生態が、随所で生き生きと描きとられている。疑いもなく一級史料である。情報量も思いがけず豊かで、真澄の筆は躍動感にあふれている。それはあるいは、巫女という存在が、東北の常民たちにとってきわめて日常的なものであったことをこそ、暗示しているのかもしれない。ともあれ、巫女とそこに身を寄せる常民たちに向けられた真澄のまなざしは、やわらかな共感に浸されている。真澄は裁く人ではなく、ここでも慎ましく記録する人の立場を持している。

　やはり、呼称の問題から始めることにしよう。東北に足を踏み入れて間もない時期には、「梓《あずさ》巫女」の呼称が使われている。いわゆる梓巫女は、梓の木や竹で作った弓の弦を叩きながら神を降ろし、吉凶を判ずる巫女であり、長野県小県郡から出て各地を廻っていたという。呼称としては関東を中心として、全国的に流布していた。知識のいまだすくない段階にあって、とりあえず「梓巫女」の名で呼んだものだろうか。やがて、真澄は秋田から岩手に入り、そこで「盲巫女《イタコ》」という呼称に出会った。それ以降は、「移託《イタク》」「移託巫女《イタコ》」「移託の盲《メシキ》女巫《メカンナキ》」など、イタコ・イタクを核とした呼称を採用するようになる。「梓巫女」はもはや使用されない。

　真澄の日記から、巫女のいる風景を抜き書きしつつ、その近世後期における実態に接近してゆくことにする。はじめに、旅の最初期のものに属する「梓巫女」の見聞から取りあげる。

①　三尺あまりの弓腰におひたる、老尼のめくらどちの、おなじどちの綱にひかれありくは、梓巫

女なりけるとぞ。（「あきたのかりね」／山形県酒田市）

② 七日、けふは、かの岸にいたる日也といふ。口よせとて梓巫のすむやには、柳の枝に糸かけて門にさしたるしるしに、人尋ね至りて、なきたまのうへをうたふを、聞人、なきいさち集ふ。（「おののふるさと」／秋田県湯沢市）

③ 里の中路を来れば、わらぶきのふせるがごときさゝやかの家に、もの、音したるを、人たゝずみてきく。何ならんとおもへば、眼見えたる梓みこの弓をはぢきて、なきたまを、かたはらにあるがごとくいひ、なり行など、たなごころをさすにひとしうかたれば、人々なみだこぼしなくめるに、……（同前）

旅をする巫女がいて、家を訪れた人々の口寄せをする巫女がいた。①には、三尺あまりの弓を腰に負い、仲間の綱に引かれて歩く年老いた盲目の「梓巫女」が描かれている。羽黒山からほど遠からぬ地である。この巫女たちの羽黒修験との関わりは、出羽地方では意外なほどに深く、出羽三山参りの旅であった可能性が考えられる。②は旧暦二月七日、湯沢附近では「かの岸にいたる日」つまり彼岸であったらしい。「梓巫女」の家では柳の枝に糸をかけて門に挿し、それを目印に人々が訪ねてくる。巫女が亡き魂《たま》の消息を口寄せに物語るのを聞きながら、集まった人々が涙を流している。③は三月上旬である。藁葺きの小さな家のなかで、眼の見える「梓巫女」が弓を弾きながら、亡き魂の言葉をかたわらにあるごとく語り、将来のことなどを掌《たなごころ》を指すように予言する。ここにも涙をこぼす人々がいる。

三年あまりを経て、岩手にしばらく滞在していた真澄はすでに、この地方では巫女をイタコと称することを知っている。しかし、その語源を詳《つまび》らかに説く者はいない。

④（北上川にかかる舟橋を）ひしくと人のおし渡るにまじり、めしゐの男女ふたり、たづさへて行は、びはほうしならんか。この女は盲巫女《イタコ》といふものなり。里の子の句に、「ふなはしの板子夫婦や秋の風」と聞しは、いとおかしかりし。いたこてふことを、いかにと、誰にとへど、しれるはなう。此ものや神おろしをし、いのりかぢ、すゞのうらとひをし、あるは、なきたまよばひし、みさかをしらするは、神の移託《イタク》てふことをや、しか、いたことはいへらんかし。（「いわてのやま」／岩手県盛岡市）

盲《めしい》の男女のふたり連れは、琵琶法師と「盲巫女《イタコ》」の対である。秋田の仙北地方には巫女の呼称として、「座頭嬶《ザトカカ》」というものがあり、東北のボサマとも称された座頭の妻女は概して巫女であった、といわれる（中山太郎『日本巫女史』）。④のふたり連れも夫婦であったはずだ。村人の句にいう「ふなはしの板子夫婦」には、小舟を綱と駒踏みの板子でつないだ、ただでさえ揺れて危うい舟橋を渡ってゆく、さらに足元の覚つかぬ盲目のイタコ夫婦の姿が詠みこまれている。

真澄はおそらく、折りに触れて、イタコの語義や語源についてだれかれとなく問いかけてきたにちがいない。が、真澄を十分に納得させてくれるような答えは得られない。イタコの職掌が、神降ろし・加持祈禱・数珠を用いた占い・亡魂を呼びだす口寄せ・前兆のオシラセなどであることは、すでに知っている。それらはいわば「神の移託《イタク》」にもとづくものであり、それゆえに、イタコと称するのではないか。

それが真澄の示した解釈であった。これ以降、真澄はつねに「移託」の当て字をもって巫女を表わすようになる。振り仮名には、イタクやイタコが適宜択ばれている。あるいは、真澄の耳には、南部・下北や津軽の人々が口にするイタコの発音が、イタクと紛らわしく聴こえた可能性を考慮する必要があるのかもしれない。

　思えば、イタコの語源をアイヌ語のイタク(itaku＝言う)の転訛と説いたのは、明治末年の柳田であった(「「イタカ」及び「サンカ」」)。柳田はそこに、金田一京助の解釈として、「イタクは我が「言ふ」に該当すれども普通の談話には用ゐず。恐らくは荘重なる儀式の詞を意味するならん。ユーカラなどの謡物の中に巫女が神意を告ぐる所には必ずイ子、イタキ(此の如く言へり)と云ふ語を用ゐたり云々」と書いている。後年、柳田自身はこのアイヌ語説を放棄して、中世のイタカに語源を求める方向へと傾いていった(拙著『漂泊の精神史』を参照のこと)。真澄はのちに松前に渡り、北海道アイヌの人々と交わり、アイヌ語の知識をある程度獲得することになったが、イタコの語源をアイヌ語に求める解釈が語られた様子はない。と同時に、中世の職人歌合のなかで、「穢多」と対にされた「いたか」に語源を求めることもなかった。

　人々が巫女の家を訪ねるのは、死者の口寄せを依頼するときばかりではない。さまざまな機会に巫女の家《や》の戸を叩き、あるいは巫女を家に招いた。たとえば、山仕事に出かけた若衆たちが、悪戯に獅子頭を彫って、戯れごとに遊び、山中に捨てて帰ると、男たちにはモノノケが憑いて病気になった。こんなときには「移託巫女《イタコ》」を呼んで、弓を弾《ひ》かせる(「しげきやまもと」/秋田県能代市)。病いの原因を巫女に占わせたわけだが、似たような事例はほかにもある。たとえば、野原で草刈りをしていた子どもが「わらはやみ」(間歇熱の一種)にかかり帰ってきた。ちょうど門口に来た盲の巫女に祓いごとを依頼し、家のなかに誘い入れる。この「移託巫女」は桶を伏せ、弓を打ち、神懸かりして、病人の身のうえを「ありまさに」語った。このアリマサは戸坐《よりまし》(神の依り代)の転訛と見られるが、陸奥国の一部では巫女の古い呼称でもあった(中山太郎『日本巫女史』)。巫女はそれから、ある帝の病い平癒の物語をしたうえで、その帝の歌と称するものを書いて与える。親がそれを子どもの髻《もとどり》に結んで寝かせると、やがて「瘧《ハラハヤミ》の鬼《カミ》」は遠く逐いやらわれた、という(「みかべのよろい」/秋田県大館市)。

あるいは、村や町を門付けして歩く盲目の巫女たちもいた。ふたつの事例を並べて、以下に引いてみる。

⑤(四月八日)　杉のみやの神の祭リなりとて、人むれてまいりぬ。……門にたちて眼なき女、左右の手に、木の実の黒きずゞのいと長きをの末に、けもの、角、貝がらなどつなぎ、ひたにすり〳〵ならして、「あなおもしろの」とうたふは、ゐびすかせといふものにて、うらとひなどをわざに世をわたる女なりとて、よね、おしきに盛てやりぬ。(「おののふるさと」/秋田県湯沢市)

⑥(六月一日)　移託の盲の女巫《メカンナキ》の、外《ト》にたちふたがりて「さながらみうちの御祈禱には、さうぶの鬼が玉をとる、孔雀さんにてぎやうざする、仏法の山はしげければ、さんざれ石は巌となる、苺のむすまで苔の松は、八千代をかけて君ぞまします。やんらめでたや」と、頸に挂たる長ずゞをすり鳴らして唱るに、うちまきとらすれば、又門に、こといたこの杖つきいたりて、「沖の鷗の寄来るは、こんれも戎のはからひか」と唱ふ。戎楫といふもの也。(「にえのしがらみ」/秋田県大館市)

⑤の「眼なき女」と⑥の「移託の盲の女巫《メカンナキ》」「いたこ」は、いずれもエビスカセギ（ゑびすかせ・戎稼＝エビスカジ）と呼ばれる巫女である。この巫女は、獣の角や牙・貝殻などをつけた長い黒数珠を首に掛け、または左右の手にして擦り鳴らしながら、なにやら祝いの文句を唱える。その文句には古い和歌の断片が挟みこまれている。巫女が数珠を鳴らすのは占いのためであるが、⑤にも占いなどを生業《なりわい》として世渡りする女である、という説明が見える。これについて、巫女には死者の口寄せをする者と占いをする者とがあり、元来は別の系統であったと、宮本常一は注記を施している。留保が必要である。すくなくとも真澄自身は、⑥につけた天註のなかで、エビスカセギをイタコの異称と見なしている。いわば、これは巫女《イタコ》が門付けの祝福芸に携わったときの貌であり、大切な職掌のひとつであったと想像される。門付けの日も特定の祭りや行事にかかわっていたようだ。たんなる物もらいの業ではありえない。いずれであれ、すでに近世半ばの東北では、口寄せと占いはひとりの巫女のなかに不可分一体のものとして含まれていたのである。とりあえずは、それだけを確認しておきたい。

これまでの事例のなかには、東北の巫女たちが携えるふたつの主要な道具が登場していた。死者の口寄せをするとき、また、神懸かりして神霊の意を問うとき、巫女は弓を鳴らした。①の旅ゆく巫女の弓は三尺ほどの長さであったが、地域ごとに長さは異なっていた可能性がある。この弓を前に寝かし、細い棒で弦を叩くことで、死者の魂や神霊が降りてくると考えられた。その弓が梓弓と呼ばれていたか否か、真澄の日記からは判然としない。そして、獣の牙・角や貝殻をつけた長い数珠は、もっぱら占いに使われている。ただし、こうした道具の用い方は、昭和期に入ってからの東北の巫女たちの実態から、逆に類推すれば、地域ごとにたいへん流動的であったと考えておいたほうがいい。ともあれ、弓と数珠、これにオシラサマを加えてやれば、現代にまでつながっている巫女の呪具のレパートリーは出そろう。

　真澄の日記・地誌には、この第三の巫業にかかわる道具、いや神像らしきものが、いくつかの盲の巫女のいる風景のなかに登場してくる。

⑦さゝやかのいわやどのうちに、おしらがみを祭りたる。比咩斯良といふにや。このあたりの移託巫女の、ものいのりしてける神にこそましませ。（「すみかのやま」／青森県大鰐町）

⑧おしら神をほろぐとちふことして、移託のめかんなぎら、としのうらとふに、いづらのころか氏良志のあらん、つゝしみて氏神をいのれなど。てらしとは火の事をいふとなむ。（「すすきのいでゆ」／秋田県大館市）

　⑦では、山中の小さな岩屋のなかにオシラ神を祀るという。附近の「移託巫女」が祈りごとをする神である。⑧は一月十七日の記述であり、小正月の行事としておこなわれたオシラ遊びの情景であった可能性が高い。「移託のめかんなぎ」らが「おしら神をほろぐ」ということをして、年の吉凶を占ったのである。このオシラ神については、⑦の絵図のなかに詳しい説明が附されている。オシラサマの神像が図解で示され、すでに真澄がかなりの関心を注いでいたことが知られる。その説明によれば、春は三月の十六日に、「移託巫」という盲の巫女が左右の手にオシラサマを握り、膝のうえで踊らせながら、のりとごとを唱えて、その年の農作の豊凶を占うが、これを「おしらをほろぐ」とか「おしらあそび」と

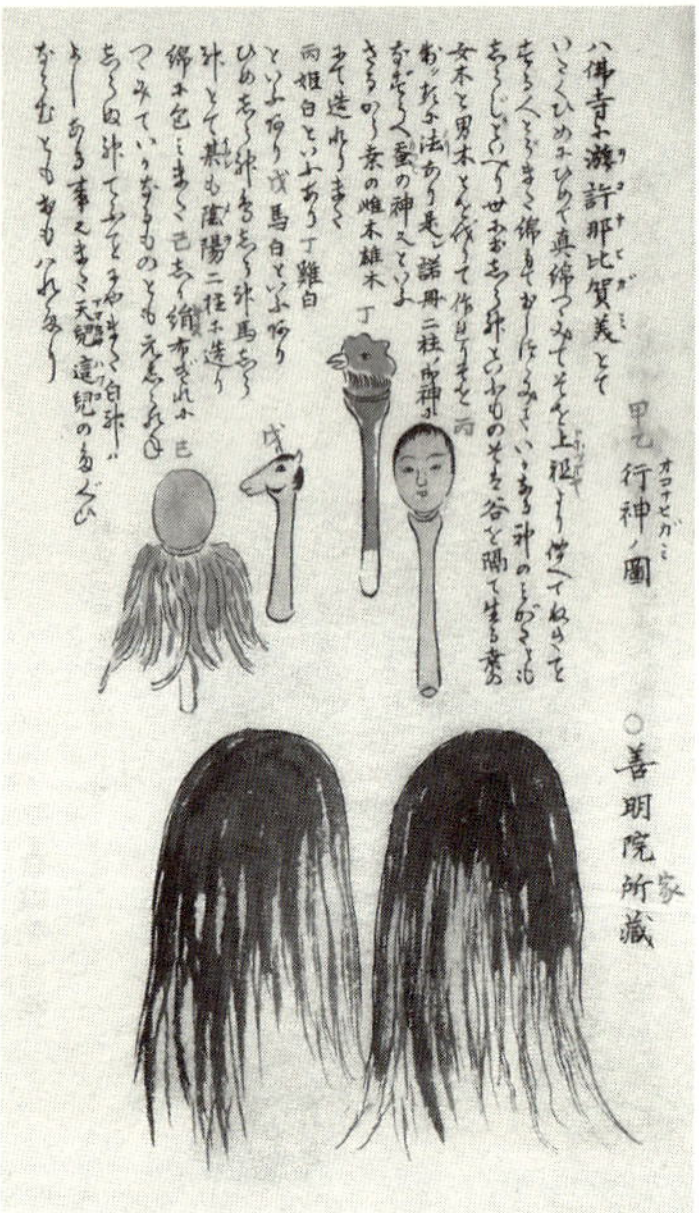

オシラ神（『雪の出羽路　平鹿郡六』）

称する、という。

　オシラ神の輪郭が最初に記された「すみかのやま」は、一七九六（寛政八）年の日記であったが、それから三十年ほどを経て、晩年に執筆・編集された地誌のなかに、真澄のオシラ神研究の総決算ともいうべき記述が見いだされる。とはいえ、その基本的な骨格は、「すみかのやま」の絵図説明のなかに現われている。天児《アマカツ》との類似、形状の種別、白《シラ》の付いた地名など、真澄はこれらの問いの周辺で三十年間にわたり、思索を巡らしつづけていたのである。

　オシラ神研究の総決算のひとつは、『雪の出羽路　平鹿郡六』の一節に見える。代々の修験の家筋である善明院が蔵する「行神の秘物」として、オシラ神の絵図が示され、そこに以下のような説明が施されている。


　善明院家蔵。行神《オコナヒガミ》ノ図。八仏寺に淤許那比賀美《オコナヒガミ》とて、いたくひめにひめて真綿つゝみて、そを上祖《トホツオヤ》より伝へてねきことする人とら、また綿もておしつゝみて、いかなる神のみがたともしらじといへり。世におしら神といふもの、そは谷を隔て生る桑の女木と男木とを伐りて作れり、そを制クるに法《ノリ》あり。是レ諸冊二柱ノ御神になずらへ蚕《カフコ》の神也といふ。さるから桑の雌木雄木にて造れり、また、姫白といふあり。鶏白といふあり。馬白といふあり、ひめしら神、鳥しら神、馬しら神とて某《イツレ》も陰陽《メヲ》二柱に造り、綿に包み、また、しか絹布《キヌ》ぎれにつゝみていかなるものともえしられぬ。しらぬ神てふことにや、また白神はよしある事也。また天児《アマカツ》、這児《ハフコ》のたぐひならむともおもはれたり。

善明院家にオコナヒガミ（行神）として伝えられてきた秘物とは、その形状からしてオシラ神であった。イタクが真綿をもって秘め包んできた、このオコナヒガミがいかなる神の像であるのかは、だれも知らない。谷を隔てて生える桑の雌木・雄木で造られる、陰陽二柱の神像である。真澄が末尾近くに書き付けた、「白神《シラカミ》はよしある事也」という言葉には、真澄のオシラ神にたいする断ちがたい執念が籠もっている気がする。おそらく、この記述がひそかにはらんでいた謎解きの鍵は、それがオコナヒ神なる呼称をもって伝承されてきたこと、そして、その伝承者が熊野・大峰修験の家筋であったことである。白神の名に囚われていた真澄が、ついに気付くことができなかったことであった。

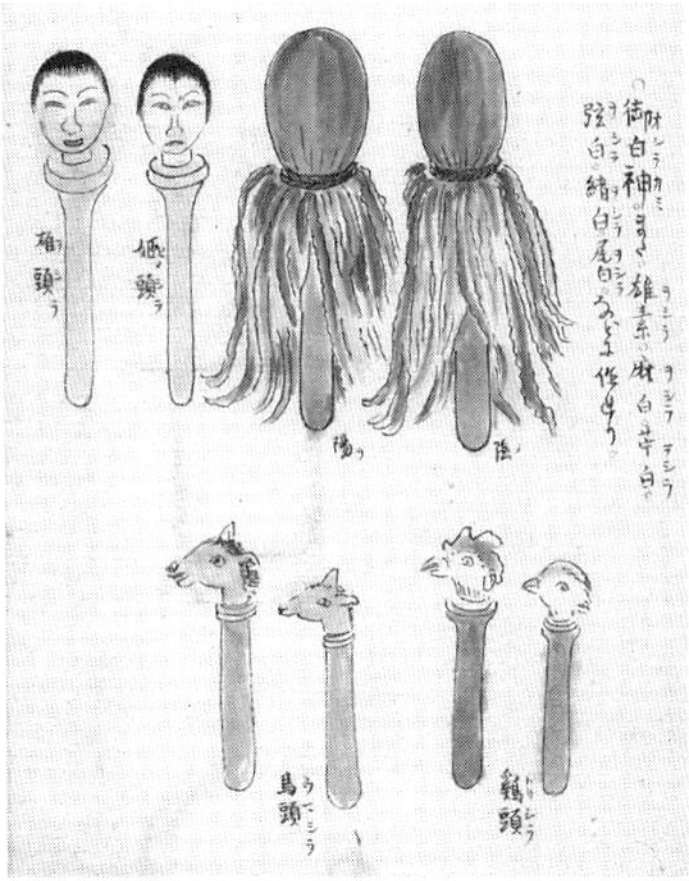

オシラ神（『月の出羽路　仙北郡二一』）

いまひとつの、オシラ神研究の総決算といえるのは、『月の出羽路　仙北郡二一』に見える、戸数が三十五戸の小さな村の「白神社」にかかわる一節である。真澄はそこに細註として、「世におしら神またはおしらさまと申ス」と書き付けている。まさにここには、オシラ神という謎の深奥に向けて肉薄する真澄のうしろ姿があった。くりかえすことはしないが、オシラ神に関する簡潔にして要領を得た叙述がなされている。わたしの関心に照らして重要と思われるのは、祭日が三月十六日であること、これを行神と称する処があること、そして、この神を祀る巫女が羽黒山などにたいへん多いこと、などである。天児や這児にオシラサマの起源を求める志向は、「すみかのやま」以来のものだが、興味をそそられない。真澄はこの一節の最後を、「白神」を冠した地名にまつわる伝承によって結んでいる。

松前に白神の浦あり、磯山をしら神山といふ。いにしへ此山の石室《イハムロ》の内に斎《イツ》ク御神也。今は其石室なし。あるとき漁人此山に入りしかば、かの石の神殿《ミアラカ》の顕れたり。いそぎ麓に下りて、浦人をあまたいざなひ、ふたゝび山に入りたりしかど、さらに其神の石室《ミムロ》なかりし也。をりとしてかの神殿を見る人あり、奇異《アヤシキ》こと也。是世にいふ白神、おしら神也といへり。

真澄のオシラ神研究の、おそらくはこれが最大の焦点であったはずだ。秘め隠された神としてのシラ神、オシラ神、そして、このシラを冠せられた地名。この地名については、幾度となく触れられてきた。たとえば、「白神といふ山あり浦あり、処々に此名聞こへたり」(「すみかのやま」)といい、「紀の国の白神の磯の名をはじめ、しら神といふ名は奥陸の松前の白神が崎てふあら潮あり。津軽の深浦に近く白神が嶽の名あり。しら神とは白鳥をさして、日本武尊をも雷神をも祭り、はたしら山をまつりて菊理姫をも斎ひたり。しら神とは繭の神をも斎ひまつれり。白神といふ処の名いと多し」（「おがのすずかぜ」）という。シラを冠する地名の裏側から浮かび上がるものは、いったいなにか。

ようやくにして、わたしはシラという問題のかたわらに辿り着いたようだ。それは疑いもなく、菅江真澄という生涯にわたる旅の人が故郷・三河から抱えこんできた、たいせつな解かれるべき謎のひとつであった。それゆえに、真澄はみずから「白太夫の子孫」という奇妙な衣装をまとい、この聖痕《スティグマ》としてのシラをめぐる謎解きの旅を続けたのではなかったか。東北の盲の巫女たちが近世初頭から、ずっと祀りつづけてきたオシラサマは、確実にシラという問題に媒介されて西国につながり、その中世から古代へと遡行してゆく。それはまた、真澄自身の源流《ルーツ》を辿るための豊かな生き証人でもあったかもしれない。ともあれ、こうして、シラという問題をめぐって、菅江真澄―柳田国男―宮田登とつらなる知の系譜が浮かびあがってきたことになる。

東北の近世半ばを生きてあった盲の巫女たちの姿に、眼を凝らしてきた。弓を弾いて死者の口寄せをし、数珠を擦り鳴らして占いをする、そして、オシラサマを両の手で遊ばせながら、祭文を唱え、年占をする巫女たち。これはそのままに、現代にまで残された、イタコ・ワカ・オナカマなどと呼ばれる東北の巫女たちの習俗につながっている。近世半ばの東北、すでにそこでは巫業に携わるのはもっぱらに盲の女たちであった。それでは、そうした盲の巫女の歴史は、中世から古代へと、いったいどの時代にまで遡行することが可能なのか。

宗教的な召命によることなしに、修練と技術の獲得によってシャーマンとなる、東北の地の盲の巫女の出現を、正統的なシャーマニズムからの衰退と見なす理解がある。そこでは、東北の中世や古代に、盲の巫女の存在ははじめから想定されていない。それがシャーマン的な霊媒としては、すくなからず逸脱的なものであるからだ（C・ブラッカー『あずさ弓』）。ただちには同意しがたい見解である。とはいえ、盲の巫女の出現こそが、古代以来の日本的なシャーマニズムの流れのなかで、ある突出した、濃密に東北的なるものを彩りされた現象であってみれば、問われるべきテーマであることは否定しがたい。

示唆的な叙述に留めざるをえなかった、いくつかの問題に、あらためて注意を促しておきたい。東北の巫女と修験道の関わりが、そのひとつである。たとえば、オシラ神の異称としてのオコナヒ神の名称には、修験道が影を落としているし、その神を管掌する家筋はしばしば修験であった。馬と娘の婚姻から養蚕の起源を説くオシラ祭文が、修験の関与のもとに成立したものであることも、ある程度確認されている。盲の巫女とオシラ神のいる風景は、おそらく中世の末近くに始まったのではないか、と想像されるのだ。それゆえ、修験や巫女らの関与が始まった中世の末期、その以前にこそ、オシラ神信仰にまつわる、もうひとつの深淵にも似た謎は潜んでいる。オシラサマはなぜ、東北でのみ木の神像を帯びることになったのか。それはいわば、シラという問題に向けての、角度をたがえる問いかけである。

ここで、多くを語ることはできない。ただ、それがエミシやアイヌを含めた北方の種族＝文化に連なってゆく問いであることだけは、言い捨てにしておく。山の神信仰、狩猟採集文化、花とイナウ、北方のシャーマニズム、といった問題群へと深く広くつながれてゆくだろう。そして、じつは、ここでも真澄の日記・地誌類はなによりも豊饒なる史料として、やがて眼前に立ち現われてくることだろう。

それにしても、真澄はなぜ、これらの東北の巫女たちに深い関心を寄せたのか。そこにはたしかに、かの女たちに向けての静かな共感が漂っている。真澄が少年時代に、寺社縁起を絵解きする修業をしていた、という内田武志の推測を想い起こしてもいい。絵解きを仲立ちとして、真澄は物語と歌舞にかかわった伊勢の歌比丘尼たちにつながっていた。東北の盲の巫女たちも、宗教と芸能のあわいに、みずからの生きる手立てを求めていた人々である。おそらく、ここにも白太夫の子孫としての真澄が、ひっそりと身を隠しているにちがいない。

＊　＊

菅江真澄が残した日記や地誌という、いわば鬱蒼と生い茂った混沌の森のなかへ分け入りながら、わたしが探し求めてきたものは、思えばいったいなんであったか。陰画としての東北の中世と名づけてはみるが、真澄によって語られた近世から、いまだ語られざる中世へと遡行する道行きははるかに遠い。それにもかかわらず、中世に関する文献史料が絶対的に貧しい東北では、近世の史料をもとにして、その西国に由来する文化の表皮を丹念にひき剝がす作業を重ねながら、中世という時間の地層に到達するといった方法もまた、積極的に試みられるべきではないか、とわたしは思う。

非稲作的な文化がいまだ、豊かに、わたしたちの想像をはるかに凌駕するほどの深さと拡がりをもって生きられていた中世の東北を、ひそかに想像してみる。真澄は東北の狩猟の民・マタギにたいして、深い関心を寄せつづけた。マタギの習俗のなかには、たとえば山詞という奇妙な忌み言葉の一群があり、そこには「蝦夷詞」つまりアイヌ語が数多く含まれることにも、真澄は気付いていた。マタギの文化はおそらく、南の稲作文化によって東北が呑み込まれていった果てに、あたかも大海に浮かぶ小島のように残された、縄文以来の狩猟・採集的な文化の残存として解されるべきものである。こうした非稲作的な文化のまだら模様をなす残存こそが、中世から近世にかけての東北に、たやすくは西国的な「賤民」

『七十一番職人歌合』にみえるイタカ(右)とエタ

という制度の移植を許さなかった、いわば種族＝文化的な背景ではないか。

近世半ば、秋田の湯沢近辺では、俳諧の前句付けがある種の流行を呈していたという。真澄は「おののふるさと」のなかで、その前句付けのひとつを記録に留めている。そこでは、まるで中世の職人歌合のイタカ／エタの組み合わせを模したかのごとくに、マタギの句／ラクの句が対をなして登場する。ある共通性を人々が認めていた証拠であろう。真澄はそこに、こう書きつけている、「またぎとは狩人(熊、ゐのし、などをうちありくを、またぎといふ)をいひ、らくとは、ゑた、皮はぎのわざせるものをいふ」と。マタギ／ラク(あるいは穢多)はたしかに、獣を殺し、皮革を扱う仕事に携わる人々であった。ところが、ラク(あるいは穢多)が厳しい賤視をこうむり、ひたすら差別の歴史を負わされてきたのにたいして、マタギは穢れのタブーなどとは無縁に、山棲みの暮らしを代々にわたって続けることができた。むろん、狩猟の民のなかにも殺生戒などの穢れ意識はあったが、それは稲作文化を背負った仏教思想《イデオロギー》が一定の浸透を見た結果である。たとえば、『七十一番職人歌合』のイタカ／エタのうえに、拭いがたく賤視の影が射しているのと比べて、マタギ／ラクの前句の組み合わせには、そうした屈折の色合いがいささか稀薄なのは、なぜか。そこに、西国／東国（とりわけ東北）のあいだの、種族＝文化的な背景の非連続ないし断絶を見て取ることは、乱暴に過ぎる議論だろうか。

いずれであれ、東北の中世には、人々を呪縛する血や死にたいする穢れと忌みの肥大した観念体系《イデオロギー》はなく、それゆえに、穢れと身分の結合のうえに「賤民」が分泌されることもなかった。そして、近世になって政治的に移植された「賤民」という制度が、広範な拡がりをもって定着することもなかった。むろん、東北が文化的な「後進地域」だったからではない。西国という中心からのまなざしをやわらかく壊しながら、被差別部落を自生的に産み落とすことのなかった社会として、あらためて東北を眺めやるとき、そこには思いがけず異相の風景が開かれてくるのかもしれない。その、狩猟・採集的な種族＝文化がいまだ濃密に残された、近世後期の東北を、一身にシラという問題を背負いつつ歩き抜いた旅の人こそが、菅江真澄であったことを記憶に留めておきたい。

第四章　異邦人のまなざしのもとに

Ⅰ　美しき未開人の肖像

1　東洋の未開人／西洋の文明人

たとえば、なぜ人は人を差別するのか、と問いかけてみる。なんらかの理由や背景があるから差別は避けがたく起こる、そう、だれもがたいていは思い込んでいる。しかし、その理由や背景といったものはつねに、ある種のいかがわしさを裏側に貼り付けている。わたし自身はすくなくとも、差別という現象に眼を凝らすとき、どこか倒錯的な、曖昧模糊とした印象を拭うことができない。はじめに理由あり き、背景ありき、ではない。まず差別という行為があって、そのあとを追いかけるように、差別を追認する理由や背景が発見されるのではないか。それは解毒剤のように、差別にともなう疚しさや存在の痛みをやわらげ、無化してくれるはずだ。

人種や民族をめぐって生起する差別現象は、とりわけ倒錯に満ちている。人種や民族にかかわる言説の群れは、ときに科学的な、ときに宗教的な衣装をまとって登場してくるが、それは例外なしに何物かへの熱情に支えられている。そこに転がっている差別という現実を、できるならば正当化したい、という欲望が渦巻いているのである。そのとき、人種や民族にまつわる言説は、もっとも有効な正当化の道具のひとつとして姿を現わす。人種や民族をめぐる断層が、避けがたく差別を惹き起こすのではない、断層はむしろ、差別という行為のあとに見いだされるのではないか。この奇妙な倒錯劇はしかし、ただちに隠蔽される。その後は、すべての言説が、見いだされた断層を起点としつつ、差別を自明の風景として再認するために組織されてゆくことになる。

いま、ここに、『日本奥地紀行』と題された本がある。著者はイギリス人女性、イザベラ・バード。この本は彼女が一八七八（明治十一）年の六月から九月にかけて、約三カ月間を費やしておこなった「本州の奥地とエゾ」（「はしがき」）の旅の記録である。バードはみずから、この著書について、「わたしが見たままの日本の姿を描きたいという、誠実な試み」（同前）として受け取られることを願う、と書いている。その言葉どおり、妹への手紙の形式で書き継がれた紀行文は、バードの果敢にして、十分に誠実さを感じさせる旅の貴重な記録となっている。

欧米人がだれひとりとして足を踏み入れたことのない、北の奥地へと向かう。それはバード自身の言葉によれば、「ほんとうの日本の姿を見るため」の旅であった。旅の後半部にいたって、ついにバードは北海道に渡る。そこは本土の日本人にとって、「荒涼たる土地、未知の国、人跡稀なる地方」であった。この北の辺境では、バードはアイヌの村を訪ねて、聞き取り調査を重ねている。おそらく、バードの「日本奥地旅行の計画」の核心は、このアイヌ探訪にこそあったはずだ。ここでは、そのアイヌ紀行を手掛かりとしながら、人種や民族にまつわる差別意識の構造にたいして、ある限られた角度から光を射しかけてみたい、と思う。

イザベラ・バードという、白色人種に属し、高度に文明化された西欧からの訪れ人、それが主人公である。この異邦の、四十七歳の女のかたわらには、低い上背・がに股・強壮・丸くて異常に平べったい顔・瞼が重く垂れた長い眼といった、まるで「日本人の一般的特徴を滑稽化している」ような外貌をそなえた、十八歳の青年・伊藤が脇役としてしたがっている。一度として外国人を見たことがない人々のあいだを、バードと伊藤のふたり連れが足早に通り過ぎてゆく。その馬や徒歩で旅する姿は、思い浮かべただけでも、みごとな滑稽振りだ。夏場の暑い季節である。難行苦行の、蚤の大群と貧弱な馬に苦しめられる、ほとんどマゾヒスティックな快楽に満ちた旅であったにちがいない。

旅のルートを簡略に示しておく。東京から日光・会津を経て新潟へ、そこから山形・秋田・青森へとひたすら内陸部を北上している。そして、津軽海峡を渡ってエゾ地に入り、白老や平取のアイヌ集落を訪ねたのである。帰路は、函館から横浜へと船で向かった。三カ月を越える旅程であった。北海道のアイヌの村《コタン》を訪ねた記録に、もっとも深い関心をそそられる。そこに、明治維新とともに起ちあがったばかりの近代国家・日本が抱え込んでいた裂け目が、そのひとつが、鮮やかに露出しているからだ。それはしかも、異邦人のまなざしを仲立ちとして記述されることで、より錯綜した屈折を織り込まれたものになっている。

バードは平取アイヌのコタンに数日間滞在した。最初の晩、囲炉裏の火を囲みながら、アイヌの人々からじかに、その宗教や風俗習慣について聞き取りをおこない、約三百のアイヌ語を採集することができた。英語／日本語／アイヌ語がゆるやかに行き来する、「奇妙な絵のような光景」がそこにあった。バードはこう書いている。

① 東洋の未開人と西洋の文明人がこの小屋の中で相対している。しかも未開人が教え、文明人が

教わっている。このふたつのものを繋ぐ役目をしているのが黄色い皮膚をした伊藤で、西洋文明などはまだ日数も経たぬ赤ん坊にすぎないという東洋文明の代表者として列席している。(「第三十六信」)

ここに露出している、人種や民族をめぐる差別のまなざしの交錯は、ひと筋縄では捕捉しがたいものである。ふたつの大きな対立軸が見いだされる。ひとつは東洋／西洋にかかわり、いまひとつは未開／文明にかかわるものである。東洋の未開人／西洋の文明人という対峙の構図を、自明に揺るぎないものと認めているのであれば、バードはたんなるオリエンタリズムに穢された旅の西洋女にすぎない。ここにはしかし、もうすこし屈折したまなざしの交錯があるのではないか。

第一に、バードはたしかに、アイヌの人々を東洋の未開人と見なしながら、同時に、聞き取り調査の場における関係のなかから、教える／教えられる、という秘められた側面を浮き立たせることによって、それをいくらか相対化してみせている。ほんのつかの間ではあれ、未開人＝教師／文明人＝生徒、という異相の関係が浮上させられたのである。ここには疑いもなく、西欧中心主義への批評のまなざしがある。とはいえ、このすぐ後には、アイヌという素朴な未開人たちは子どもであり、キリスト教の神の力によって、かれらが子どもとして救われるように望んでもいいのではないか、と語られることで、ふたたび西欧中心主義の側に召還されていることを見逃すわけにはいかない。

そして、第二には、媒介者としての伊藤の存在が、東洋の未開人／西洋の文明人という構図の自明性を宙吊りにしていることに、バードははっきり気付いている。伊藤は黄色い皮膚をした東洋人であるが、東洋＝未開／西洋＝文明なる構図をまるで認めないばかりか、西洋文明など「まだ日数も経たぬ赤ん坊にすぎない」と頑なに主張する、いわば「東洋文明の代表者」であった。赤ん坊や子どもの比喩が、相手よりも優位に立つためにくり出される言説の武器であることを、伊藤という日本人青年は十分に承知していたのである。その履歴のほとんどは闇に包まれているが、どうやら明治の伝説的な通訳として名を残した人物であったらしい。ともあれ、バードの記述に拠るかぎり、欧米列強の威圧のなかで育まれた、いまだ若々しい明治のナショナリズムを志として抱いた若者であったことは、否定しがたい。バードはそうした伊藤の態度を、けっして見下すことなく、むしろ一定の敬意をもって眺めていたようにも感じられる。

2　アジア的／ヨーロッパ的

バードはすでに、横浜に滞在していた折りに、エゾ地のアイヌに関する情報を可能なかぎり手に入れていたはずである。その情報の質や内容はさだかにはわからない。アイヌ民族と日本民族とはどのような関係にあるのか、また、アイヌはいかなる人種に属しているのか。とりわけ後者の問いについて、この時代には、欧米の学者たちのあいだに、ふたつの対立するアイヌ観が存在したことを想起しておかねばなるまい。一方は、アイヌは蒙古人種より白色人種に似ていると唱え、他方は、純粋な蒙古人種であると見なしたのである。

たとえば、エルウィン・V・ベルツは「日本人の起源とその人種学的要素」（一八八三～一八八五年、『論集　日本文化の起源』第五巻所収）のなかで、以下のように説いている。すなわち、アイヌはヨーロッパ人と蒙古人種との中間であり、どちらかといえばヨーロッパ人に似ている、と。くりかえし留保をするかに見えながら、その、アイヌとヨーロッパ人との「類似性」を説く姿は鮮やかである。ベルツによれば、現存のアイヌは、「周辺のどの人種ともはっきり区別できる特色ある人種」である。アイヌと蒙古人種との「類縁性」が、「すぐれた研究者たちによって断固否定されている」のにたいして、ヨーロッパ人との「類似性」に関しては、「論争の余地は残されていない」という。

それでは、ベルツはいかなる根拠をもって、この「類似性」を説いたのか。アイヌの頭骨には「種族独自の特徴は認められない」が、「目とか顔立ち、とくに発毛状態において、アイヌは蒙古人種よりヨーロッパ人に近い」と、ベルツはいう。ことに、体毛の多さが注目される。アイヌは縮れた濃い髭をもち、胸・肩・手足などの体毛は白色人種より豊富であるが、日本人は髭がきわめて薄く、ほとんど体毛のない者がかなり多い。そして、アイヌ的な顔は日本人のなかには見られない。あきらかにここでは、体毛や顔立ちといった、眼に見える外貌の特徴を指標として類似や差異が語られている。いわば、たんなる印象批評に「科学」の装いを凝らした程度の代物であった。人種や民族をめぐる言説のいかがわしさの、むきだしに原始的であるがゆえに見えやすい一例といってもいい。

バードがこうした同時代のアイヌ観に親しみ、その影響下にあったことは、あまりに歴然としている。しばしばアイヌの人々が漂わせる、美しさと野蛮が表裏なす表情に筆が及んでいるが、そこにはある定型的な修飾句として、その美しさはあくまで「ヨーロッパ的」であるという限定が施されている。試みにいま、関連する箇所を時間の推移とともに引いてみる。

②（酋長の母について）彼女の表情は厳しく近寄りがたいが、たしかに彼女は非常にきれいである。ヨーロッパ的な美しさであって、アジア的な美しさではない。（「第三十六信（続き）」）

③（男たちの外見について）容貌も表情も、全体として受ける印象は、アジア的というよりはむしろヨーロッパ的である。（「第三十七信」）

④（家屋について）アイヌ人は、その顔の場合と同じように、家屋の点でも、征服者である日本人よりもヨーロッパ的である。かれらの家には、玄関があり、窓があり、家の中央に囲炉裏がある。これはスコットランドの高地人によく似ている。それから一段と高い寝所がある。（「第三十七信（続き）」）

⑤（老人たちについて）黒髪が豊富なこと、かれらの眼が奇妙に強烈なこと、毛深い手足と奇妙に雄々しい体格とあいまって、かれらは恐るべき野蛮人の様相を呈している。しかし、かれらの微笑は「優美と明知」をたたえていて、眼も口もそれに一役かっている。その低くて音楽的な声は、わたしがいままで聞いたいかなるものよりも優しく美しく、ときにはかれらが未開人であることをまったく忘れさせる。これらの老人たちの神々しい顔は、その態度や振舞いの奇妙なほどの威厳と礼儀正しさとよく調和している。……わたしはかれらの顔の表情がヨーロッパ的であると、ますます信ずるようになった。その表情は誠実にあふれ率直で男らしいが、表情も声の調子も深く哀感を漂わせている。（同前）

⑥（海岸のアイヌについて）これらのアイヌ人は、南スペインの人々のように色は浅黒く、また非常に毛深い。かれらの表情は真面目で哀愁をたたえている。かれらが微笑すると……かれらの顔はま

ったく美しい。人の心を打つような優美さが漂う。これはヨーロッパ的であって、アジア的ではない。(「第四十信(続き)」)

じつは、バードは平取のアイヌ集落に滞在し、そこでかれらの日常の暮らしを身近に観察する以前には、かなり異なった感想を書き留めていた。たとえば、アイヌの家屋は日本人の家とは似ていない、むしろポリネシア人の家に似ている、また、アイヌはほかのどの民族よりも、エスキモー人のタイプに近いのではないか、といった切れ切れの感想が「第三十五信」には見えている。バードは現実に出会いを重ねるなかで、アイヌの人々が「ヨーロッパ的」であるという確信を、しだいに深く抱くようになったのである。むろん、ここでの比較もまた、その外貌や家屋の形にかかわる印象批評の域を出るものではない。しかし、バードのまなざしが思いがけず柔軟なものであったことは、それとして評価しておくべきだろう。

バードはくりかえし、アイヌの人々の美しい顔立ちや表情について書き留めている。高貴で悲しげな、うっとりと夢見るような、柔和で知的な顔つき、それは未開人というよりも、イギリスの歴史画家、サー・ノエル・パトンの描くキリスト像の顔に似ている……、上品な顔をしており、優しくてとても丁寧で、じつに自然な優美さがあった……、もっとも若いふたりの女はとてもきれいで、わたしたち西洋人と同じほどに色が白い……、かれらの低くて美しい声の音楽を、穏やかな茶色の眼のやわらかな光を、微笑のすばらしい美しさを、わたしはけっして忘れることはあるまい……と。そのかたわらには、こんな日本人の外貌に関する批評が見いだされる。

⑦日本人の黄色い皮膚、馬のような固い髪、弱々しい瞼、細長い眼、尻下がりの眉毛、平べったい鼻、凹んだ胸、蒙古系の頬が出た顔形、ちっぽけな体格、男たちのよろよろした歩きつき、女たちのよちよちした歩きぶりなど、一般に日本人の姿を見て感じるのは堕落しているという印象である。このような日本人を見慣れた後でアイヌ人を見ると、非常に奇異な印象を受ける。(「第三十七信」)

アイヌの人々の容貌や表情が、「アジア的」であるよりは「ヨーロッパ的」である、という印象がやって来るのは、まさにヨーロッパ人/日本人/アイヌ人をめぐっての、比較のまなざしの交錯の内側からであったことに、注意を促しておきたい。このとき、バードの眼前には、高貴で美しい未開人としてのアイヌ人/文明に足を踏み入れるなかで堕落した日本人、という構図がくっきりと結ばれていたにちがいない。むろん、ヨーロッパ人こそは高貴で美しい文明人であった。いわば、アイヌは「ヨーロッパ的」であるがゆえに美しかったのか、その美しさが偶然に「ヨーロッパ的」であったのか。アイヌの人々の顔立ちの美しさを称えるとき、バードがけっして手放すことのなかった基準(グローバル・スタンダード)が、おそらく存在したのである。西洋・白人・文明が三位一体をなして、世界の中心に鎮座する、人種=民族的な優越主義こそが、その無意識の基準であったことを否定するのはむずかしい。

3 洗練された差別/野蛮な差別

たとえば、以下の一連の興味深いエピソードのなかには、ヨーロッパ人／日本人／アイヌ人をめぐる奇妙な関係のよじれが覗けている。

⑧ わたしはシーボルト氏に、これからもてなしを受けるアイヌ人にたいして親切に優しくすることがいかに大切かを伊藤に日本語で話してほしい、と頼んだ。伊藤はそれを聞いて、たいそう憤慨して言った。「アイヌ人を丁寧に扱うなんて！ かれらはただの犬です。人間ではありません」。それからかれは、アイヌ人について村でかき集めた悪い噂を残らずわたしに話すのであった。（「第三十五信（続き）」）

⑨ いまではかれは、山アイヌは思ったよりも良い人間だ、と言っている。「しかし」とかれは付け加えて言った。「かれらの礼儀正しさも日本人から学んだものなのです！」（「第三十六信」）

⑩ アイヌ人は礼儀正しさを日本人から学んだという伊藤の説は、まったく根拠がない。かれらの礼儀正しさはまったく異種類のものであり、もっと男性的なところがあるが、未開人的であり、文化的とはいえない。（「第三十六信（続き）」）

より正確には、ここに露出しているのは、ヨーロッパ人／日本人／アイヌ人をめぐる関係のよじれではない。アイヌの人々は、どこまでも見られる客体に留まり、見る主体となることが許されていない。対等な三者関係ははじめから存在しないのである。どちらが見る主体として優位に立つか、それをヨーロッパ人／日本人が競い合う図柄とでもいうべきだろうか。それにしても、いったい、バードと伊藤のどちらがより深く差別的であったのか。表層の文脈では、アイヌ人を「ただの犬」と呼んではばからぬ伊藤こそが、露骨に「差別的」であることは否定しがたい。しかし、わたしはそれを疑う。

伊藤はおそらく、アイヌという異族の存在それ自体に脅かされているのである。いわば、日本人／アイヌ人、それを隔てるものが絶対的な断絶ではなく、地続きの差異の連なりであることを無意識に知るがゆえに、「アイヌ＝犬」という記号化された偏見に身を委ねずにはいられない。そうして、いたって粗野な、「アジア的」な差別をもって切断線を引こうとしたのである。バードはしかし、けっして脅かされることがない。文明／未開の断絶はまったく自明の前提にすぎないからだ。そこに見いだされるのは、あくまで洗練された「ヨーロッパ的」な差別である。アイヌ人は犬ではない、ただ子どもなのである。子どもという比喩をかぶせられた未開人として、キリスト教の神による救済が必要とされている存在と見なされたのだ。

バードの語るアイヌ像に眼を凝らしてみればいい。バードによれば、アイヌ人は邪気のない民族であるが、進歩の天性はなく、多くの被征服民族が消えていったと同じ運命の墓場に沈もうとしている。また、そこに見られるのは、動物的段階をあまり脱け出していない生活であり、臆病で単調で、善の観念を知らぬ生活、暗く退屈で、この世に希望もなければ、父なる神も知らぬ生活である。そして、かれらには歴史もなく、伝統という名に値するものはほとんどない。生存していても歴史がなく、消え去ってもわずかな記念物さえ残さない。かれらは文明化できない人々であり、どこまでも未開人である。むろん、文明化していない諸民族のなかでは高い地位にあるが、もっとも未開の遊牧民族と同じように、まったくどうにもならぬ民族である……、という。しかし、それにもかかわらず、かれらは魅力的で、わたしの心を強く惹きつけるものがある、そう、バードは引き裂かれつつ書いたのだ。

ここに、あの西洋・白人・文明が三位一体をなす人種＝民族的な優越主義を看て取るのは、じつにたやすい。むろん、十九世紀後半という時代背景を考慮するにせよ、進歩や歴史への信仰、キリスト教的な神観念などに依拠しながらの、未開／文明の切断はあまりにさりげなく、問われることなき自明な前提にすぎない。それだけは鮮やかに窺える。「ヨーロッパ的」な差別は、その洗練された身振りゆえに、むきだしに野蛮を顕わす「アジア的」な差別にたいして、ある種美学的な優位に立つのである。

未開的なるものからの離脱を果たした(と信じている)ヨーロッパ人と、依然として未開的なるものを抱え込んでいる(と感じている)アジア人とのあいだには、大きな隔たりが横たわる。バード／伊藤の、アイヌの人々に接する態度をめぐっての応酬の背後には、幾重にも屈折する人種＝民族的な差別のありようが見え隠れしている。バードよりも伊藤のほうが差別的であったと、たやすく断定することはできない。

アイヌの神観念や宗教にたいするバードの理解の底には、たいへん鮮やかに、人種＝民族的な優越主義を認めることができる。あるとき、バードと伊藤はアイヌが義経を祀る神社に案内された。そこに印象的な場面が展開される。

⑪　わたしはこの山アイヌの偉大な神についての説明を聞いた。義経の華々しい戦さの手柄のためではなくて、伝説によれば、かれがアイヌ人にたいして親切であったというだけの理由で、ここに義経の霊をいつまでも絶やさず守っているのだという。それを見て、わたしはなにかほろりとした

ものを感じた。……かれらはわたしにも、かれらの神を拝むようにと言ったが、わたしは天地の神、死者と生者の神であるわたし自身の神だけしか拝むことはできない、と言って、それを断わった。かれらは礼儀正しいから、その要求を無理強いはしなかった。伊藤はといえば、かれにはすでに多くの神々がいるので、いまさら神をひとり増やしたところでなんということもないから、拝んだ。すなわち、征服民族である自分たちの偉大な英雄の前で、喜んで頭を下げたのであった。(「第三十六信(続き)」)

バードにとって、神とはキリスト教の唯一絶対神を意味しており、それ以外の神に敬意を表さねばならぬいわれはない。だから、バードは「かれにはすでに多くの神々がいるから」と、いくらかの揶揄を含んだ筆致で、伊藤が義経を拝する姿を描いたのである。ここに底流しているのは、あきらかに「ヨーロッパ的」な一神教/「アジア的」な多神教の対峙の構図であるが、むろんバードは前者の優位を当然のごとくに確信している。そこにも文明/未開の切断線が引かれているはずだ。「アジア的」な多神教は、未開の残滓を引きずったものであるがゆえに、「ヨーロッパ的」な一神教に劣るのである。

⑫ アイヌの宗教観念ほど、漠然として、まとまりのないものはないであろう。丘のうえの神社は日本風の建築で、義経を祀ったものであるが、これを除けば、かれらには神社もなく僧侶もなく、犠牲を捧げることもなく礼拝することもない。あきらかに、かれらの宗教的儀式は、大昔からの伝統的にもっとも素朴で、もっとも原始的な自然崇拝である。漠然と、樹木や川や岩や山を神聖なも

のと考え、海や森や火や日月にたいして、善や悪をもたらす力であると考えている。かれらが祖先を神格化する痕跡を持っているのかどうか、わたしにはわからないが、この素朴な自然崇拝は、日本の神道の原始的形態であったかもしれない。（「第三十七信（続き）」）

こうした自然崇拝すなわちアニミズムは、たしかに「アジア的」な神観念の核にあるものであり、日本の神道もまた、基本的にはこの自然崇拝のうえに乗っかっている。いわば、未開の残滓を刻印されているのである。それにしても、アイヌの人々の宗教観念が漠然としてまとまりなく見えるのは、たんに唯一絶対の神を頂点として構成された「ヨーロッパ的」な一神教の世界を、無意識の基準として眺めているからにすぎない。バードのまなざしは、それゆえに排他的であり、また、みずからを相対化する寛容性をもたない。

いくらか異なった文脈ではあるが、伊藤はここでも反撃を忘れなかった。バードに「礼儀作法が気に入らない」と言われた伊藤は、とりあえず態度を改めることを約束しながら、「しかし、わたしはただ宣教師の礼儀作法をまねしただけです！」と言い放つのである（「第三十四信」）。宣教師と、かれが背負う唯一絶対神の傲岸不遜を、このとき、伊藤は批評的に見返していたのではなかったか。

いうまでもなく、イザベラ・バードは差別主義者ではない。むしろ、この時代の欧米人としては、例外的と評しうる程度には誠実な開かれた態度をもって、異なる人種や民族に属する日本人やアイヌ人に接している。そして、白人優越主義に凝り固まった人物でもなかった。だから、バードは書いている、「開拓使庁がかれらに好意をもっており、アイヌ人を被征服民族としての圧迫的な束縛から解放し、さらにかれらを人道的に取り扱っていることは、たとえばアメリカ政府が北米インディアンを取り扱っているよりもはるかにまさると、わたしは心から思っている」と。日本国家によるアイヌ政策の現実が、はたしてそのような評価に値するものであったか、それについては、いまは措く。ただ、バードがそう書き留めていることを確認しておけば、とりあえずは足りる。

ところで、明治という時代には、アイヌは日本人とは異なった人種＝民族であるということが、学問的にも社会的にも、ひとつの通念として信じられていたことを想起しなければならない。欧米の学者たちのなかには、アイヌが蒙古人種よりもヨーロッパ人に類似していると説く者が、すくなからず存在した。バードもまた、おそらくその影響を蒙っていたのである。アイヌの人々の美しさは「ヨーロッパ的」だ、そう、くりかえし語るバードの姿は、すでに確認してきた。

そして、近年の考古学や人類学が語るところによれば、北海道のアイヌの人々は縄文人の後裔であり、そのかぎりにおいて、日本人／アイヌ人の関係を、まったくの断絶や非連続と見なすことはできなくなりつつある。縄文時代にはつねに、北海道／東北はほぼ同一の文化圏に属し、弥生以降になって、しだいに津軽海峡が種族＝文化的な境界と化していった。また、北海道では縄文から続縄文・擦文・アイヌへと文化的な展開が見られたが、その間に大きな民族レヴェルの交替はなかった、という。ここに、日本人とはなにか、という問題があらためて浮上してくる。日本人の源流のひとつとして縄文人を想定せざるをえない以上、アイヌを視野の外に祀り棄てておくわけにはいかない。仮に、こうしたアイヌ観を携えて旅をしていたとしたら、異邦の白い女の眼に、いったいアイヌの人々はいかなる姿をもって映ったことか。

人種とはなにか、民族とはなにか。知のパラダイム転換とともに、人種や民族にまつわる境界線が移ろい揺れることは、いったいなにを意味するのか。日本人とはなにか、アイヌ民族とはなにか。そのいずれもが自明に存在するわけではない。そこにあるのは、ただ人為的に引かれた境界線にすぎない。それを、あたかも自然に刻印された境界線であるかのように、いつだって人種や民族にかかわる学問の群れは、科学の装いを凝らしつつ語りつづけてきたのではなかったか。

あらゆる差別にかかわる現象に敷衍してもいい。差別を自明の風景として語ることはできない。いかがわしさの痛切な自覚なしには、語りそれ自体がありえない。差別が境界に生起する現象であるかぎり、はじめに境界そのものへの問いが必要なのである。しかも、境界がいつだって移ろい揺れる人為の所産でしかないならば、問いはあらかじめ宙吊りにされているのである。それにしても、ふと思う、この時代に生きてある者らが、たとえばわたし自身が、イザベラ・バードや伊藤青年よりも深く差別的ではないことを保証してくれる根拠は、はたして存在するのだろうか、と。

Ⅱ　異質なるもの、汝の名は

1　穏やかで／深く迷信的な偶像崇拝

明治維新から間もなく、西南戦争の翌年のことである。一八七八（明治十一）年の五月、ひとりのイギリス人女性が横浜の港に降り立ち、はじめて日本の土を踏んだ。むろん、イザベラ・バードその人である。バードはそのとき、列島の北の奥地に広がる「ほんとうの日本」を見るために、三カ月におよぶ踏破の旅をおこない、その詳細な記録を、のちに『日本奥地紀行』として刊行した。バードは牧師の長女として、イギリスのヨークシャーに生まれた。幼少の頃から病弱で脊椎の病気をわずらい、その健康回復の手段として、世界各地の旅を重ねたといわれる。本格的な旅をはじめたのは、四十代になってからのことであり、そのひとつがこの日本の旅であった。

『日本奥地紀行』には、たいへん生き生きと、近代のはじまりの季節にあった日本の姿が描かれている。この『日本奥地紀行』をテクストとして、明治十年代はじめの北の日本へと赴くことにしよう。異邦人の女性のまなざしがとらえた、いわば、その時代の宗教事情といったものを浮き彫りにしてみたい、と思う。そうしたモチーフに沿って眺めるとき、『日本奥地紀行』はじつに豊かな、興味深いテクストといっていい。

ところで、その前に確認しておきたいことがある。イザベラ・バードの履歴にかかわることである。牧師の長女として生まれたというが、この履歴が意味するものはいったいなにか、検証しておく必要がある。たとえば、ドロシー・ミドルトンの『世界を旅した女性たち』には、バードに関する一章があり、その一端があきらかにされている。これをとりあえずの手がかりとしてみたい。

ミドルトンによれば、バードはクラパム派の信仰に裏打ちされた、高潔で知的なヴィクトリア朝レディであった。訳者の注には、クラパム派について、英国国教会の福音主義者（教会の権威や儀礼より聖書の教えと説教を重んじる）のグループであり、奴隷制の廃止や布教活動の充実などを主張し、一七九〇年頃から一八三〇年頃まで活動した、と見える。バードは一八三一年に、ヨークシャーのバラブリッジで、「神と地域社会への奉仕」を伝統とする裕福な中流家庭に生まれている。叔母たちは福音派教会に属し、そのひとりは宣教師となってインドへ渡るなど、信仰に篤い人々であったらしい。父親は三十歳を過ぎてから、法廷弁護士という世俗的な成功に背を向けて聖職につき、牧師の娘と結婚した。この高潔で直情的な性格の父親は、節制を遵守する、きわめて熱心な安息日厳守主義者であり、そのために、教区の人々と対立して誹謗や屈辱をこうむり、苦難の日々を送ったという。幼いバードは、馬に乗って、教区を巡回する父のおともをしている。また、母親と妹もまた、たいへん敬虔な信仰の持ち主だったようだ。

バードは更年期のあたりから、背中の痛み・不眠症・神経の不安といったものに苛まれ、医者に転地療養を勧められたことがきっかけとなり、国外への旅に出るようになった。『日本奥地紀行』のなかにも、背中の痛みに耐えながら、ほとんど身体に鞭打つような苛酷な旅を続けるバードの姿が垣間見える。あきらかに、これは苦行や禁欲や献身といったテーマに彩られた、かぎりなく宗教的な旅でもあったのだ。

ところで、ある時期から、その宗教的な雰囲気には変化が現われる。『日本奥地紀行』の旅からは十年あまりの歳月を経て、一八八八年、バードは洗礼を受けて、宣教活動への献身を表明し、世界各地の宣教地を訪れる決心をした、という。一八八九年のインドへの旅は、妹と夫を記念する伝道病院の設立が目的であったし、一八九〇年のペルシャの旅では、イスラム社会に足がかりを築いた伝道所を訪ねるとともに、ネストリウス派の古代キリスト教徒の生き残りの村を訪ねている。さらに、一八九四年から一八九七年にかけての韓国・日本・中国の大がかりな横断旅行は、極東伝道活動の旅であり、宣教師が同行していたこともあった、という。こうして、晩年に近づいてからのバードの旅には、宣教活動という側面が色濃く漂うようになる。しかし、それにもかかわらず、ミドルトンなどは「実のところ、イザベラは良きクリスチャンであったが、福音主義的な敬虔さが本当に彼女の力強い活力の源泉であったかどうかは疑わしいものがある」と指摘しており、関心をそそられる。

ともあれ、『日本奥地紀行』の旅が、いわば「福音主義的な敬虔さ」に裏打ちされた宣教活動の旅へと傾斜してゆく以前に属していることを、ここでは確認しておきたい。当然ではあるが、バードの生い立ちのなかに見いだされる宗教的な影、とりわけ英国国教会のかなり厳格な福音派としての履歴を無視することはできないだろう。『日本奥地紀行』とはそれゆえ、異邦人がだれひとりとして訪れたことのない辺境の村々を踏査しながら、そこで見たり聞いたり感じたりしたことを、キリスト教徒の価値観をもって丹念に記録した紀行であった。それが大きな前提である。むろん、だからといって、それが予断と偏見に満ちているわけではない。むしろ、バードは可能なかぎり、みずからを相対化する努力をおこなっている。いまだに、それが読むに値する著作でありえていることが、そのなによりの証左であるはずだ。

さて、いま、明治十年代の日本とそこに生きた人々の姿が、『日本奥地紀行』の旅の裏側から静かに浮かびあがる。宗教というキーワードが落ち着かなげに踊っている。たとえば、異人のまなざしのもとに——。

＊　＊

はじめに、江戸の浅草寺について語られた一章をとりあげてみたい。叙述は驚くほどに詳細かつ緻密である。きちんとしたガイドによる説明を受けたのか、あるいは参照している文献でもあったのか、情報の正確さにおいても侮りがたいものがある。たとえば、「門徒宗の寺院のように、きわめて簡素なもので、ほとんど改変しなくても明日にはキリスト教徒の礼拝に用いられるような寺院もある」といった記述など、奇妙な余韻を感じさせる一文である。日本に着いて、まだ数週間足らずしか過ぎていない。いったい、門徒宗つまり浄土真宗について、バードはいかなる情報を仕入れていたのか。

バードによれば、浅草には東京の「ほんとうの生活」が見られる、という。この多くの人々が参詣でにぎわう寺のまわりには、たくさんの遊び場所が、つまり料理屋や茶屋、芝居小屋、芸妓のいる遊郭などがある。ここでは毎日が祭日だ。慈悲の女神である千手観音を祀っている。もっとも人気のある霊場として知られ、仏教信者でも神道信者でも、あるいはキリスト教信者でも、この都をはじめて訪れる者はかならずこの寺に参詣し、参道に立ち並んだ売店で品物を買うのである。雄大な赤い山門は、バードがはじめて見た異教の大寺院の門であった。この山門を、人々が毎日出入りしているが、大祭のときには何万人もの雑踏となる。そこでは、ミコシと呼ばれる、祭神の象徴を納めた「神聖なかご」が出る。神聖な身振りや踊りが演じられてから、ミコシはすばらしい古風な行列を作って、海岸まで運ばれ、また戻ってくる。

本堂のなかは、騒音が渦巻いている。はじめて見る者には、まことに異様な光景が多い、という。壁面に飾られた絵馬や、男のたぶさ・女の長い髪の毛、仏の木彫りや壁画があり、そして、鳩の棲み処《か》までがあった。さらに、古い青銅作りの、怪物の彫り物がなされた大きな香炉があり、参詣人は香を燃やす女に小銭を渡してから、祭壇の前に進んで祈願をおこなっている。おそらくはノートを取りながらの、じつに丁寧な観察に裏付けられた叙述である。細部には関心をそそられるものが多い。いくつか、バードの批評を含んだ言葉を引いてみることにする。

このもっとも神聖なる場所には、神々を安置した宮や、巨大な燭台、壮大な銀製の蓮、供物、洋灯、漆器、連禱書、木魚、太鼓、鈴、そのほか卍《まんじ》など神秘的な宗教記号が満ちている。この宗教は、教育のある者やこの道に入った者にとっては、道徳と哲学の体系をなすものであるが、一般大衆にとっては偶像崇拝である。（「第五信」）

神聖なる場所に、神秘的な記号があふれている。浅草寺のお堂、そのもっとも奥まった祭壇を前にして、バードはこんな感想を抱いたのだろうか。このとき、日本の仏教はあきらかに、バードの眼にはひき裂かれて見えたのである。それは知識階層にとっては「道徳と哲学の体系」であるが、一般大衆にとっては「偶像崇拝」にすぎない、と。原注というかたちで、のちに本にまとめる段階に附されたメモには、「穏やかではあるが深く迷信的な偶像崇拝」は、日本中に広くゆきわたっているとはいえ、この浅草ほどよく見られるところはない、とある。穏やかで／深く迷信的な、という修飾語を冠せられた偶像崇拝なる言葉をもって、日本の民衆レヴェルの仏教が了解されていることを、たしかに記憶に留めておきたい。

また、かれらはお祈りをする、――もし〔ナンマイダという〕わけもわからぬ外国語の文句をただくり返すだけで、お祈りと呼ばれてよいものならば。かれらは頭を下げ、両手を上げてこすり合わせ、言葉を呟きながら数珠をつまぐり、両手を叩き、また頭を下げる。……たいていお祈りは急いでなされる。つまらなくて長いおしゃべりのあいだに挟まれた、たんなる瞬間的な間奏曲にすぎず、敬虔の素振りすら見られない。しかし、なかにはあきらかに、ほんとうに悩み事をこの簡単な信心で解決しようという祈願者もいる。（同前）

むろん、バードが描いた日本人の祈りの光景は、かぎりなく貧しく戯画化されたものである。意味もわからぬ外来の文句をくりかえし唱えることが、いったい祈りなどといえるのか。敬虔の素振りすら見られない、つかの間の間奏曲のような祈りの光景にたいして、この異人のまなざしには揶揄が籠もっている。そのまなざしはどうにも痛い。こんなバードの幼い頃の思い出があったらしい。福音派教会の長い礼拝のあいだ、厳しい叔母たちは幼いバードに座ることを許さず、ずっと立ちっ放しだったために背中が痛くなった、という(『世界を旅した女性たち』)。あまりに隔絶した祈りの光景ではないか、そう、バードは感じたにちがいない。あるいは、八角堂の外には鈴の付いた賽銭箱があって、人々は「神の注意を惹く」ためにその鈴を鳴らしている、という。だれが、そんな解説をバードにしたのか。思えば、日本人の多くは、その行為の意味を、いや、宗教的な行為であるのか否かすら知らぬままに、綱をつかんで鈴を鳴らしている。そんなものが祈りであるはずがない、というバードの呟く声が聞こえてくる。

それにしても、偶像崇拝とはいったいなにか。

ある堂のなかには大きな偶像が納められていて、紙つぶてが一面についている。かれを保護している網には、何百となく紙つぶてがくっついている。参詣人は願い事を紙片に書くか、あるいは上等の部類では、坊さんに書いてもらって、その紙片を噛んで丸め、神様に向かって吐きつけるのである。もし狙いがうまくいって網格子のなかを通過すれば、それは吉兆である。もし網に引っかかれば、願い事はたぶん聞き届けられなかったことになる。(同前)

右手にはビンズルという仏陀の十六人の本弟子のひとりが座っている。……いまでは、かれの顔はやつれて形相も変わり、スフィンクスのように、眼も鼻も口もあまりかたちを留めていない。かれの手や足からは、光沢のある赤い漆もすでに消えている。これもビンズルが病気を治す偉大な神であって、過去の何百年ものあいだ、病人たちがかれの顔や手足をこすったあとで、自分の顔や手足をこすって来たからである。(同前)

紙片を嚙んで丸めたものを、神様に吐きつけて、吉凶を占うといったことは、たしかにキリスト教を奉じる異人の眼には、まったく異様な光景と映ったにちがいない。しかし、わたし自身もまたそのひとりであるが、寺の片隅にビンズル様を見つけると、かならず近寄って頭を撫でまわしたりする者にとっては、それは異様さなどカケラもない、いたってありふれた光景にすぎない。これらはいったい、穏やかで／深く迷信的な、という修飾語をかぶせられた偶像崇拝に値するだろうか。あのビンズル様はそもそも偶像なのか、わたしはそれを崇拝しているのか。こうした問いは逆に、わたしたち自身の祈りの光景の、あまりに呆気ない軽さを照射しているのかもしれない。

　お堂の裏側には、衣類をつけた仏陀の真鍮像がある。これは片手をあげた姿で、堂々とした鋳造物である。すべての仏像はヒンズー的な顔かたちをしており、その優美な衣服と東洋的な休息の姿は、インドから渡来したものであって、日本の土着思想による途方もない怪奇さと奇妙な対照をなす。

（同前）

インドから中国を経由して渡来した仏教を、日本の「土着思想」は途方もない怪奇さをもって彩色してしまった、そう、バードは思ったにちがいない。つばで濡らした紙つぶてを吐きつけられる仁王像や、原形を留めぬほどに撫でこすられたビンズルの像などは、たしかに穏やかで／いくらか迷信的な偶像崇拝の一例ではあるのかもしれない。しかし、日本の「土着思想」による途方もなく怪奇な仏教の変奏だなどとは、やはり、どうしても思えない。いかにも、それはささやかにすぎる。

それからしばらくして、バードがはじめて日光の徳川家光を祀る社殿を訪ねたときのエピソードには、どこかしら深い屈折の相が織り込まれている気がして、いたく関心をそそられてきた。――バードを案内してくれた老僧は、恐ろしい形相をした風神と雷神の像のかたわらを過ぎるとき、「昔は、これらのモノを信仰したのですが、いまでは信じていません」と語った、そして、ほかの神々のことを話すときには、さも軽蔑しているかのようであった、という。廃仏毀釈の嵐のなかでおこなわれた偶像破壊の余韻が、ここにはあったのかもしれない。このとき、老僧はまるで、穏やかで／深く迷信的な偶像崇拝から必死で身を引き剝がそうとするかのように、異教徒に向かって、偶像否定の身振りを演じてみせたのではなかったか。

ともあれ、『日本奥地紀行』のなかに、思いがけぬかたちで、仏教と土着思想をめぐる「習合」のテーマが転がっていたことに、わたし自身が驚きを新たにしている。ほんとうに豊かなテクストである。さらに、異人のまなざしがえぐり出すものに眼を凝らすことにする。

2　哀れに／心打つものを前にして

バードはたしかに、穏やかで／深く迷信的な偶像崇拝と化している仏教にたいして、揶揄のまなざしを投げつけた。しかし、いわゆる原理主義的な態度をもって、いっさいの異教的な世界を構成するモノたちを拒絶し、批判めいた言葉を差し向けたわけではない。バードのまなざしははるかに柔軟であり、ときには熱い共感すら隠そうとはしなかった。

たとえば、かつて流れ灌頂《かんじょう》と呼ばれる習俗があった。バードはそれを、越後の国のいたるところで見かけたらしい。静かな川の流れのうえに、四本の竹の棒を立てて、それに木綿の布の四隅を吊るして張る。その背後には、長くて幅の狭い木札(卒塔婆)があり、その上部には墓地で見るものと同じような文字が刻まれている。ときには、竹の棒の上部のくぼみに花束が挿してあり、たいてい布そのものにも文字が書いてある。そして、そこには木製の柄杓が置いてある。そう、バードは丁寧に記述している。その鮮やかなスケッチとあいまって、過不足のない、じつにみごとな描写となっている。

バードが描いた「流れ灌頂」(『日本奥地紀行』)

坊さんの話によると、その木札にはひとりの女の戒名、すなわち死後の名前が書いてある。その花も、愛する人がみずからの身寄りの者の墓に捧げる花と同じ意味をもっている。その布に文字が書いてある場合は、日蓮宗の有名なお題目の南無妙法蓮華経という文字である。布に水を注ぐのは祈願のためであり、このとき、しばしば数珠をつまぐって祈念する。これは「流れ灌頂」といわれるもので、わたしはこれほど哀れに心を打つものを見たことがない。これははじめて母となる喜びを知ったときに、この世を去った女が、前世の悪業のために、血の池という地獄のひとつで苦しむことを示している、という。そして、かたわらを通りかかる人に、その女の苦しみをすこしでも和らげてくれるようにと訴えかけている。なぜなら、その布が破れて、水が直接こぼれ落ちるようになるまで、彼女はその血の池のなかに留まらなければならないからである。(「第十八信」)

よほど印象に深く刻まれたにちがいない。むろん、布に書かれた南無妙法蓮華経の題目といい、戒名を記した木の卒塔婆といい、女が堕ちる血の池地獄といい、いずれもはっきりと、仏教思想に根ざしたフォークロアである。一般的には、産婦が亡くなったとき、その成仏を願っておこなわれた習俗といわれている。ともあれ、通りすがりの僧侶の説明を書き留めた、この一節もまた、バードがたいへん優れた聞き手ないし調査者であったことを示しているにちがいない。そして、バードはここに、その名称がナガレカンジョウであることを記したうえで、「わたしはこれほど哀れに心を打つものを見たことがない」という素直な感想を書きつけたのである。バードはすくなくとも、このときにはいまだ、宣教活動に傾斜していった晩年とは異なり、異教的な習俗の世界にたいしてもやわらかく開かれた態度をもっていたのではなかったか。

『日本奥地紀行』は多様な読みを許容するテクストである。たとえば、明治前期の食文化について知るための意外な情報が、唐突に得られたりする。興味深いことに、旅のなかのバードは、しばしば肉類を食べることができずに苦しんでいる。むろん、手に入らなかったのである。どの村にも鶏はたくさんいたが、それを殺すというと、人々はいくら金を出しても売ってくれなかった。しかし、卵を産ませるために飼うのであれば、喜んで売ってくれるのだ、という。あるいは、バードは人々が馬を虐待する姿を見たことがなかった。馬は死ぬと、りっぱに葬られ、墓のうえには墓石が置かれる。疲れきった馬の死期を早めてやった方がよさそうなものだが、ここは主として仏教を信ずる地方であり、動物の生命を奪うことにたいする反発は非常に強い、という。

これらふたつのエピソードは、久保田(秋田)の町で書かれている。ともに、家畜として飼っている鶏や馬を、どんな理由であれ、殺すことを忌避する態度があきらかに窺えるはずだが、バードがそこに仏教信仰の影を認めていることに注意を促しておく。肉食文化をめぐる問題はしたたかな屈折を見せる。家畜の生命を奪うことにたいするタブーは、ただちに野生の獣については当てはまらないからだ。ここでは、秋田の常民たちが、明治十年代にあっても、いまだ鶏や馬を殺して食することにたいして鋭い忌避感をもっていたことを、とりあえず確認しておけば足りる。

それにしても、『日本奥地紀行』のなかには、さまざまな神々が次から次へと登場してくる。ただ「父なる神」だけを信仰する、一神教の世界からやって来た異人にとっては、まったく驚き呆れた光景の連なりであったことだろう。しかし、バードは批評の言葉を抑えながら、見たり聞いたりしたことを淡々と、あるがままに描写する態度を可能なかぎり貫いている、といっていい。

田植えが終わると、二日間の休日がある。そのときには、米を作る農家の神である稲荷に多くの供物が捧げられる。人々はお祭り騒ぎをして、一晩中飲んで浮かれていた。神社の太鼓の音や、太鼓を叩きながら歩きまわる音が続いて、わたしは眠ることができなかった。(「第十二信」)

日本人は、自分たちが漁業民族の子孫であると信じている。かれらはそれを誇りとしており、恵比須という漁師の神は、家の内に祭る神のうちでもっとも人気のある神のひとりである。(「第二十四信」)

港は久保田の荷揚げ港であるが、このみすぼらしい町では、神明(天照大神)という神の誕生日を祝って祭りをしている。(「第二十五信」)

ここに並んでいるのは、稲荷・恵比須・天照大神といった、じつにポピュラーな民俗の神々である。しかし、それぞれの神としての出自や履歴は薄闇に包まれ、その読みほどきはひと筋縄ではいかない、むしろ至難の業であるにちがいない。よじれた時間を孕んだ、あえていえば複雑怪奇な神々である。米を作る農家の神とされた稲荷が、ときには漁業や商業にかかわる現世利益の色合いの濃い神となり、ときには狐を神の使いと見なす憑き神信仰となり、その屋敷神として全国で祀られているものは数万に及ぶといったことなど、バードには知るよしもなかった。恵比須が異人を意味するエビスと無縁ではなく、都市では商家でもっぱら祀られ、農村や山村にも見られるが、漁師の祀る神としてのフォークロアが圧倒的に多彩であることなど、やはりバードが知るはずはなかった。あるいは、天照大神がやがて、フォークロアの神から天皇家の祖先神へと位相変換されようとしていたこともまた、バードが与り知らぬことではあった。

いずれであれ、バードという旅する異人の眼前には、まさに「日本の土着思想による途方もない怪奇さ」が無雑作にくり広げられていた。その一端には触れながら、バードはしかし、その深々とした民俗の神々をめぐる闇に気付くことはなかった。当然である。紙つぶてにまみれた仁王像や、撫でこすられたビンズル像のはるか深みで、ひっそりと、途方もない土着の怪奇が蠢いていたのだから。むろん、それを途方もない怪奇として受けとめる感性のありようは、異人たちの専売特許であり、土着の民のものではない。

さて、以下のような光景はどうだろうか。

わたしの向かい側の部屋には、ひどい眼病の男がふたりいた。頭を剃り、長い奇妙な数珠を下げ、歩きながら小さな太鼓を叩き、東京《エド》の目黒不動の社までの巡礼を続けている。不動明王は石上に坐し、火焔に包まれた偶像で、右手に抜き身の剣を持ち、左手に悪魔を縛る縄を持っている。盲人に視力を与える御利益がある、という。今朝、かれらは五時に勤行を始めた。南無妙法蓮華経という日蓮宗の祈禱の文句をたいへんな速さでくり返したが、その高く単調な声は二時間も続いた。この祈りの文句は、日本人の誰にも意味がわかっていないし、最高の学者でもそれに関しては意見がまちまちである。（「第二十七信」）

意味のわからぬ祈りの文句を唱えることにたいして、バードは懐疑的であり、冷ややかである。その解釈は最高の学者のあいだでも定まっていない、そんな曖昧模糊とした文句にすがることになんの意味があるのか、ということか。たしかに、聖書の教えと説教を重んじる福音派のキリスト教徒としては、許しがたい愚行であり、奇妙きわまりない光景であったにちがいない。しかし、疑いもなく、眼病の平癒を願って、不動明王の御利益にすがり、ひたすら太鼓を叩き、南無妙法蓮華経を唱えながらの巡礼を続ける行者たちの姿は、かぎりなく切実なものである。それは意味の磁場には還元することができない、やはりある種の宗教的な行為、救済を求めての苦行であったはずだ。

それにしても、バードその人の旅のスタイルのなかに、それら行者と類似の、肉体的な試練や苦行に耐えることによって救済へと到ろうとする、宗教的な願望が透けて見える、そう、わたしには感じられてならない。今度の旅は、いままでの内でもっとも「横木に乗せて運ばれる」一種の私刑に近いものだ、とバードは書いている。だれがいったい、そんな私刑のごとき苦難の旅を、職業的な勤めとしてでもなく、金もうけのためでもなく、強いられてでもなく、するものか。答えはあきらかだった。バードの旅もまた、あの太鼓叩きの行者の旅と構造的には同質のものだったのである。このとき、不動明王と「父なる神」は等価であったといってもいい。

さて、東北の旅がやがて終わろうとしていた。バードは呟くように書き留めている、「北へ旅するにつれて、宗教的色彩は薄れてくる。信仰心がすこしでもあるとするならば、それは主としてお守りや迷信を信じていることである」と。ここにいう「宗教的色彩」とは、いったいなにか、それが問われる必要がある。すくなくともそれは、「お守りや迷信」の類ではないらしい。こんな一節を想起するのもいい。日光に滞在していたときに宿とした家について、バードはこう書き留めていた。――この家で「宗教の片鱗」を示すものは、ただ神棚(または仏壇)である、そこには神社のお宮に似たものが立っており、亡くなった身内の者の位牌が入っている、毎朝、その前に常緑樹の小枝とご飯と酒が置かれ、夕方になると、その前に灯火がともされる、と。この祖先崇拝にかかわる光景は、バードの眼には「宗教の片鱗」としか映らなかったのである。

それでは、あらためて「宗教」とは、「宗教的」とはなにを意味するのか。バードはやがて、エゾ地と呼ばれた北海道に渡り、旅のもっとも大きな目的のひとつであったアイヌの村《コタン》を訪ねることだろう。そこに、たいへん凝縮されたかたちで、バードのいう「宗教」が剝きだしになるはずだ。

3　神道の信者であるが／なんでもない人

ところで、バードのかたわらには、つねにひとりの日本人が影のように寄り添っている。名は伊藤という。十八歳の青年である。じつに有能な通訳兼ガイドであり、バードの旅の隠れた演出家ともいうべき存在であった。三カ月間の旅をともにしたバードと伊藤とのあいだでは、しばしば宗教論争がおこなわれたらしい。むろん、じつのところは宗教論争などとはいいがたい、ささやかなものではあるが、なかなか関心をそそられる場面は多い。

たとえば、こんな場面はどうだろうか。

> 伊藤は名目上は神道の信者であるが、じつはなんでもないのである。日光で、わたしは『ルカ伝福音書』のはじめの方の何章かを、かれに読んで聞かせたことがある。わたしが放蕩息子(第十五章)の話のところに来ると、かれはいくぶんか軽蔑的な笑い声を立てて、「ああ、その話なら、わたしたちの仏教の話のくり返しですよ」と言った。(「第十一信」)

ほんの短いエピソードである。なぜ、バードは旅が始まって間もない時期に、わざわざ伊藤に新約聖書の一節を読み聞かせようとしたのか、それがなぜ、「ルカによる福音書」であったのか、その第十五章の放蕩息子の話にたいして、伊藤はなぜ、それは仏教の焼き直しだと応答したのか。そこに秘せられた、小さな論争の構図について、あきらかにするだけの知識がわたしにはない。いずれ、あらためて触れることとして、ここでは神道・仏教／キリスト教をめぐる微妙な葛藤に眼を凝らしておきたい。

第一に、バードは伊藤について、「名目上は神道の信者であるが、じつはなんでもない」と指摘している。この解釈は多様なものでありうるが、それがしばしば現代の日本人についてもいわれる「無宗教性」にかかわる、ある評価であったことは、否定できないはずだ。バードという異人のまなざしには、伊藤(を含めた、おそらくは日本人の大半)は神道にたいする信仰などは名ばかりで、その宗教的な実態は「じつはなんでもない」と映っていたのである。第二に、伊藤の反発については、いくつかの背景を想定することができるが、ここではとりあえず、伊藤がすでに、宣教師たちとの付き合いがあり、かれらの傲慢な態度に辟易していたことを念頭に置く必要がある。だからこそ、聖書を引いての説教という形式それ自体に、鋭い拒否反応を示したのである。第三に、伊藤が反論のために仏教を対置してみせたことにも、あきらかに理由がある。キリスト教を相対化する武器として有効なのは、仏教だけだという現実を、伊藤はよく承知していたのではなかったか。

あるいは、バードはまた、別のところで書いている。伊藤という日本人青年をさらに深く知るにつれて、バードの観察が思いがけず屈折してゆく様子が知られるはずだ。

> 伊藤が自分の目的をかなえるためなら嘘もつくし、わたしに見られないならとことんまで上前をはねていることは、疑いない。かれは悪徳の楽しみ以外には、やる気もないし、知りもしないようだ。かれはいかなる宗教ももっていない。いままで外国人とあまりにも交際があったから、どの宗教も信ずる気になれないのであろう。（「第二十三信」）

> 伊藤は最初に嘘をついただけで、いままで悪いことはなにもない。かれの信仰する神道も、その程度しか、かれを教えていないのである。今朝、わたしがかれに給料を支払ったとき、かれはわたしに、「なにか悪いことでもあるのですか」と聞いた。わたしは「礼儀作法が気にいらない」と言った。かれはその言葉を聞いて、すこしも怒らずに、「態度を改めます」と約束した。「しかし」と、かれはつけ加えて言った、「わたしはただ宣教師の礼儀作法をまねしただけです！」（「第三十四信」）

嘘をつくことは悪徳である、とバードは固く信じているようだ。しかし、嘘も方便といった格言に魅力を感じてきたわたしは、ただちにバードに同意することはできない。しかも、ここでバードが伊藤に要求しているのは、いわば召使いの主人にたいする忠誠である。召使いは陰日向なく主人に仕えるべきだ、というモラルにたいする違背が、嘘や礼儀作法の名のもとに非難されているのである。あえて深読みすれば、この主人―召使いの関係の背後には、父なる神―人間の関係がよじれつつ透けて見える気がする。だからこそ、伊藤はバードの叱責に、態度を改めることを約束しながら、自分はただ宣教師の礼儀作法をまねしただけだ、と言い放つのである。召使いに許される、ぎりぎりの反撃といったところか。むろん、それがキリスト教に向けての不信の表明であることを、バードはよく承知していたはずだ。

いずれであれ、バードの眼には、伊藤は「いかなる宗教ももっていない」と映った。神道による教化がまったく不十分なものである、という指摘も見られる。とんだとばっちりではないか。ここにいたって、思い当たることがある。バードの文脈においては、悪徳やその教化といったことは、まさに宗教の領分に属するらしい、ということだ。しかしながら、たとえば、神道が「嘘をつくな」と教える姿など想像できるだろうか。換言すれば、神道が世俗倫理に介入する場面は想像しにくいし、神道は教える神など必要としていないのではないか。バードにとって、宗教とはいかなるものであったのか。

とても正直で親切で役に立つ人力車の車夫が病気になり、残して去ることを余儀なくされたとき、バードは書いている、「わたしはじつに悲しかった。なるほど、かれはただの車夫であり、日本帝国三千四百万人のなかのひとりにすぎないけれども、やはり天におられる父なる神から見れば、ほかのなんびとにも劣らず大切な人間なのである」と。バードが信仰する「天におられる父なる神」の優越性にたいする確信が、奇妙なかたちで表白されている。「父なる神」の存在とは無縁に生きている日本人もまた、その神のまなざしのもとでは、キリスト教徒を含めた、ほかのいかなる人々とも変わらぬ、いや劣らぬ人間である、という。むろん、この一神教的な寛容さに身を寄せるわけにはいかない。

たとえば、洪水に見舞われた川で遭難しかけたときの記述には、たいへんに関心をそそられる。恐怖で土色になっている伊藤の顔を、滑稽なものに感じながら、バードはこのとき、激流にもてあそばれ、ついに沈没してしまう屋形船とその哀れな家族たちのことしか考えていなかった、と書いている。バードが幾多の危難を乗り越えてきた、勇敢な女性探検家であったことを疑うつもりはない。しかし、ここには確実に、あの「父なる神」の影が見え隠れしている。バードは神に向けての信仰における優越感を隠そうとはしない。

このあとで、バードに「どんな気持ちであったか」と問われたとき、伊藤が「私は母親にやさしい子であったし、正直者だから、きっと良いところへ行けると念じていました」と答える場面を、どのように読むべきか。バードは間違いなく、ひそかに「父なる神」に祈りを捧げていたにちがいない。だからこそ、伊藤がそのとき、なにを思い、なににすがろうとしていたのか、知りたいと考えたのである。伊藤は「父なる神」の代わりに、おそらくは母親を想い、母親に救いを求めたのである。「良いところ」とは天国か、極楽か。ともあれ、伊藤にとって、どうやら美徳とは母親にやさしく、正直者であることであったらしい。実際、伊藤は給料の大部分を、未亡人である母に送っていたが、それを「この国の習慣です」と説明していたのである。そんな母親想いの自分であれば、きっと「良いところ」へ行くことができる、と答えた伊藤にたいして、バードがまたしても優越感にみちた笑いを浮かべたことは、たやすく想像されるところだ。

伊藤はたぶん、明治の若々しいナショナリズムを背負って、みずからの優越性を懐疑することのないキリスト教や西洋文明との、いわば精神的な戦いを孤独に演じていたのである。以下の一節からは、そんな伊藤の姿が浮かびあがる。

日本が外国人の発明したものを利用するのはよいことだ、とかれは思っている。外国も同じくらい日本から学ぶべきものがあるし、やがて日本は外国との競争に打ち勝つであろう、と信じている。なぜなら、日本は価値あるものをすべて採用し、キリスト教による圧迫を退けているからだ、という。愛国心がかれのもっとも強い感情だと思われる。(「第二十三信」)

このとき、一八七八(明治十一)年、十八歳の青年が抱いていた愛国心=ナショナリズムには、いささか驚かされるものがある。これは少なくとも、民衆レヴェルの素朴な愛国心ではありえない。その方位は鮮やかであり、たとえばそこには、「和魂洋才」的な考え方が存在したと思われるからだ。あきらかに知識人のものである。日本は外国(西洋)から、価値あるものをすべて採用しながら、「キリスト教による圧迫」を退けている、という。これは当然とはいえ、通訳という仕事を選びとっていたがゆえに、西洋の、ことに英語圏の人々、なかでも宣教師らとの浅からぬ交流があったことと無縁ではあるまい。伊藤という青年は、具体的な体験の積み重ねのなかで、「キリスト教による圧迫」を痛感していたのである。

バードの応答は、ある意味ではたいへん真摯なものである。

多くの点において、特に表面に現われているものにおいては、日本人は英国人よりも大いにすぐれている。しかし、ほかの多くの点では、日本人は英国人よりもはるかに劣っている。この丁寧かつ勤勉で、文明化した国民のなかにまったく溶けこんで生活していると、その風俗・習慣を、英国民のように何世紀にもわたって、キリスト教に培われてきた国民の風俗・習慣と比較してみることは、日本人にたいして大いに不当な扱いをしたことになる、ということを忘れてしまう。この国民と比較しても、つねに英国民が劣らぬように〈残念ながら実際にはそうではない！〉、英国民がますますキリスト教化されんことを、神に祈る。（「第二十七信」）

日本人／イギリス人の比較が、けっして白人優越主義などに呪縛されることなく、とても生真面目におこなわれていることに、奇妙な感慨を覚える。バードはあきらかに、このユーラシア大陸の東の果ての島国に暮らす人々が、「丁寧かつ勤勉で、文明化した国民」であることに気付いていた。「父なる神」の教えに導かれることなく、むしろ、「キリスト教による圧迫」に抵抗しながら、「文明化」へのプロセスを辿る姿を前にして、バードがいわば、その日本人と比べても、つねにイギリス人が劣ることがないように、いっそうの「キリスト教化」を、その「父なる神」自身に求めていることは、いかにも示唆的であった。

こんなエピソードにも関心をそそられる。バードは青森県の黒石に滞在していた。そこに、三人の「クリスチャンの学生」が弘前から訪ねてきたのである。三人ともすばらしく知性的な顔をしていて、きれいな身なりの青年であり、みなすこしばかり英語を話すことができた。弘前にある東奥義塾に、校長として二人の米国人が招かれていた。かれらはキリスト教的教育において精力的であると同時に、クリスチャンとしての生活態度もきわめてりっぱなものだったにちがいない、とバードは想像する。というのは、その教えにしたがって、三十人もの若者がキリスト教を信ずるにいたったからだ。かれらがみな、十分な教育を受けて、その内の数人は教師として政府に雇われることになる、という。バードは書いている、――かれらが「新しい道」(キリスト教)を受け入れたということは、この地方の将来にとって重要な意義を持つことであろう――、と。この「新しい道」の百数十年後について、わたしは多くを知らない。

4 なにも宗教思想のない／民族のなかで

さて、バードはついに、蝦夷地のアイヌの村に辿り着いた。そこで、伊藤を仲立ちとした聞き取り調査をおこなっている。ある夜更け、ある「アイヌの小屋」のなかで――。

聞こえるのはただ、まわりの森を過ぎてゆく静かな風の音だけだった。ふと、わたしの心に『聖書』の言葉が浮かんだ。「これら幼き者の生命を奪うは、天にまします汝らの父なる神の御心にあらず」。たしかに、これらの素朴な未開人たちは子どもである。子どもとして判断しなければならない。「この世を裁くために来たるにあらずして、この世を救わんがために来た」という神の力によって、子どもとして救われるように、わたしたちは望んでもよいのではあるまいか。(「第三十六信」)

にわかに、聖書と「父なる神」が前景にせり出してくる。バードは思う、かれら「素朴な未開人」たちは子どもである、子どもとして、「父なる神」の力によって救われることを望みたい、と。この聞き取り調査を終えた晩のことである。バードは静けさのなかで、ちょっとの間、恐怖に襲われたらしい。

そして、「ただひとり、未開人のなかにいて危険を招いているのではないか」と考えた、という。この、したたかにひき裂かれたアイヌの人々へのまなざしは、とてもリアルで赤裸々なものに感じられる。このとき、バードが抱いた恐怖感は、よく記憶に留められたほうがいい。

また、同じ村で、バードはこんな体験をしている。そこには、ある意味では、すべてが凝縮されたかたちで提示されているのかもしれない。あるとき、バードと伊藤はアイヌの人々に案内されて、高い崖の端に建っている木造の神社へと赴いた。その白木の簡素な神社の奥のほうには、広い棚があり、歴史的な英雄である義経の像を納めた厨子が置かれてあった。また、金属製の御幣と一対のさびた真鍮の蠟燭立てがあり、帆船《ジャンク》を描いた一枚の日本画が懸けてあった、という。

それから、わたしはこの山アイヌの偉大な神についての説明を聞いた。義経の華々しい戦さの手柄のためではなくて、伝説によれば、かれがアイヌ人にたいして親切であったというだけの理由で、ここに義経の霊をいつまでも絶やさず守っているのだという。それを見て、わたしはなにかほろりとしたものを感じた。かれらは神の注意を惹くために、三度綱をひいて鈴を鳴らした。そして、三度お辞儀をして、酒を六回神に捧げた。このような儀式をしなければ、神のもとには近寄ることができないのである。かれらはわたしにも、かれらの神を拝むようにと言ったが、わたしは天地の神、死者と生者の神であるわたし自身の神だけしか拝むことはできない、と言って、それを断わった。かれらは礼儀正しいから、その要求を無理強いはしなかった。伊藤はといえば、かれにはすでに多くの神々がいるので、いまさら神をひとり増やしたところでなんということもないから、拝んだ。

すなわち、征服民族である自分たちの偉大な英雄の前で、喜んで頭を下げたのであった。(「第三十六信(続き)」)

前節でも引いた箇所であるが、まったく暗示に富んだ場面である。バードにとって、神とは天地の創造をつかさどり、人間の生や死にまつわる運命を支配する「父なる神」、まさにキリスト教の唯一絶対神のみを意味するのであり、それ以外の神を拝むなどということは、断じてありえない。それにたいして、伊藤は当たり前のように拝んだ。伊藤には「すでに多くの神々がいる」ので、それをためらう必要はないし、そもそも祀られている義経はかれら自身の偉大な英雄であったからだ。いくらかの揶揄が感じられる。ともあれ、ここに底流しているのが、「ヨーロッパ的」な一神教/「アジア的」な多神教という対峙の構図であることは否定しがたい。むろん、バードはみずからの「父なる神」の絶対的な優位を信じている。

いや、ここにはもうすこし屈折が感じられる。征服民族の英雄である義経を祀るアイヌの人々をはさんで、バード/伊藤が、それゆえに西欧/日本が対峙する構図である。バードのまなざしのもとでは、アイヌの人々は「父なる神」に子どもとして救われるべき未開人である。ところが、そのアイヌの人々は無邪気にも、かれらを征服し支配している日本民族の英雄を神として祀っているではないか。このとき、バードはひそかに、「父なる神」に祈りを捧げ、この無垢なる未開人たちが「解放」されることを願ったにちがいない。前節で触れたように、バードはくりかえし、アイヌの人々の「ヨーロッパ」的な美しさや高貴さを称えていた。おそらく、アイヌ民族を白色人種のひとつの分かれと見なす、当時の西欧の人類学的な「通説」にしたがっていたのである。だとすれば、ここには黄色人種である日本人によって、不幸にも支配されている白色人種としてのアイヌという、もうひとつの構図が隠されていたのかもしれない。

それでは、アイヌの宗教に関して、バードはなにを語っていたのか。バードにとって、アイヌの人々は「文明化できない人たちであり、まったくどうにもできない未開人」であった。そこにあるのは動物的で退屈で、善の観念も希望もない、「父なる神も知らぬ生活」にすぎなかった。「それにもかかわらず」と、バードは書いた、「かれらは魅力的で、わたしの心を強く惹きつけるものがある」と。絵に描いたようなオリエンタリズムの一例といったところか。

> アイヌの宗教観念ほど、漠然として、まとまりのないものはないであろう。丘のうえの神社は日本風の建築で、義経を祀ったものであるが、これを除けば、かれらには神社もなく僧侶もなく、犠牲を捧げることもなく礼拝することもない。あきらかに、かれらの宗教的儀式は、大昔からの伝統的にもっとも素朴で、もっとも原始的な自然崇拝である。漠然と、樹木や川や岩や山を神聖なものと考え、海や森や火や日月にたいして、善や悪をもたらす力であると考えている。かれらが祖先を神格化する痕跡を持っているのかどうか、わたしにはわからないが、この素朴な自然崇拝は、日本の神道の原始的形態であったかもしれない。かれらは生物界あるいは無生物界のものを崇拝するが、その唯一の例外は義経崇拝のように思われる。（「第三十七信（続き）」）

これもまた前節で引用している。アイヌの宗教にかかわる総括的な印象が、ここには語られていた。バードによれば、アイヌの宗教観念はまったく漠然としたものにすぎない、そこには神社・僧侶・犠牲・礼拝といった、宗教に不可欠の道具立てが見られない、あるのはただ、もっとも原始的な、樹木や山・海や火や太陽や月にたいする自然崇拝だけである。これはあるいは、「日本の神道の原始的形態」であった可能性がある、そう、バードは推測を巡らしている。

さらに、いくつかのバードの言葉の断片を拾っておく。たとえば、「なにも宗教思想のない民族の宗教思想のことや、たんに大人になった子どもにすぎないような人々の信仰について書くことは無意味であろう」という。あるいはまた、「かれらの宗教観念はいかなるものか、わたしはかれら自身から聞き出そうと非常な努力を払ってみた。……そのすべてを総計すれば、いくつかの漠然とした恐怖や希望であり、自分たちの外なる大自然のなかに自分たちよりも強力なものが存在するのではないか、という気持ちである」という。こんな一節もあった、「崇拝という言葉そのものが、人を誤らせる。わたしがこの言葉を、これら未開人について用いるときには、たんに酒を捧げたり、腕を振ることだけで、哀願や懇願などの精神的な行為がすこしもともなわないことを意味する。このような意味でのみ、かれらは太陽や月を崇拝し、森や海を崇拝する。狼、黒い蛇、梟、その他いくつかの獣や鳥には、その名にカモイ〈神〉という語がつく。……あきらかにかれらは、これらの神々から最大の利益を得ており、かれらの素朴な考えのなかに感謝の念が滲み通っている」と。

残念ながら、ここでは多くを語ることができない。バードの理解にはたくさんの誤まりや歪みが含まれているが、聞き書きした事実それ自体には、意外なほどに誤差が少ないように思われる。アイヌの宗教はたしかに、「外なる大自然のなかに自分たちよりも強力なものが存在するのではないか」という、まさに自然にたいする畏怖や崇拝に根差している。アイヌの人々は、その自然のなかにある神々から「最大の利益」を得ており、それゆえに、自然にたいする素朴な感謝の念を深く抱いている、といっていい。バードがそれにたいして、宗教観念がまったく漠然としている、なにひとつ宗教思想がない、また、かれらの崇拝は哀願などの精神的な行為と無縁である、といった批評の言葉を投げつける場面には、多神教的な、あるいはアニミズム的な宗教に向かい合ったときに、「父なる神」に抱かれた一神教が剝き出しにしてくる透明な暴力があふれている。

さて、最後に、あらためて問いかけてみる。バードという異人のまなざしのもとで、宗教とは、あるいは、宗教的なるものとはなんであったのか。アジア的な多神教の世界を一枚の鏡として、いわば陰画のように映し出されたものこそが、「父なる神」をいただくヨーロッパ的な一神教の世界であり、そこで疑われることなく流通している「宗教」ではなかったか。そこには、「父なる神」の観念、宗教的な思想、神社や僧侶などの制度、犠牲をめぐる儀礼、精神的な行為としての礼拝といったモノたちが、「宗教」を構成するための不可欠の道具立てとして並んでいる。それはいったい、宗教にとって自明な前提といえるのか。いったい、だれがそんなことを決めたのか。

いずれであれ、キリスト教と遭遇し、その圧迫のもとで足掻いてきた明治以降の近代が、あるいは、多神教的なアジアのなかの日本人が、「無宗教」という名のトラウマを巧妙に背負わされてきた背景が、いくらか見えやすくなったのではないか、と思う。わたしはひそかに、イザベラ・バードという洗練された一神教とけなげに対峙した、伊藤という名もなき青年の多神教的な戦いにたいして、熱い共感を覚えてきた。その滑稽でグロテスクな、しかし誇りに満ちた立ち姿こそが、やがて、わたしたち自身の近代の肖像画として認知される日がやって来るにちがいない。

終章　内なる他者をめぐる断章

〈一〉

あらためて、境界について——。

こちら／あちらを分割する境界。境界はあいまいに移ろい揺れる。それはあたり前ではあるが、おのずからに存在するわけではない、いつだって人為的に設定されるものだ。とはいえ、むろん人が自由に操作し、管理することができるというわけでもない。だから、人は境界に翻弄される。そこにおびただしい暴力と血の、また死の記憶が堆積しているのは、けっして偶然ではない。境界にはきっと、姿もかたちもない魔物か怪物が棲んでいるのである。

とりわけ、差別の現場には、その境界をめぐる怪物じみた政治学がひそんでいる。この政治学の使命は、境界の人為性を消去しながら、避けがたい自然として境界をくりかえし提示し、差別という現実に宿命的な根拠をあたえることである。あらゆる差別には、絶対的な根拠といえるようなものは、なにひとつない。根拠があって、差別が起こるのではなく、まず差別が起こってから、根拠が捏造される。いつだって、この転倒こそが、それを具現化する暴力だけが、かぎりなくリアルである。

そこに、〈内なる他者〉というテーマが浮上してくる。ひとつの社会＝心理学的な仕掛けとして、差別という現実を自明なるものとして拡大・更新してゆくために、〈内なる他者〉のフォークロアが動員されるのである。

〈二〉

たとえば花田清輝は、その「境界線の移動について」(『花田清輝全集』第四巻所収)というエッセイのなかで、とても魅力的な境界論を語っている。そこでは境界がフロンティアと名指されている。

そもそもフロンティアという概念自体が、すこぶる曖昧なしろものなのだ。それは客観的には、一つの世界の他の世界へ移ってゆくところに成立する中間的な世界、二つの特質と影響とが、始終、からみあい、もつれあっている世界、潮の干満のばあいのように、遠心力が働いていれば、かならず求心力もまた働いている世界、要するに、あれか、これか、明確に限定しがたい、混沌として揺れうごいている世界であり——したがって、地図の上にひかれているフロンティア・ラインは、ユークリッド幾何学の「線」——「幅をもたない長さ」と同様、まったく主観的な抽象の産物にほかならないのだ。

幅をもたない長さという抽象を抱いた「線」というメタファーは、とてもいい。境界はときに「線」として地図や大地のうえに引かれるが、それはいわば、幅もなく、実体もなく、ただ、こちら／あちらを分断する演劇的な所作としてのみ、ときにみずからを顕在化させる。そこでは、ニワトリや獣の血ばかりか、人間の血も流される。災いや悪はみな、境界のかなたに祓いやらわれねばならない。

そう、境界はやはり怪物なのである。こちらでもなければ／あちらでもない、あるいはまた、こちらであるともに／あちらでもある、たえず対立し、戦い、混ざりあう領域を、まるで大雑把にフロンティアと、また境界と呼んでいるにすぎない。厳密にいえば、海岸線が存在しないように、境界もまた、どこにも存在しない。それにもかかわらず、境界は強烈な呪力をもって、人々の意識を縛るのである。だから、花田はさらにいう、フロンティアとは線でもなければ、帯でもない、相互に規定しあうふたつの世界のいずれにもまたがり、それらを統一する契機をみずからのなかに含みながら、徐々に転化しつつある、堂々たる一箇の世界なのだ、たやすくは正体を捕捉しがたい、スリルとサスペンスに満ちた世界なのだ――、と。

〈三〉

だから、「橋のない川」など存在しない。このフロンティアは、どこまでも主観的な抽象の産物にすぎない。それを必要とする人の脳髄にこそ、ときに宿りする幻影《イリュージョン》なのである。そして、被差別部落もまた、「物」が「在る」かのようにはけっして存在しない。きわめて多様性を抱え込んで、つねに・すでに揺らぎのなかに、ある。それを起点に議論の場を再構築しなければ、被差別部落はいつまでも「物」のように「在る」ことをやめないだろう。

たとえば、柳田国男／赤松啓介／堀一郎を繋ぐラインが、思いがけず浮かびあがる。中世から近世への過渡期に、大きな地殻変動が起こった。多元的な出自をもった、宗教・祭祀・芸能・手職・行商などにたずさわる「あやし」の伎人《わざひと》とその集団が、漂泊や遍歴から定住へと移行してゆく。農業をなりわいとする定住のムラとの緊張関係のなかで、それらの人々は被差別の、「いやし」の身分への固定化を強いられることになる。一般のムラ／被差別部落がくっきりと分断されて、そこに存在したわけではない。その地殻変動で生じた「断層的破砕帯」(赤松啓介)には、いくつもの中間的なムラが生まれた。差別の実情はまったく多様であり、ある種の濃淡《グラデーション》としてのみ観察されるにちがいない。

それゆえ、差別の民俗史を、西日本の、畿内を特権的なモデルとして語るのはやめたほうがいい。それでは、差別が逃れがたい宿命の色合いを帯びてしまう。中世以前の東北には差別のシステムがなかった。近世以降に、政治的に移植されたが、被差別の民はきわめて少数派にとどまり、制度としての根付きも弱々しいものだった。沖縄には、本島のチョンダラーを例外として、ついにケガレの観念をもって人が人を差別する制度は生まれなかった。そんな東北や、沖縄を起点にして語ってみる必要がある。呪縛をほどかねばならない。被差別部落はいつの時代にあっても、「物」のように「在った」わけではない。だから、「物」のように「在った」かのごとく語るのは、ここらでやめにしよう。それはグラデーションとしてのみ、いつの時代にも存在した。ひと筋の境界が分断のラインをなしているのではなく、輪郭そのものが溶けている、曖昧模糊として見えにくい「断層的破砕帯」が一般のムラ／被差別部落の差異を越えて、あらゆる境界を呑み込むように拡がっていたのである。

〈四〉

ところで、花田の「境界線の移動について」には、こんな一節もあった。すなわち、コムプレックスとは、意識にとって好ましからぬある種の観念群が、意識の世界から無意識の世界へと圧迫され、排除され、切り離されている状態をさすが、それはいろいろな仮面をかぶり、比喩もしくは象徴のかたちを取って、無意識の世界から引き返し、ふたたび意識の世界へ姿をあらわす——、と。

いま、意識／無意識を分かつ境界のあたりに、〈内なる他者〉が登場してくる。意識にとって、好ましくはない負の観念群が存在する。それはひとたび意識の世界から無意識の世界へと排斥され、追放されるが、あらためて仮面をかぶり、比喩や象徴のかたちを取って、すなわち〈内なる他者〉という衣裳をまとって、無意識から意識の世界へと還流してくる。排斥されたはずの負の観念群つまり〈内なる他者〉は、そのとき、外なる他者に投影されて、たとえば差別の侵しがたい根拠へと成りあがるにちがいない。なにより〈内なる他者〉とは、負の理想像の強迫的な結晶なのである。

たとえば、山窩《サンカ》と呼ばれた人々をめぐる、奇妙な狂想曲を思い返してみればいい。竹の箕をつくり、川漁をしながら、家族で漂泊的な暮らしをしていた被差別の民。いまだに、その集団としての輪郭はつかめない。三角寛という、あやしげなデマゴーグがもたらした混乱のきわみ。サンカとはだれか、だれがいったいサンカなのか。サンカは明治以降になって、犯罪にからまる危険な集団として顕在化させられた。警察情報からサンカのイメージの原像がたちあがった。秘密結社をつくり、闇のネットワークを張り巡らしている（らしい）。原始的な漂泊生活をいとなむ（という）。五木寛之の『風の王国』などをつうじて、漂泊の民・サンカにたいする憧れにも似た関心をふくらませた者は多かったはずだ。かれらはそこでは、無縁の世界に生きる自由の民であった。

嫌忌／憧憬がからみつく、ひき裂かれた存在。まるで、近代日本人の〈内なる他者〉の結晶のように、サンカのイメージは紡がれ増幅されてきたのではなかったか。サンカがこの近代日本にあって、最後まで、戸籍の網の目から洩れていた制度外の人々であったことは、むろん偶然ではありえない。だから、国家がかれらを標的にしたのである。

〈五〉

あるいは、メルロ＝ポンティは「幼児の対人関係」（『眼と精神』所収）のなかで、「心理的硬さ」という問題について、興味深いことを語っていた。

心理的な硬さをかかえている人は、「その人格が力学的にひどく分裂している人」である、という。かれらはあらゆる問題について、〈権威か服従か〉の二分法によって処理しようとする。その根源は幼年期の硬さ、たとえば善／悪、徳／不徳、男らしさ／女らしさといった二分法のなかにある。それらの区別そのものを否定する人はいないが、心理的に硬い人たちにとっては、それは「質的な絶対的相違」と見なされ、そのあいだに移行の現象とか、ニュアンスの違いといったものはいっさい認められない。いわば、境界は自明なものであり、こちら／あちらは質的な絶対的差異によって分断されており、そのあいだに移行や推移といった現象はありえない、と頑なに信じられているのである。

ここでは、境界の政治学が心理的な現象として説かれている。善／悪や男らしさ／女らしさといった二分法は、あいまいで相対的なものにすぎない。境界はいかにも移ろいやすく、儚いものだ。ところが、ある種の心理的パーソナリティの人々は、そうした境界を「質的な絶対的相違」（傍点は原文）を証拠立てるものと見なし、そのあいだに移行やニュアンスの違いといったものを認めない。移ろいやすい境界は越えがたい障壁と化して、たとえば差別という現実を支える宿命的な根拠へと祀りあげられることになる。

さらに、メルロ＝ポンティによれば、心理的に硬い幼児は、みずからのひき裂かれた態度には気づかず、また自分のなかに「きらいな両親」の像があることさえ認めようとしない。そのために、往々にして、自分の望まないおのれの部分を外部に投影しがちである。たとえば、みずからの内なる攻撃性を、いわゆる外在化の過程によって外部に投影するのである。

非常にすぐれた観察者たちによりますと、アメリカばかりか仏領アフリカや実に多くの他の所にひろまっている黒人の性欲についての伝説の中には、大部分、この種のメカニズムが働いていると言われています。つまり人々は、人なみ以上に烈しく強く「生まれついた」性欲の代表と考えられた黒人の上に、彼らの望まないおのれ自身の或るものを投影しているのです。同じメカニズムは、ユダヤ人に対しても働くことになりましょう。ユダヤ人の人物像を作り上げるばあい、そのやり方は、しばしばこうした種類の両裂法によっています。反ユダヤ主義はユダヤ人の上に、ちょうど他の人たちが黒人に対してするように——これはまた他の少数民族にも当てはまるのですが——、自分が望んでもおらず、むしろ恥しく思っているおのれの部分を投影するわけです。自分の中にもその萌芽があり、しかもそれを自分のものと認めたくないような行為をこの少数者が代表していればいるほど、彼らは憎むべきものとなります。

黒人の人並みはずれて強い性欲をテーマとする伝説が広く見いだされてきた。ただちに思い浮かぶにちがいない。たとえば、折口信夫の「三郷巷談」には、「特殊部落のうち、穢多の繁殖力強いことは事実であるが、他の夙とか、山番・隠坊とかいふ類は、だん〴〵衰へて行くやうだ」とあった。柳田国男もまた、「所謂特殊部落ノ種類」のなかで、被差別部落のただの平民と比べて顕著な特性の第一として、「生殖率ノ大ナルラシキコト」をあげていた。統計学的な数字として、それに類する報告がなされていたのかもしれない。ただ、折口の「三郷巷談」には折口自身の見聞した情報が集められており、おそらく、そのような噂やイメージがあたり前に、折口の大阪の生地周辺では流布されていたにちがいない。

強い性欲や繁殖力といったものが、いわば動物的なイメージを掻き立てる表徴とされることは、むしろわかりやすい。みずからの内なる制御しがたい性欲に怖れをいだき、認めることができず、外なる他者に投影する。ひそかに、そこには人間／動物、文化／野生といった二元分割をめぐる境界の政治学がうごめいているはずだ。みずからを人間や文化の領域に繋ぎとめるために、〈内なる他者〉を外なる他者に投影し、かれらを動物や野生の領域に追放するのである。

たとえば、イザベラ・バードの案内人であった伊藤という青年は、アイヌの人々を露骨に差別して、「アイヌ人を丁寧に扱うなんて！　かれらはただの犬です。人間ではありません」と叫んだ。まさに、アイヌ＝犬という先入観を楯としながら、みずからを動物や野生の領域から切断してみせたのである。裏返せば、かれら日本人がつねに、西欧人によって動物や野生のがわに追いやられる不安を感じていたということでもあったにちがいない。それにたいして、バードはアイヌの人々を、ひたすら高貴で美しい未開人として描いたのである。それはいわば、アイヌの人々を啓蒙すべき子どもと見なす、もうひとつの洗練された差別のまなざしであった。その高貴な美しさは、どこまでも「ヨーロッパ的」なものであったが、おそらくはすでに西欧人のなかでも失われつつある美質であり、ノスタルジーとともに思い返さずにはいられないものであった。
境界のあたりには、〈内なる他者〉がうごめいている。自分のなかに、たしかにその萌芽があり、しかも、それを自分のものとは認めたくないような恥ずかしい行為や性質(その結晶とでもいうべき〈内なる他者〉……)は、外なる他者としての少数者に投影され、それが逆に根拠となって、差別や憎悪が肥大化し更新されてゆくことになる。〈内なる他者〉の影に脅かされている者たちこそ、熾烈な差別の実践者へと成りあがらねばならない。赤松が指摘していたように、スラム街の住人たちはもっとも烈しい被差別部落への憎悪を表わすのである。

〈六〉

以前から、ジョルジュ・バタイユの『エロティシズム』(ジョルジュ・バタイユ著作集、澁澤龍彦訳)に、こんな一節があることに気づいてはいたが、論じるのはむずかしいとも感じてきた。「嘔気は人によって変るし、嘔気の客観的な存在理由は隠されている」という。この嘔気と嫌悪と恐怖の領域にからんで、バタイユは以下のように述べていたのである。

それ自体において何ものでもないこれらの物について語るのは容易なことではない。にもかかわらず、これらの物は、しばしば生気のない物体とは思えないような顕著な力強さで出現するのであり、その唯一の客観的な性質が私たちを脅すのである。この悪臭を放つ物が何ものでもないなどと、どうして言えようか。しかし、そんな風に抗議したところで、私たちは恥辱にまみれて、目をそらすほかはないのである。排泄物はその悪臭のために私たちの胸をむかつかせるのだ、と私たちは考える。しかし、排泄物がもともと私たちの嫌悪の対象となっていなかったら、果たしてそれは悪臭を放っていたろうか。（傍点は原文）

あえて誤読を覚悟のうえで、こんなふうに読んでみたい誘惑に駆られる。

差別という現実のもっとも根源に横たわるものに、眼を凝らさねばならない。たとえば、被差別部落はそれ自体においては、何ものでもない存在である。それは断じて、「物」のように「在る」のではない。輪郭すら曖昧模糊とした、移ろいやすい共同化された幻想にすぎない。しかし、それはこれほどにも悪臭を放っているではないか、つまらぬ観念論でごまかすな、といった批判がたちまち起こるだろう。それでは、バタイユにならって言うことにしよう。——被差別部落はその悪臭のために、わたしたちの胸をこのようにむかつかせる、だから、わたしたちは仕方なくこのように差別をしてきたのだ、と考えるかもしれない、しかし、被差別部落がもともとわたしたちの嫌悪の対象となっていなかったとしたら、はたしてそれは悪臭を放っていただろうか、と。

嫌悪と嘔気の領域は、全体的に見て、この教育の一つの結果なのだ。（『エロティシズム』）

たとえば、どこか、かぐわしい大便にまつわる記憶。わたしはいつから、あの黄色い排泄物を触れてはいけない、汚いものと意識するようになったのか。指にくっついた大便でトイレの壁に絵を描いた、あれはいくつの頃であったか。幼いわたしはたぶん、大便という奴を嫌悪してはいなかった、その独特の匂いだって悪臭とは感じていなかった。長い時間をかけた教育の成果として、わたしは自明に、避けがたい宿命のように大便を嫌悪するようになったのではないか。いまでも、あのノスタルジックな雰囲気のかけらくらいであれば、ときに鼻先に感じることがないわけではない。

〈七〉

〈内なる他者〉とは排泄物である、と言ってみる。

むろん、排泄物、より広くいって人間の身体が分泌するものにもいろいろあって、大便・小便から、汗・涙・鼻水・耳垢・唾液、そして母乳や精液にいたるまで、多種多様である。涙を唯一の例外として、身体からの分泌物はほとんどが嫌われ、タブーの対象となることが多い。ただ、そこにはつねに、弁証法的な逆転の契機が隠れていて、たとえば大便だって夢や昔話のなかでは黄金に化けるのである。それはときに聖なるものに変身する。

それにしても、この〈内なる他者〉の群れは、私であって／私ではない、というひき裂かれた存在である。私が拒んだ、もうひとりの私。穴をめぐっての内／外のせめぎあい。境界の政治学がそこに微妙な影を落としている。

〈内なる他者〉のフォークロアは、いまだ開拓が進んでいない領域である。差別の民俗史にささやかな鍬入れを試みながら、わたしは民俗学に連なる人々が、差別のフォークロアにはまったく根拠がない、とくりかえし呟いている姿に出会って、奇妙な感慨を覚えた。〈内なる他者〉のフォークロアへの道行きは、そのままに差別という現実を根底から懐疑し、その根拠とされるものをひとつひとつ解体＝無化してゆくための試行錯誤のプロセスとなるだろう。〈内なる他者〉とのあらたな邂逅のために――。

あとがき

一冊の本ができあがるまでには、いろんなことがある。
思いがけず、難産であった。このように編まれてみると、これ以外にはありえないような気もするが、やはり二転、三転をくりかえしたのである。差別のフォークロアにかかわる著書をつくりたいと思い、これまでに発表した論考を掻き集めてみた。かならずしも意図して、このテーマで論考を書いてはこなかったから、分量的にはすくないし、一冊の本としてのイメージが固まらずに難儀した。第一章の論考を三本と終章を書き下ろしで加えることで、かろうじて筋が通ったような気がする。

全体の構成については、「はじめに」で触れている。その大きな流れのなかに収めてみると、論考のそれぞれが呼応しあいながら、不思議な交響を奏でてゆくような錯覚をおぼえた。見えない、しかし避けがたい、幾本ものたて糸・横糸がからまりあって、差別をめぐる民俗知の系譜学といったものが浮き彫りになる。むろん、その、はるか手前の試論のような代物ばかりではあるが、幾筋かの可能性の鉱脈らしきものであれば、見届けることができたように思う。

捨てたもんじゃない。民俗学は差別という問題を回避してきた、という。そうかもしれない。だが、折口信夫のマレビトを核とした学の全体など、まさしく差別のフォークロアそのものではなかったか。読み手こそが偏見に眼を曇らされてきたのである。そのように読んではいけない、という暗黙のタブーに縛られてきた、といってもいい。柳田国男は常民の民俗学へと向かう過程で、漂泊民や巫女や毛坊主にまつわる仕事を封印した。たしかにその通りである。しかし、もううしろ向きの批判はいい。柳田はなんであれ、あれだけの膨大な差別のフォークロアを記録として残したのである。それをたいせつな遺産として、われわれ自身が先に進めばいいのだ。宮田登がそうしたように。

この本のタイトルもまた、二転、三転した。『内なる他者のフォークロア』という書名に辿り着いて、ほっとした。そのように決まってみると、本のタイトルが逆に収めるべき論考をひとつひとつ招喚していった。足りない論考もすぐにあきらかとなった。とはいえ、〈内なる他者〉とは何か――という問いにたいして、わたし自身がいまだにはっきりとした応答をなしえてはいないことを、隠そうとも思わない。将来に向けての課題として背負うためにこそ、わたしはあえて、この『内なる他者のフォークロア』という書名を選んだのである。異人論の第二楽章の展開のなかで、わたしは〈内なる他者〉のフォークロアの探究を継続しなければならない、と感じている。

この本ははじまりのときから、岩波書店編集部の渡部朝香さんとの二人三脚でつくってきた。その的確な批評の言葉に、どれだけ励まされてきたことか。しかし、わたし自身の怠惰ゆえに、編集作業は遅々として進まなかった。そのうち、渡部さんは販売部に異動になった。途方に暮れた。そんな姿を見兼ねたのか、この本は最後まで渡部さんの担当でつくってもらえることになった。そういうわけで、渡部朝香さん、ありがとう。本はやはり、著者と編集者が二人三脚でつくるものだ、と思う。

二〇一〇年九月　残暑の秋に

赤坂憲雄

参考文献

第一章　Ⅰ

柳田国男『柳田国男全集』第八巻、筑摩書房、一九九八年。（『郷土生活の研究法』）
――『柳田国男全集』第一五巻、筑摩書房、一九九八年。（『先祖の話』）
――『柳田国男全集』第二一巻、筑摩書房、一九九七年。（『故郷七十年』『海上の道』）
――『柳田国男全集』第二四巻、筑摩書房、一九九九年。（「踊の今と昔」「「イタカ」及び「サンカ」」「巫女考」「毛坊主考」「風呂の起原」「所謂特殊部落ノ種類」）
――『柳田国男全集』第二五巻、筑摩書房、二〇〇〇年。（「鬼の子孫」「唱門師の話」「テテと称する家筋」「俗聖沿革史」）
有泉貞夫「柳田国男考――祖先崇拝と差別」『展望』第一六二号、筑摩書房、一九七二年六月。
飯倉照平編『柳田国男　南方熊楠　往復書簡集』平凡社、一九七六年。
乾武俊「被差別部落伝承文化論序説(三)」『部落解放研究』第七五号、部落解放・人権研究所、一九九〇年八月。
宮田登『ケガレの民俗誌――差別の文化的要因』人文書院、一九九六年。

第一章　Ⅱ

折口信夫『折口信夫全集』第三巻、中央公論社、一九六六年。（「三郷巷談」）

――『折口信夫全集』第一五巻、中央公論社、一九六七年。（「三郷巷談」「あとがき」）

――『折口信夫全集』第一巻、中央公論社、一九九五年。（「国文学の発生(第二稿)」）

――『折口信夫全集』第三巻、中央公論社、一九九五年。（「三郷巷談」「折口といふ名字」「偶人信仰の民俗化並びに伝説化せる道」「追ひ書き」）

――『折口信夫全集』第一七巻、中央公論社、一九九六年。(「三郷巷談」「解題」)

――『折口信夫全集』第一八巻、中央公論社、一九九七年。(「沖縄採訪手帖」「沖縄採訪記」)

――『折口信夫全集』第二七巻、中央公論社、一九九七年。(「口ぶえ」)

柳田国男『柳田国男全集』第二四巻、筑摩書房、一九九九年。(「巫女考」「毛坊主考」「所謂特殊部落ノ種類」)

――『民俗学について――第二柳田国男対談集』筑摩叢書、一九六五年。

『郷土研究』復刻版、名著出版、一九七六年。

『土俗と伝説』復刻版、名著出版、一九七九年。

赤坂憲雄『漂泊の精神史――柳田国男の発生』小学館、一九九四年(小学館ライブラリー、一九九七年)。

池宮正治『沖縄の遊行芸――チョンダラーとニンブチャー』ひるぎ社、一九九〇年。

田場由美雄「沖縄のニンブチャー・チョンダラー」赤坂憲雄編『漂泊する眼差し』「叢書　史層を掘る」第五巻、新曜社、一九九二年。

西村亨編『折口信夫事典』大修館書店、一九八八年。

宮良当壮『宮良当壮全集』第一二巻、第一書房、一九八〇年。(『沖縄の人形芝居』)

第一章　Ⅲ

赤松啓介『差別の民俗学』明石書店、一九九五年(ちくま学芸文庫、二〇〇五年)。

――『非常民の民俗文化』明石書店、一九八六年(ちくま学芸文庫、二〇〇六年)。

網野善彦『日本中世の民衆像――平民と職人』岩波新書、一九八〇年。

原田伴彦・田中喜男編『東北・北越被差別部落史研究』明石書店、一九八一年。

第一章　Ⅳ

柳田国男ほか編『山村海村民俗の研究』名著出版、一九八四年。

宮本常一『忘れられた日本人』岩波文庫、一九八四年(初版は未来社、一九六〇年)。

赤坂憲雄『異人論序説』ちくま学芸文庫、一九九二年(初版は砂子屋書房、一九八五年)。

柳田国男『柳田国男全集』第八巻、筑摩書房、一九九八年。(『郷土生活の研究法』)

第一章 V

宮田登『生き神信仰——人を神に祀る習俗』塙新書、一九七〇年。

——『女の霊力と家の神——日本の民俗宗教』人文書院、一九八三年。

——『神の民俗誌』岩波新書、一九七九年。

——『ケガレの民俗誌——差別の文化的要因』人文書院、一九九六年。

——『原初的思考——白のフォークロア』大和書房、一九七四年(『白のフォークロア——原初的思考』平凡社ライブラリー、一九九四年)。

——『ヒメの民俗学』青土社、一九八七年(ちくま学芸文庫、二〇〇〇年)。

——『日和見——日本王権論の試み』平凡社選書、一九九二年。

——『ユートピアとウマレキヨマリ』「宮田登 日本を語る」第八巻、吉川弘文館、二〇〇六年。

——『女の民俗学』「宮田登 日本を語る」第一一巻、吉川弘文館、二〇〇六年。

赤坂憲雄『漂泊の精神史——柳田国男の発生』小学館、一九九四年(小学館ライブラリー、一九九七年)。

柳田国男『柳田国男全集』第二四巻、筑摩書房、一九九九年。(「毛坊主考」)

——『柳田国男全集』第二五巻、筑摩書房、二〇〇〇年。(「俗聖沿革史」)

第二章 I

柳田国男『柳田国男全集』第二四巻、筑摩書房、一九九九年。(「踊の今と昔」「「イタカ」及び「サンカ」」「巫女考」「毛坊主考」「所謂特殊部落ノ種類」)

――『柳田国男全集』第二五巻、筑摩書房、二〇〇〇年。（「俗聖沿革史」）

赤坂憲雄『漂泊の精神史――柳田国男の発生』小学館、一九九四年（小学館ライブラリー、一九九七年）。

岡田精司『古代王権の祭祀と神話』塙書房、一九七〇年。

岡正雄『異人その他――日本民族＝文化の源流と日本国家の形成』言叢社、一九七九年。

折口信夫『折口信夫全集』第三巻、中央公論社、一九九五年。（「古代人の思考の基礎」）

――『折口信夫全集』ノート編第三巻、中央公論社、一九七一年。（『日本文学史 二』）

後藤総一郎監修『柳田国男伝』三一書房、一九八八年。

後藤総一郎編『人と思想　柳田国男』三一書房、一九七七年。

フレイザー『金枝篇』一～五、永橋卓介訳、岩波文庫、一九五一～一九五二年。

堀一郎『我が国民間信仰史の研究(二)――宗教史編』東京創元社、一九五三年。

『古事記』「日本思想大系」一、岩波書店、一九八二年。

『日本書紀』上・下「日本古典文学大系」六七・六八、岩波書店、一九六七、一九六八年。

『万葉集』一～四「日本古典文学大系」四～七、岩波書店、一九五七、一九五九、一九六〇、一九六二年。

第二章　Ⅱ

柳田国男『柳田国男全集』第七巻、筑摩書房、一九九八年。（『一目小僧その他』）

折口信夫『折口信夫全集』第一巻、中央公論社、一九九五年。（「国文学の発生（第二稿）」「叙景詩の発生」「相聞の発達」）

――『折口信夫全集』第二巻、中央公論社、一九九五年。（「愛護若」）

赤坂憲雄『境界の発生』砂子屋書房、一九八九年（講談社学術文庫、二〇〇二年）。

――「水と王権」赤坂憲雄編『王権の基層へ』「叢書　史層を掘る」第三巻、新曜社、一九九二年。

網野善彦『日本中世の非農業民と天皇』岩波書店、一九八四年。

後藤紀彦「遊女と朝廷・貴族」『遊女・傀儡・白拍子』「週刊朝日百科　日本の歴史」四、朝日新聞社、一九八九年。

ドミニク・ザーアン「モシ族の世界像と土地の主」阿部年晴訳、大林太良編『神話・社会・世界観』角川書店、一九七二年。

中山太郎『日本盲人史』復刻版、パルトス社、一九八五年。

西村亨編『折口信夫事典』大修館書店、一九八八年。

堀一郎『我が国民間信仰史の研究(一)――序編伝承説話編』東京創元社、一九五五年。

益田勝実『火山列島の思想』筑摩書房、一九六八年(ちくま学芸文庫、一九九三年)。

柳田国男監修『日本伝説名彙』改版、日本放送出版協会、一九七一年。

『古事記』「日本思想大系」一、岩波書店、一九八二年。

『風土記』「日本古典文学大系」二、岩波書店、一九五八年。

第三章

菅江真澄『菅江真澄全集』第一巻、未来社、一九七一年。(「あきたのかりね」「おののふるさと」「そとがはまかぜ」「かすむこまがた」「いわてのやま」)

――『菅江真澄全集』第二巻、未来社、一九七一年。(「まきのふゆがれ」「おくのうらうら」「おくのてぶり」)

――『菅江真澄全集』第三巻、未来社、一九七二年。(「すみかのやま」「つがろのおち」「つがろのつと」「ゆきのみちおくゆきのいでわじ」「しげきやまもと」「ゆきのあきたね」「すすきのいでゆ」「にえのしがらみ」)

――『菅江真澄全集』第四巻、未来社、一九七三年。(「みかべのよろい」「ひおのむらぎみ」「おがのすずかぜ」)

――『菅江真澄全集』第六巻、未来社、一九七六年。(『雪の出羽路　平鹿郡六』)

――『菅江真澄全集』第八巻、未来社、一九七九年。(『月の出羽路　仙北郡二一』)

――『菅江真澄全集』第一〇巻、未来社、一九七四年。(「ふでのまにまに」「ささのやにつき」「かたゐぶくろ」)

――『菅江真澄全集』第一一巻、未来社、一九八〇年。(「ふでのしからみ」)

――『菅江真澄全集』第一二巻、未来社、一九八一年。(「無題雑葉集」)

赤坂憲雄『境界の発生』砂子屋書房、一九八九年(講談社学術文庫、二〇〇二年)。

――『遠野/物語考』宝島社、一九九四年(ちくま学芸文庫、一九九八年、『増補版　遠野/物語考』荒蝦夷、二〇一〇年)。

――『婆のいざない――地域学へ』柏書房、二〇一〇年。

――『漂泊の精神史――柳田国男の発生』小学館、一九九四年(小学館ライブラリー、一九九七年)。

網野善彦『増補版　無縁・公界・楽』平凡社選書、一九八七年(『増補　無縁・公界・楽』平凡社ライブラリー、一九九六年)。

――『中世の非人と遊女』明石書店、一九九四年(講談社学術文庫、二〇〇五年)。

網野善彦編『職人と芸能』吉川弘文館、一九九四年。

稲雄次編『菅江真澄　民俗語彙』岩田書院、一九九五年。

内田武志「菅江真澄研究」『菅江真澄全集』別巻一、未来社、一九七七年。

ピエール・クラストル『国家に抗する社会』書肆風の薔薇、一九八七年。

芸能史研究会編『日本芸能史』第二巻、法政大学出版局、一九八二年。

後藤紀彦「遊女と朝廷・貴族」『遊女・傀儡・白拍子』「週刊朝日百科　日本の歴史」四、朝日新聞社、一九八九年。

小林茂ほか編『部落史用語辞典』柏書房、一九八五年。

鶴見和子『漂泊と定住と――柳田国男の社会変動論』筑摩書房、一九七七年(『漂泊と定住と』ちくま学芸文庫、一九九三年)。

中山太郎『日本巫女史』大岡山書店、一九三〇年。

中山太郎編著『日本民俗学辞典』復刻版、名著普及会、一九八〇年。

原田伴彦・田中喜男編『東北・北越被差別部落史研究』明石書店、一九八一年。

原田伴彦『被差別部落の歴史』朝日新聞社、一九七三年。

C・ブラッカー『あずさ弓』岩波書店、一九七九年。
柳田国男『柳田国男全集』第三巻、筑摩書房、一九九七年。(『雪国の春』)
――『柳田国男全集』第八巻、筑摩書房、一九九九年。(「地名考説」)
――『柳田国男全集』第二四巻、筑摩書房、一九九九年。(「所謂特殊部落ノ種類」)

第四章

イザベラ・バード『日本奥地紀行』高梨健吉訳、平凡社東洋文庫、一九七三年(平凡社ライブラリー、二〇〇〇年)。

エルウィン・V・ベルツ「日本人の起源とその人種学的要素」池田次郎・大野晋編『論集　日本文化の起源』第五巻、平凡社、一九七三年。

ドロシー・ミドルトン『世界を旅した女性たち――ヴィクトリア朝レディ・トラベラー物語』佐藤知津子訳、八坂書房、二〇〇二年。

終章

五木寛之『風の王国』新潮社、一九八五年(新潮文庫、一九八七年)。

折口信夫『折口信夫全集』第三巻、中央公論社、一九六六年。(「三郷巷談」)

イザベラ・バード『日本奥地紀行』高梨健吉訳、平凡社東洋文庫、一九七三年(平凡社ライブラリー、二〇〇〇年)。

ジョルジュ・バタイユ『エロティシズム』「ジョルジュ・バタイユ著作集」澁澤龍彦訳、二見書房、一九七三年。

花田清輝『花田清輝全集』第四巻、講談社、一九七七年。

メルロ＝ポンティ『眼と精神』滝浦静雄・木田元訳、みすず書房、一九六六年。

柳田国男『柳田国男全集』第二四巻、筑摩書房、一九九九年。(「所謂特殊部落ノ種類」)

初出

第一章Ⅰ　「差別の民俗史——巫女と毛坊主のいる風景を辿って」『差別の社会理論』「講座　差別の社会学」第一巻（弘文堂、一九九六年）所収
第一章Ⅱ・Ⅲ　書き下ろし
第一章Ⅳ　「常民の形成——「土佐源氏」を読む」『差別と共生の社会学』「岩波講座　現代社会学」第一五巻（岩波書店、一九九六年）所収
第一章Ⅴ　書き下ろし
第二章Ⅰ　「ヒジリの精神史——天皇と毛坊主をめぐる原風景のなかへ」『排除の時空を超えて』「いくつもの日本」Ⅴ（岩波書店、二〇〇三年）所収
第二章Ⅱ　「流離する王の物語——貴種流離譚の原風景をもとめて」『生活世界とフォークロア』「岩波講座　天皇と王権を考える」第九巻（岩波書店、二〇〇三年）所収
第三章　「菅江真澄——白太夫の子孫の旅」『蝦夷の世界と北方交易』「中世の風景を読む」第一巻（新人物往来社、一九九五年）所収
第四章Ⅰ　「美しき未開人の肖像から」『愛と苦難』「近代日本文化論」一一（岩波書店、一九九九年）所収
第四章Ⅱ　「異人の眼差しのもとに」『絆』「岩波講座　宗教」第六巻（岩波書店、二〇〇四年）所収
終章　書き下ろし

＊既出のものについては、本書収録に際し加筆しました。

赤坂憲雄
1953年東京都に生まれる．東京大学文学部卒業．東北芸術工科大学東北文化研究センター所長．福島県立博物館館長．専門は日本思想史・東北文化論．
著書に『異人論序説』『排除の現象学』『王と天皇』(ちくま学芸文庫)，『境界の発生』『子守り唄の誕生』『結社と王権』(講談社学術文庫)，『山の精神史』『漂泊の精神史』『海の精神史』(小学館)，『東北学へ』1〜3(作品社)，『東西／南北考』(岩波新書)，『岡本太郎の見た日本』(岩波書店．第17回ドゥマゴ文学賞受賞，2007年度芸術選奨文部科学大臣賞受賞)，『いくつもの日本』全7巻(編著，岩波書店)など多数．

内なる他者のフォークロア

2010年10月28日　第1刷発行

著　者　赤坂憲雄《あかさかのりお》

発行者　山口昭男

発行所　株式会社 岩波書店
〒101-8002 東京都千代田区一ツ橋2-5-5
電話案内 03-5210-4000
http://www.iwanami.co.jp/

印刷・法令印刷　カバー・半七印刷　製本・三水舎

ISBN 978-4-00-022214-3　Printed in Japan